网络协同制造和智能工厂学术专著系列

制造业多价值链协同数据空间智能管理

刘达 陈德刚 许晓敏 ◎ 著

Intelligent Management of Multi Value Chain
Collaborative Data Space in Manufacturing Industry

机械工业出版社
CHINA MACHINE PRESS

图书在版编目（CIP）数据

制造业多价值链协同数据空间智能管理 / 刘达，陈德刚，许晓敏著 . — 北京：机械工业出版社，2024.2

（网络协同制造和智能工厂学术专著系列）

ISBN 978-7-111-74681-2

I. ①制… II. ①刘… ②陈… ③许… III. ①智能制造系统 – 制造工业 – 工业企业管理 – 研究 IV. ① F407.406

中国国家版本馆 CIP 数据核字（2024）第 009258 号

机械工业出版社（北京市百万庄大街 22 号　邮政编码 100037）
策划编辑：王　颖　　　　　　　责任编辑：王　颖　舒　宜
责任校对：杜丹丹　李　杉　　　责任印制：郜　敏
三河市国英印务有限公司印刷
2024 年 3 月第 1 版第 1 次印刷
170mm×230mm・15.75 印张・271 千字
标准书号：ISBN 978-7-111-74681-2
定价：89.00 元

电话服务　　　　　　　　　网络服务
客服电话：010-88361066　　机　工　官　网：www.cmpbook.com
　　　　　010-88379833　　机　工　官　博：weibo.com/cmp1952
　　　　　010-68326294　　金　书　网：www.golden-book.com
封底无防伪标均为盗版　　　机工教育服务网：www.cmpedu.com

前言

智能制造已经成为制造业发展的全新驱动力，制造企业及协作企业群形成的产业价值链协同是智能制造的拓展和延伸，它的价值日益凸显。基于此，我国发布了《关于积极推进"互联网+"行动的指导意见》，将"互联网+"协同制造作为重点行动之一，旨在推动互联网与制造业融合，进一步明确"智能制造+网络协同"是未来制造业的核心。

2023年10月，国家数据局正式揭牌，以统筹推进数字中国、数字经济、数字社会规划和建设等。数字化是我国智能制造发展的基础。制造业数字化建设的提升将赋能智能制造，助力我国制造产业升级，有效提高我国的综合竞争力。

近年来，我国制造企业不断提高科技创新能力，大力提升智能化管理水平，但仍存在强而不精的问题。因此，在数字化改革的背景下，如何构建面向制造企业的多价值链协同数据空间，推动企业全过程多价值链活动的数据共享和决策优化，打造企业精益化管理，是当前亟待解决的关键问题。

本书将数据驱动与专家知识相结合，建立制造企业外部供应链以及企业内部价值活动的搜索、关联和演化动态系统模型；突破数据孤岛，研究供应、生产、营销和服务价值变化规律，建立增值模型；研究制造及协作企业多价值链协同数据空间中的智能决策优化方法，解决基于协同大数据的供应、生产、营销和服务价值活动的协同智能优化决策问题。本书基于人工智能对历史数据和多价值链、供应链各环节的数据的挖掘，整合专家知识库的先验知识，建立价值链各环节的智能优化决策模型，实现制造企业及其协作企业价值链智能优化决策和多价值链的协同优化管理，以期为促进社会进步、提高经济和生态效益提供理论借鉴和应用成果。

  本书由华北电力大学刘达教授、陈德刚教授及许晓敏副教授著。写作中得到了华北电力大学经济与管理学院牛东晓教授,控制与计算机工程学院焦润海教授,博士研究生王晟嫣、纪正森、成润坤、余敏、杨迪、李金孟、牛皓玮,以及硕士研究生王文博、甘玮、郭建宇、张惠萍、刘雨萌、李跃、杨瑞莹、何万强、李睿祥、贺仁杰、王浩、赵旭东、李梓铭、赵世贺、许瑞麟、牟晓霞、李佳玮、侯赛、梁晨、姜云潇、姜珊、吴泸杭、黄圣博、徐畅达、郑雅娟、魏宗庆、张嘉慧、李成扬等人的帮助,在此表示感谢。

  本书受到"国家重点研发计划项目"资助(项目编号:2020YFB1707800;项目名称:制造业多价值链协同数据空间设计理论与方法)。在此,衷心感谢该项目对本书出版的大力支持和帮助。

作 者
2023 年 3 月

目 录

前言

第1章 价值理论和实践的发展 ………………………………………… 1
  1.1 供应链理论的提出与实践发展 ………………………………… 1
    1.1.1 供应链的概念 ……………………………………………… 1
    1.1.2 供应链管理理论和实践发展 ……………………………… 4
    1.1.3 制造业供应链的实践发展 ………………………………… 7
  1.2 产业链理论的提出与实践发展 ………………………………… 9
    1.2.1 产业链的相关内容 ………………………………………… 9
    1.2.2 产业链理论的基本内涵 …………………………………… 13
    1.2.3 产业链理论的实践发展 …………………………………… 14
  1.3 价值链理论的提出与实践发展 ………………………………… 17
    1.3.1 价值链的概念 ……………………………………………… 17
    1.3.2 价值链理论的发展 ………………………………………… 20
    1.3.3 制造业价值链的实践发展 ………………………………… 22
  1.4 本章小结 ………………………………………………………… 24

第2章 协同理论的发展和实践 ………………………………………… 26
  2.1 协同理论提出的背景与主要观点 ……………………………… 26
    2.1.1 协同理论提出的背景 ……………………………………… 26
    2.1.2 协同理论的主要观点 ……………………………………… 32
  2.2 协同理论在供应链、产业链、价值链的应用 ………………… 35

        2.2.1 供应链协同 ··· 36
        2.2.2 产业链协同 ··· 38
        2.2.3 价值链协同 ··· 41
    2.3 协同理论的应用与实践 ·· 43
        2.3.1 协同理论在社会经济中的应用 ·· 43
        2.3.2 协同理论在企业管理中的应用 ·· 47
    2.4 本章小结 ··· 52

第3章 制造业多价值链的构成及影响因素 ··· 54
    3.1 制造业多价值链构成及影响因素选取 ···································· 54
        3.1.1 多价值链的发展及定义 ·· 54
        3.1.2 制造业多价值链的组成及特征 ·· 56
        3.1.3 制造业多价值链影响因素分析原则、方法及流程 ············ 57
    3.2 制造业供应价值链的影响因素 ··· 61
        3.2.1 制造业供应价值链的定义及构成 ······································ 61
        3.2.2 制造业供应价值链的特征 ·· 64
        3.2.3 制造业供应价值链的影响因素分析 ·································· 66
    3.3 制造业生产价值链的影响因素 ··· 69
        3.3.1 制造业生产价值链的定义及构成 ······································ 69
        3.3.2 制造业生产价值链的特征 ·· 71
        3.3.3 制造业生产价值链的影响因素分析 ·································· 72
    3.4 制造业营销价值链的影响因素 ··· 74
        3.4.1 制造业营销价值链的定义及构成 ······································ 74
        3.4.2 制造业营销价值链的特征 ·· 76
        3.4.3 制造业营销价值链的影响因素分析 ·································· 77
    3.5 制造业服务价值链的影响因素 ··· 79
        3.5.1 制造业服务价值链的定义及构成 ······································ 79
        3.5.2 制造业服务价值链的特征 ·· 81
        3.5.3 制造业服务价值链的影响因素分析 ·································· 82
    3.6 本章小结 ··· 86

第4章 制造业多价值链协同数据空间的基本概念 ······························· 87
    4.1 制造业多价值链协同数据空间的概念 ···································· 87

  4.1.1 制造业多价值链 ·· 87
  4.1.2 数据空间 ·· 88
  4.1.3 制造业多价值链协同数据空间 ····························· 88
 4.2 制造业多价值链协同数据空间的基本特征 ······················· 89
  4.2.1 制造业数据特征 ·· 89
  4.2.2 内部制造价值链与外部供应、营销、服务价值链的
     数据协同特征 ·· 89
  4.2.3 制造业多价值链协同数据空间的复杂多层特征 ········ 90
  4.2.4 数据管理的全生命周期特征 ······························· 90
  4.2.5 数据服务的制造业针对性特征 ···························· 90
 4.3 制造业多价值链协同数据空间体系需求分析 ···················· 90
  4.3.1 全过程多价值链协同数据采集需求 ······················ 91
  4.3.2 多价值链协同数据下的智能优化决策需求 ············· 91
  4.3.3 多价值链协同知识服务需求 ······························· 91
  4.3.4 多价值链协同数据空间管理需求 ························· 92
 4.4 制造业多价值链协同数据空间体系架构规划 ···················· 92
  4.4.1 制造业多价值链协同数据空间体系架构规划
     原则 ··· 92
  4.4.2 制造业多价值链协同数据空间体系架构规划
     内容 ··· 92
 4.5 本章小结 ·· 95

第5章 制造业供应价值链协同数据空间智能管理与优化建模 ············ 96
 5.1 制造业物资需求的影响因素及预测建模 ·························· 96
  5.1.1 物资需求影响因素分析 ···································· 97
  5.1.2 物资数据空间构建 ··· 98
  5.1.3 数据预处理 ·· 103
  5.1.4 基于数据空间的物资需求预测建模 ···················· 105
 5.2 制造业多级库存协同优化 ··· 121
  5.2.1 多级库存管理概述 ·· 121
  5.2.2 制造业的多级库存协同优化与控制 ···················· 123
  5.2.3 制造业多级库存优化控制模型 ·························· 125

5.3 大数据下的制造业招标采购优化 ································· 127
　　5.3.1 制造业采购方式介绍及问题剖析 ····················· 127
　　5.3.2 大数据下的制造企业采购价格分析 ················· 130
　　5.3.3 大数据下的制造企业采购策略优化 ················· 143
5.4 大数据背景下制造业备品备件需求管理 ····················· 154
　　5.4.1 大数据与备品备件管理 ································· 154
　　5.4.2 备品备件管理的基本介绍 ······························ 154
　　5.4.3 备品备件需求管理方法 ································· 158
5.5 本章小结 ·· 162

第6章 制造业生产营销价值链协同数据空间智能管理与优化建模 ········ 164
6.1 不确定环境下制造业生产离散调度优化 ····················· 166
　　6.1.1 制造业生产不确定环境概述 ··························· 166
　　6.1.2 制造企业生产调度问题分析 ··························· 167
　　6.1.3 离散型生产调度问题的特点 ··························· 169
　　6.1.4 生产离散调度对制造业的影响 ······················· 170
　　6.1.5 生产环境不确定性条件下生产调度优化的
　　　　　求解方法 ··· 171
6.2 不确定环境下的制造企业协同配送优化 ····················· 172
　　6.2.1 协同配送的背景和意义 ································· 172
　　6.2.2 协同配送模式分析 ······································· 173
　　6.2.3 协同配送成本效益分析及其分配原则 ············· 175
　　6.2.4 协同配送常见的决策建模 ···························· 177
　　6.2.5 协同配送总结展望 ······································· 180
6.3 动态供应链竞争下制造业核心企业演化博弈报价 ········· 181
　　6.3.1 制造业报价现状方法及存在的问题 ················ 181
　　6.3.2 制造商和供应商由生产关系转为协同研制关系 ····· 182
　　6.3.3 主制造商-供应商成本分担激励研究 ·············· 183
6.4 制造业核心企业的动态供应联盟设计与利益分配 ········ 189
　　6.4.1 制造业核心企业的动态供应联盟设计 ············· 189
　　6.4.2 制造业核心企业的供应联盟利益分配 ············· 192
6.5 本章小结 ·· 197

第7章 制造业服务价值链协同数据空间智能管理与优化建模 ... 199

7.1 多维度多层次关系驱动的自学习特征识别 ... 199
- 7.1.1 多源异构数据 ... 199
- 7.1.2 多源异构数据的处理方法 ... 200
- 7.1.3 自学习特征识别方法 ... 204

7.2 基于 SMOTE-XGBoost 的变压器故障预测预警 ... 207
- 7.2.1 研究背景 ... 207
- 7.2.2 研究现状 ... 208
- 7.2.3 相关研究方法 ... 209
- 7.2.4 研究流程 ... 210
- 7.2.5 实证研究 ... 212
- 7.2.6 结论 ... 218

7.3 大数据背景下电力设备质量追溯模型 ... 218
- 7.3.1 研究背景和意义 ... 218
- 7.3.2 质量追溯发展现状 ... 221
- 7.3.3 大数据背景下电力设备质量追溯模型构建 ... 224

7.4 本章小结 ... 228

参考文献 ... 229

后记 成果及预期应用 ... 242

第1章

价值理论和实践的发展

1.1 供应链理论的提出与实践发展

1.1.1 供应链的概念

1. 供应链的定义

美国学者 Michael Porter（迈克尔·波特）在《竞争优势》（*Competitive Advantage*）一书中对价值链进行了定义。早期的供应链管理思想主要强调企业内部的物流管理，侧重于解决企业内部的采购、库存、生产、分销等各职能部门协调管理问题。此时，供应链活动是指将采购的零部件、原材料等产品，通过生产加工、销售等方式销售给消费者的过程。对供应链进行管理的目的是降低商品流通的物流成本，同时优化业务流程，以提高企业的经营效率。此时，供应链的概念只注重企业自身资源利用，仅局限于企业内部业务流程，忽略了企业间的相互联系。

20世纪90年代，营销和采购环节的增值活动对企业的影响日益增加，企业更加重视与供应商合作。有些学者把供应链的概念与采购、供应商管理相联系，考虑企业与供应商之间的关系。从企业间的合作关系、准时精细供应、供应商行为分析和消费者满意度等角度研究供应链管理的成果越来越多。但此时的研究仅局限于企业与供应商、企业与消费者之间；在实践中，供应链中各节点的企业依旧独立运作，缺少相互联系。供应链企业间的目标存在一定冲突，企业无法从供应链整体运作效率最优的角度来决策。

随着市场需求变化和产业环境不确定性增加，供应链逐渐发展到网链阶段。供应链研究的范围不断扩大，供应链上下游企业也逐渐被纳入供应链的范畴。研究人员逐步关注供应链上下游企业间的联系，以及外部环境给企业带来的影响。普遍认为，一个完整的供应链始于原材料供应商，止于消费者。其中涉及多个企业，如原材料供应商、产品制造商、物流公司、商品分销商、零售商及消费者，供应链是由他们共同组成的链条状或网状结构。作为供应链中的供需节点，原材料供应商、产品制造商、物流公司、产品分销商、零售商及售后服务企业都需要按照消费者的要求提供相应的产品及服务。

目前，供应链尚无统一的定义。以下是几种从不同角度对供应链的定义。

美国供应链管理协会认为：供应链是一个由组织、人员、技术、活动、信息和资源构成的系统，涉及将产品或服务从供应商处转移到客户的全过程，通过供应链运作将自然资源、原材料和零部件转化为交付给最终客户的成品。

英国著名物流专家马丁·克里斯托弗（Martin Christopher）教授在《物流与供应链管理》（*Logistics and Supply Chain Management*）中表示：供应链是指由提供商品或服务给最终消费者的上下游企业所构成的网络。

我国著名物流专家马士华等在《供应链管理》一书中指出：供应链是围绕核心企业，通过对信息流、物流、资金流的控制，从采购原材料开始，制成中间产品以及最终产品，最后产品经销售网络到达消费者手中，并将供应商、制造商、分销商、零售商直到最终用户连成一个整体的网链结构和模式。

中国物流与采购联合会认为：供应链是指在企业中相互关联的部门或业务合作伙伴之间发生的物流、资金流和信息流，覆盖从原材料采购、产品（或服务）设计、交付及最终到达消费者手中的全过程。

我国2021年发布的国家标准《物流术语》（GB/T 18354—2021）中对供应链的定义是：生产及流通过程中，围绕核心企业的核心产品或服务，由所涉及的原材料供应商、制造商、分销商、零售商直到最终用户等形成的网链结构。

这些定义既体现出不同时期供应链发展的时代背景，又体现出各位专家学者研究供应链的不同视角。本书中供应链是指以核心企业为中心，涉及将产品或服务提供给最终用户的所有上下游企业组成的网链结构，也是一个由组织、人员、技术、活动、信息和资源构成的系统。

2. 供应链的特征

（1）实现产品价值增值　通过供应链生产运营系统实现资源转换和组合，增加产品价值，再将产品"分送"到各阶段的用户手中，最终实现产品价值增值。供应链的增值性主要包括产品物理形式的转变，无形产品转化为有形产品；通过产品或服务在时空上重新分布从而创造时间价值和空间价值；通过重新分割产品尺寸或服务内容，重新包装而产生的价值；收集信息重新整理加工，为用户提供所需服务，最终实现产品和服务的价值增值。

（2）运作机制呈现协同性　供应链是一个相互合作、协同的系统，是由多个有相同目标、紧密协作的企业组成的。这些企业依靠信息共享技术的支撑整合资源，为了共同的目标和利益，协同共享，形成优势互补，进行供应链整体协同运作。供应链可以看作一个虚拟、强大的、不断优化组合的企业群体。

（3）结构模式呈复杂性　供应链由复杂的网状结构组成。由于不断变化的市场环境、不同行业的发展水平不同、生产制造技术的局限性等多方影响，供应链中各节点的企业会产生不同的形态结构、经营水平及组织运作方式。此外，供应链中各节点的企业有生产型、加工型、服务型等各种业务类型，这导致企业间交互存在壁垒，使得供应链结构模式更为复杂。

（4）构成要素呈多形态性　供应链构成要素（信息流、物流、资金流）的表现形态各异。信息流是供应链中各节点的企业之间传递各类信息形成的信息流动过程。物流是原材料、半成品、最终产品等实体在供应链中的流动过程，除了正向的流动以外，还包括包装物、废旧物品的回收等形成的逆向物流。资金流是需求方向供应方支付采购费用形成的资金流动过程。

（5）结构呈动态性　供应链是为了满足企业战略快速适应市场需求变化。在供应链中，消费者的需求、成本结构参数、企业的合作伙伴、服务方式等都会随着目标的变化而变化。无论是供应链结构，还是原材料供应商、制造商、分销商等供应链中各节点的企业的行为方式，都需要不断优化组合，动态更新。

3. 供应链的构成主体与要素

供应链由供应商、制造商、分销商、零售商和客户五个主体构成：①供应商，即原材料供应企业，是指负责给制造商提供原材料、零部件的企业；②制造商，即厂家，主要负责产品的开发、生产和售后服务等，它构成了产品生产的重要环节；③分销商，即产品流通的代理企业，负责将产品推广到经营地；

④零售商是将产品销售给消费者的企业；⑤客户，即用户，是最终的消费者。

供应链的构成要素包括：物流、资金流、信息流。①物流是指在采购配送、生产加工和仓储包装等业务环节中，商品在时间和空间上的位移；②资金流是指在供应链所涉及的所有业务流程中，信用证、汇票、现金等在各个交易方之间的流动；③信息流是指在商品流通中，所有业务流程产生的信息。

1.1.2　供应链管理理论和实践发展

1. 供应链管理的内容

供应链管理是指在满足客户需求的条件下，对整条供应链进行计划、组织、领导、控制的过程，从而使供应链的成本达到最低。供应链管理的目标是为客户提供正确的产品，并且保证产品的质量、状态、数量，确保产品以正确的价格，在正确的时间，送到正确的地点，同时实现供应链的收益最大化。供应链管理包括计划、采购、制造、配送、退货5项内容。

（1）计划　计划是指制定供应链管理的策略。制定科学的管理策略来协调供应链资源是满足客户需求的基础。计划是指为了降低企业间协作成本，为客户提供满意的产品或服务，供应链核心企业通过建立一系列的规章制度来监督、约束供应链中各节点的企业管理活动。

（2）采购　采购是指选择合适的供应商采购商品。制造企业优选合适的原材料或服务供应商，并与供应商签订合同，明确原材料定价、配送和付款流程、提货等条款，确保货物能够按要求送达。

（3）制造　制造是指生产客户所需的产品，即通过加工和制造等环节，将采购的原材料、零部件转变成客户需求的产品。制造涉及订单管理、生产线管理、生产工艺管理等。

（4）配送　配送是指将产品及时运送到顾客手中，即配送中心或者仓储中心根据客户的订单信息拣选货物，通过快递或者配送车辆将货物递送至客户，并完成收款工作。

（5）退货　退货是指对有瑕疵的产品或者召回产品进行退回厂家的处理流程，包括建立售后服务系统、处理客户退回的残次品或找回产品等，并对客户提出的问题及时给予解答。

2. 供应链管理的发展阶段

（1）供应链管理萌芽阶段（20世纪60年代—20世纪70年代）　供应链

管理萌芽阶段也称传统供应链管理阶段，此阶段供应链管理还未成型，企业注重内部供应链管理，虽已经有较为完整的组织结构，部分企业已采用物料管理系统来管理业务，企业内部供应链管理的雏形已经显现，但供应链上下游企业间的合作关系极为松散，缺乏动态性，存在信息不透明、数据的统一性和完整性差等缺陷，多数企业秉承"为了生产而管理"的管理理念，导致上下游企业间存在较大利益冲突，供应链运作效率不高。正因为如此，此阶段供应链管理还有很大的发展空间。

（2）供应链管理初级阶段（20 世纪 80 年代初—20 世纪 90 年代初）　供应链管理初级阶段也称为精细供应链管理阶段，此阶段供应链管理初步成型，企业开始精简组织结构，明确划分内部职能，并逐步重视与其他企业合作。此时信息技术快速发展，企业通过引入物料管理系统、企业资源计划（ERP）系统等，逐步实现内部信息集成化；企业间的业务联系增加，信息化集成有效地支撑了企业间业务交流所需信息。原本松散的供应链上下游企业的决策行为逐渐向供应链协作下的决策行为转变。但是，当企业间存在利益冲突时，供应链企业难以从供应链全局角度出发来做决策。此外，在供应链内部的信息传递中，会出现信息泄露及信息传递失真等现象，供应链信息共享的红利没有得到有效发挥。这一阶段研究取得了较大突破，为供应链企业运作提供指导。

（3）供应链管理的形成阶段（20 世纪 90 年代初—20 世纪末）　供应链管理的形成阶段也称为集成化供应链管理阶段，此阶段供应链管理集成化发展，工业化水平提高，使得产品生产率、质量得到了全面提高。由于市场环境变化，产品种类增多、需求变动加快，这些条件都极大地增加了企业的物流和库存成本。企业开始注重精细化管理来提升利润，尤其加强了对物流成本和企业间交易成本的控制。先进的产品生产技术也不再是决定企业竞争优势的唯一法宝，企业需要集成化管理产品的需求预测、生产加工、调度运输等业务活动，以降低运营成本，提高企业效益。因此，集成化供应链管理应运而生，企业开始重视产品在全生命周期（LCC）中的各个环节，将目光转向供应链整体运作。集成化管理模式指将供应链中各节点的企业及最终客户形成一体化管理，达成战略联盟，增强供应链整体竞争力。集成化管理模式不仅能够优化企业内外资源，还能快速响应多样化的客户需求。

（4）供应链管理的成熟和全面发展阶段（21 世纪初期）　供应链管理的成熟和全面发展阶段也称为客户化供应链管理阶段，此阶段供应链管理重视客户服务水平。这一阶段电子商务出现，改变了供应链固有的交互方式；开始注重客户需求，致力于为客户提供满意的服务，从而提高企业的市场应变能力和竞争力。供应链上的企业注重企业间合作，努力推动与上下游企业协同管理。同时，产品全生命周期管理、供应商关系管理、供应链协同管理等相关方面的研究成果日益丰富，为供应链信息共享实践和协同管理提供了理论基础。供应链企业间的联系更加紧密，供应链协同化管理水平进一步提升。

目前，我国的供应链管理还处于发展阶段。部分行业领先企业[如国家电网有限公司（以下简称为国家电网）、京东、华为等]已经开始实施供应链上下游协同管理，但依旧存在企业内部人员对供应链管理的认识不到位、与上下游企业信息交流不通畅，甚至企业内部难以达成信息共享及供应链整体缺乏核心竞争力等问题。因此，真正实现供应链协同管理还有待时日。

3. 供应链管理的发展趋势

（1）提升供应链管理绿色化水平　随着全球气候变暖、环境污染问题日益严峻以及不断增加的碳排放等问题成为全球性话题，各国政府提出可持续发展理念。供应链绿色发展得到重视且成为未来发展趋势。供应链管理绿色化应当充分分析产品的全生命周期，考虑从生产到报废管理过程中的各个业务环节，并将绿色环保理念真正地融入供应链管理的整个运作流程，确保在企业供应链战略的发展中将对环境污染的程度降到最低。企业应积极构建绿色供应链管理体系，从计划、采购、制造、配送、退货等全流程实现绿色化发展。

（2）提升供应链敏捷性　随着物联网、大数据、云计算等新一代信息技术迅速发展，现代社会进入数字经济时代，各行各业涌现大量数据，形成数据空间。数字经济市场环境波动性较大，为满足客户需求，需提高供应链敏捷性。首先，敏捷性高的供应链对市场环境具有较高的灵敏度，企业能够更快地发现商机，并及时做出响应。其次，敏捷性较高的供应链能够及时有效规避市场风险，获得竞争优势。最后敏捷性较高的供应链能够更快地获取新兴技术和人才，提升产品开发能力，缩短研发周期，更快地实现新产品交付，更快地满足市场需求。

（3）提升供应链韧性　科技进步加速、经济发展加快使产业分工体系发生变化，全球供应链体系面临重大调整，部分产业供应链出现停顿、断裂、紊乱的风险增大，供应链完整性、安全性迎来了空前挑战。如何提升供应链韧性和安全性已经成为供应链管理必须要解决的问题。提高供应链韧性和安全性能够应对全球经济危机,提高供应链抵抗风险的能力,可以在面对外部冲击时快速响应,确保供应链企业稳定运行。

1.1.3 制造业供应链的实践发展

1. 制造业供应链的发展概况

制造业是我国工业经济的重要组成部分,制造业的发展水平和国民经济的发展息息相关。制造业供应链体系涵盖了从原材料、中间产品到最终产品制造与流通的一系列环节,本质是解决制造工厂运营的全价值链协同问题。我国制造业供应链发展正步入关键阶段。成本控制、效率提升和数字化变革是我国制造业供应链发展的三个特点。

从制造业供应链战略角度看,成本控制是目前的工作重点。制造企业以客户需求为起点,关注制造业供应链中采购、生产、运输、销售等环节产生的成本,常常以成本最小化作为企业绩效考核目标。但制造业供应链上下游企业缺乏长期协同运营机制,供需双方信息不对称,企业协同决策成本高。

从制造业供应链运营角度看,供应链效率提升空间较大。在计划方面,大多数企业采用供应链服务平台与上下游合作伙伴协同共享信息。在物流方面,智能物流设施被越来越多的企业应用,但不同企业的物流成本占比差异较大。在库存方面,库存周转效率的优化空间较大。

从制造业供应链发展角度看,数字化进程有待加速。少部分制造企业已建设数字化工厂,但大部分尚未开始行动。目前制造企业供应链管理基础薄弱、供应链数据管理软件的应用处于起步阶段、转型成本高、风险大,有些制造企业对供应链数字化改革仍处于观望阶段,依靠市场化经济杠杆和少数核心链长的企业来推进整体供应链数字化改革,任重而道远。

2. 制造业供应链的发展实践

(1) 丰田汽车公司供应链 日本丰田汽车公司(以下简称为丰田汽车)创立于1937年,在制造业,特别是汽车制造业中扮演着重要角色。丰田汽车凭借先进的生产模式和管理理念成为制造业供应链管理的标杆。丰田汽车的竞争优势并不是生产制造技术,而是生产管理方式——准时生产制(Just In Time,JIT)。JIT是指,在所需要的时刻,按所需要的数量生产所需要的产品(或零部件)的生产模式。JIT可起到减少库存积压的作用。该生产方式有两个核心管理理念:零库存和平准化管理。

零库存是指没有多余的库存，并不是指实际库存为零。丰田汽车配送中心的产品是流动的，除了受天气、灾害等自然因素影响，配送中心会持有一至两天的库存，产品在库时长最长仅有 4 个小时。这种"零库存"按需生产的供应链管理方式重视库存成本、质量管理，致力于消除一切资源浪费行为，包括订单处理、零部件质量检测、库存、运输、交货时间等，最终达到供应链成本最小化的目的。

平准化是指科学地组织流水线产品的投产顺序，保证产品品种、工时和生产的负荷波动为零。实现生产平准化，不仅要求加工、检验、运送等工序平稳生产，还要求与供应链上下游企业协同，实现原材料采购、运输等供应链全流程平准化。丰田汽车通过将月需求量拆分成天需求量，再分成每小时需求量来设计生产线，实现生产资源合理配置，保证每天都有订单需要生产，减少设备资源闲置，提高利用率。

丰田汽车建立了一条由核心制造企业主导的供应链，供应链上的企业深入合作，形成战略联盟。丰田汽车供应链整体运营一方面可以确保零部件与整车匹配度高；另一方面便于控制零部件成本，保证生产数量和交付时间的精准性。

(2) 国家电网电工装备智慧供应链　国家电网作为电力行业的领先企业，积极开展现代智慧供应链体系建设。该公司将物资供应链管理作为企业核心业务之一，通过物资管理促进企业内部深度协作，带动外部产业高效协同。国家电网电工装备智慧供应链是以"五 E 一中心"供应链平台为支撑的现代供应链体系，可实现供应链业务智慧决策。

"五 E 一中心"包含企业资源管理系统（ERP）是企业内外部系统的纽带，实现业务数据流转，形成"资源一盘棋"；电工装备智慧物联平台（EIP）是供需双方开放互信的物联平台，使供应商生产系统实时传送生产信息，形成"物联一张网"；电子商务平台（ECP）提供从采购计划、招标采购、合同物流、质量监督、运行评价、供应商管理到废旧物资处置的供应链全流程业务平台操作，形成"业务一条线"；电力物流服务平台（ELP）是面向全社会的电力物流服务平台，形成"物流一网通"；供应链运营中心（ESC）汇集常态化业务数据，通过数据挖掘和分析实现智慧决策，成为"管理一中枢"；"e 物资"掌上应用是所有物资作业系统的统一移动终端，形成"移动一体化"。通过以上平台一体化运行，打破各专业条块的界限，促进业务融会贯通，推进信息共享，有效支撑现代智慧供应链高效运转。

3. 制造业供应链的发展趋势

（1）绿色供应链 随着社会进步，消费者更愿意为低碳、节能、环保产品支付高成本费用，消费行为更多地取决于产品环保性能及绿色化水平。低碳、环保的绿色供应链模式成为制造业关注的焦点。绿色制造供应链以循环经济为目标，构建制造业产品的全生命周期过程管理体系，使产品设计、采购、生产、销售到产品使用、回收利用的全过程，实现绿色制造供应链。

制造业应积极完善绿色制造供应链体系，深入推进清洁生产，建设绿色低碳工厂，实现生产全流程的绿色化；生产绿色产品，实现产品全生命周期的绿色化；打造绿色低碳供应链，实现供应链节点上下游企业间的绿色协同，协调和优化企业经济效益和社会效益。

（2）智慧供应链 在数字化背景下，制造业供应链实施智能制造、智慧管理是未来工业发展的新趋势。智能制造是以精益化、标准化和模块化生产为理念，融合信息共享技术、先进制造技术、自动化技术和人工智能技术，实现整个制造业供应链智慧化创新，进一步提升信息化与工业化的深度融合。

通过引进新设备、升级制造技术、加装传感器等途径，对产品的原材料及零部件检验、生产工艺及过程检验、出厂检测等环节实现自动识别、记录和监控，可实现生产过程精细化、透明化和可追溯管理，从而提升生产制造智能化水平，为制造业供应链生态圈万物互联奠定基础。

1.2　产业链理论的提出与实践发展

在产品多样性不断提升的市场经济中，从竞争到合作是现代市场经济发展的必然过程。在工业经济中，产业链理论相关内容的研究可以为优化产业链上的企业节点的分工合作，为提高产业链的效率提供理论参考。

1.2.1　产业链的相关内容

1. 产业链的内涵

"产业链"的基本现象最早出现在 17 世纪。由于劳动分工的不同，从事不同社会生产内容的个体在价值因素的推动下进行协同合作，从而构成了链式结构。西方古典经济学家亚当·斯密在《国富论》中对劳动分工进行了阐述，他以"制针"为例对产业链的功能进行了描述，指出"工业生产是一系列基于分工的迂回的链条"。阿尔弗雷德·马歇尔将"分工"的概念上升到企业间,强调企业之间的分工,这被看作产业链真正的起源。

"产业群聚"与"群聚区"是哈佛商业大学迈克尔·波特教授在其著作《国家竞争优势》与《簇群和新竞争经济学》中首次提出的。他认为,一个国家的竞争优势模式是以产业集群的形式存在的;许多产业集群或有国际竞争力的产业往往是以地域集中的形式存在的。在产业群中,这样的集聚是以"产业链"为主干,串联在一起的。

我国关于产业链的研究起步较晚,初期阶段基本以介绍和研究西方产业链专著为主。20世纪90年代初,学者傅国华在海南对热带雨林农业进行了专题调查,并首次提出了"产业链"这一概念。目前,"产业链"这个词在实际应用中用得较多。

蒋国俊等人从"煤、电、冶产业"入手,探究产业链的形成机制,他们认为产业链是战略联盟的一种形式,在大多数行业中,一般是由竞争力或者潜力较强的企业牵头,其他相关产业簇拥所形成的;吴金明,邵昶从微观的角度剖析产业链的形成机制,他们认为"产业链"中所谓的"链"不仅是表明形态的"链条"的意思,还有表明状态"链接"的含义,同时产业链的形成是供需链、企业链、空间链和价值链的高度融合;龚勤林认为产业集群不一定会促成产业链的形成,但产业链的出现一定伴随产业集群现象,他认为只有在特定的地域空间上的产业集群及其经济技术联系才会形成产业链成长的土壤。

基于前人的研究,可以将产业链的含义定义为企业间以最终产品为纽带,以价值增值为导向,以为客户提供不同的产品或服务为目标进行分工协作,从而构建链状组织结构。

2. 产业链的形成机制

下面从产品供需维度、空间维度、企业价值增值维度三个方面了解产业链的形成机制。

(1) 产品供需维度 产品供需是产业链研究的基础和推动力。供需链是以企业为中心的功能网络结构,它基于对信息、物和资金的运作管理,从原材料的获得,到中间产品和最终产品的生产,再到向消费者提供服务,把供应商、制造商、分销商和零售商联系在一起,构成了一个面对最终用户的组织集合。供需链以产品的投入和产出为纽带,使商品在产业链中的流通具有连续性。企业是供需链的载体,也是供需链的具体体现形式。它可按实际生产过程划分为相关部门层次和各部门的生产环节，称为"节点"划分。

（2）空间维度　所谓"空间链"就是同一工业链在各区域之间的分布情况。对于同样一条产业链，各地的布局不尽相同。各产业链之间有一种交叉关系，不同区域产业链的节点之间相互组合，形成新的产业链。产业聚集是一种自然形成的现象。它的目的并不在于形成产业链，但产业链却是推动产业聚集的一个重要因素，产业链出现的前提一定是产业聚集。

（3）企业价值增值维度　价值增值是产业链形成的重要目的。价值增值现象的出现是由于一个产业从最初的原材料经过预加工到最终产品和消费者之间的价值分配和联系。它反映了产业链的价值属性和深层价值内涵，决定了产业链的经营策略和竞争优势。产业价值链思维为连接和整合产业链上的各个环节提供了一种有用的价值组织形式。

产业链的形成首先是由社会分工引起的。在交易机制的作用下形成产业链组织。因为社会企业分工不同，所以产生了企业间交易。随着社会分工的程度逐渐增大，市场交易程度也在不断加深。产业与产业之间的来往变得日益密切，为了实现商品的最终消费，不同产业通过中间商品的流通形成链条，便形成了产业链。产业链的发展是随着市场交易程度的发展而发展的，它将产业价值由不同部门间的分割转变为不同产业链节点上的分割，同时使产业价值最大化。

3. 产业链的分类

（1）按形成机制分类　根据外部因素对产业链的影响程度，产业链的形成可以划分为两类：一类是自组织式的产业链，另一类是他组织式的产业链。

自组织式的产业链是指产业链的形成完全是由企业的自发活动完成的，不存在任何外部因素的影响。在产业链中，各节点的企业之间的关系只是一种简单的市场交易关系。而在整个供应链上，各节点的企业处于绝对的对等位置，不存在任何企业在整个供应链上独占利益。它是一种以市场为基础的产业链。

从外部环境产生作用的角度，他组织式的产业链可划分为"自发型"与"推动型"。一般情况下，"自发型"的模式都是先建立起一条完整的产业链，然后由当地政府来规划和引导，让这条新的产业链继续成长。"推动型"的发展模式，在各地政府的主动规划与支持下，才得以产生、发展与壮大。在外部环境的影响下，产业链在一定的空间范围内进行了持续的延伸与扩大，使得产业链中的节点企业变得越来越丰富，而节点企业间的竞争也越来越激烈。

(2) 按关联结构分类 产业链按形成过程中企业与企业之间的关系可分为技术推动链、资源带动链、需求拉动链和综合联动型产业链四种。

1) 技术推动链。技术推动是指企业依靠技术发展的推动作用获取利益，通过增加技术开发与研究投入，为市场提供具有竞争力的产品。在技术推动型产业链中，链条上游的企业投入大量资源研究技术与设备，这些技术与设备会用来生产初代商品或者出售从而实现价值增值，接着中游企业会利用初代商品或技术设备生产二代商品，以此类推，直至转移至消费者。这种产业链一般为对技术要求较高的产品，如电子产品或 IT 行业。

2) 资源带动链。资源带动是指依靠生产生活资源实现企业价值增值的方式。在资源带动型产业链中，上游企业的数量很少且处于优势地位，但中游企业的数量很多且极度依赖上游企业的资源，处于激烈竞争的环境中。这种产业链一般由与电力或者石油相关的企业组成。

3) 需求拉动链。它以消费者需求为中心，强调对消费者的个性化服务、与消费者的交流及消费者的满意度。它是以需求为导向的产业链，由终端消费者开始，在消费者需求的推动下实现价值增值的产业链。全产业链整合程度高、信息交流速度快、发展方向清晰、效率高，但发展动力不足。

4) 综合联动型产业链。综合联动型产业链是指产业链兼顾了多种产业链的特点，在这种产业链企业之间关联因素较多，因此企业间具有多重的制约因素，但同时如果企业间能够协同合作、进行信息共享，那么产业链就会变得发展后劲足、发展导向明确。

(3) 按核心企业地位分类 按产业链中核心企业地位分类，产业链可分为锥状产业链、环状产业链和网状产业链。

1) 锥状产业链。在这样的产业链中，核心企业起着主导作用，对整个产业链的发展起着主导作用。同时存在很多小企业，它们以核心企业为中心，根据产品生产上的增值环节，为核心企业提供配套，成为核心企业的供应商。

2) 环状产业链。这种产业链中没有核心企业，是数量众多的中小企业的聚集，并且这些中小企业的地位是对等的，并且彼此间有着紧密的联系，经过长时间的分工合作，这些企业之间形成了一种互信和合作的关系。

3) 网状产业链。这种产业链是由多个垂直关系网络、水平关系网络以及关联行业关系网络共同构成的复杂产业链系统。其中，企业之间不是因为单一的产业而形成聚集，而是因为产业与产业之间相互联系而形成巨大的网络结构。两个或更多的产业链相互依赖，构成了上下游的投入产出关系。

1.2.2 产业链理论的基本内涵

产业链理论是近年来发展起来的一种新的、能够将微观企业和中观产业联系起来的理论工具。通过该理论，企业不仅能从微观的视角对自身进行剖析，还能从全局的角度对产业链中各节点企业间的联系进行描述，从而对由各关联企业所构成的特定行业进行全面的分析，符合人们对"由局部到全局"的普遍认识，也符合实际研究的需求。

1. 产业集群理论

产业集群是指一种或者相关联的产业活动在一定的地理范围或者特定的地点上产生聚集的现象。产业集群是一种新的产业组织形式，它可以是一定区域范围内形成的企业网络，也可以是拥有共同产业文化价值与目标的企业在一定空间内的聚集。它被认为是拥有高创新能力的生产系统。

产业集群现象最早出现在我国江浙一带，这片区域有着悠久的商业传统，传统手工业蓬勃发展。如果江浙一带的产业集群现象属于"原生型"，那么两广地区的产业集群现象则属于"嵌入型"。广东依靠其优越的地理优势和政策扶持，吸引外来企业进行投资，建立加工制造业基地，形成成熟的产业规模。此外，基于中国式的人文情怀，以血缘、亲缘和地缘为纽带的人文网络使得产业集群快速形成。

产业链和产业集群是密切相关的。对产业链的研究只有结合和参考产业集群的理论，才能更加深入和具体，才能更好地连接产业链，带动产业链上的企业发展。

2. 产业分工理论

《国富论》一开始就谈到了劳动分工，探讨了国家财富的本质与原因，并指出劳动分工对国家财富的重要意义。斯密相信，通过劳动分工，可以实现技术进步，节约时间，提高工人的技能水平，进而推动社会的生产力发展。劳动分工将从原料到最终产品的每一个环节都进行细分，各个环节上下游形成产业链，劳动分工提高了各个环节的劳动生产率，进而促进社会生产力的发展。而且，今后产业链优化升级的起点仍然是提高效率，促进生产力的发展。

产业链的理论逻辑是以劳动分工的理论逻辑为基础的，它是在普遍规律的指引下，在新的时代背景下所表现出来的新的个性。通过对"产业链"和"劳动分工"的辨证认识，我们可以发现，"产业链"是现代劳动分工的一种新形态,它对于"产业链"的发展有着重要的启发作用。

3. 比较优势理论

比较优势理论是大卫·李嘉图基于亚当·斯密的绝对优势理论提出的,它的基本内容是,在两个国家之间,劳动生产率的差距对于任意一种商品来说都不是相同的;同样,对于同一个国家的任意两种商品,劳动生产率也不同。因此,每个国家都应该生产出口比较优势的产品,进口比较劣势的产品。

比较优势的出现可以为企业的发展方向提供指引,通过对自身优势与劣势的剖析,制定合适的发展策略。比较优势的运用也与产业链的理解与研究息息相关,结合了比较优势的理论,才能更充分地分析产业链形成的原因。

1.2.3 产业链理论的实践发展

1. 国内产业链发展现状

产业链是从原材料一直到最终消费产品,各个生产部门分工协作,相互配合,所组成的上下游之间的关系链条。我国的产业结构非常完善,形成了一个非常精细的产业链,既有高效率,又有柔性。

我国在经历了数十年的发展之后,已经成为世界上唯一拥有41个工业大类、207个工业中类和666个工业小类的国家,并且已经建立起了完整和独立的现代工业体系。在全球500多种工业产品中,我国生产的钢铁、汽车、移动电话等220多种产品,位居全球首位。

我国制造业历来具有较强的生产链条和较完整的国内产业链,这是长期的竞争优势。我国经济发展的这种优势,与自身的市场结构有很大关系。我国拥有涵盖领域广、市场规模大的诸多产业。无论技术层次如何,众多企业都可以在不同的行业中寻找到适合其技术的产品。跨国企业刚开始进入我国市场时,目标市场常定位于高质量、高价格的市场。于是,那些被忽视的低端市场,就成了本土企业突破的重点。随着本土企业的发展壮大,我国企业拥有了足够的市场空间,进而不断加大研发费用,提高产品质量,整体在行业价值链上向上游转移。

2. 国外产业链发展现状

目前,美国、加拿大和墨西哥等三大制造业中心构成了北美地区产业链聚集区,德国、法国、荷兰和意大利等国家构成了欧洲地区产业链聚集区,我国、日本和韩国等国家构成了东亚地区产业链聚集区。

美国的制造产业发展源于军事工业产业,战争在美国制造业演变中起了非常重要的推动作用。从 21 世纪开始,美国的制造业发展稳步推进,经济增加值整体上呈现出一种缓慢的、波动性的增长。但制造业经济增加值占整个国家经济的比例却在不断下降。美国制造业与生产性服务业出现了融合发展趋势,制造业服务化带来的价值增值不断增加,极大提高了其在世界范围内的竞争力,也为美国保持世界上的领先地位奠定了基础。美国部分产业集群和服务化高度相关,如计算机硬件与电子、工业机器与系统、交通设备、生物医药、材料加工、光学与成像、软件、食品加工、金融服务、通信与传媒、金融与保险服务业等体现了先进制造业和生产性服务业紧密相关的特性。它们在重视竞争优势的同时,也重视与之相关联的设计与服务,将产业链延伸出去,强化其全生命周期的服务能力,并增强其在国际市场上的竞争力。美国的创新环境中,大学、科研机构、企业、人才和金融等创新资源因素与创新环境相结合,形成了一个良好的创新生态,促进了生产制造业和服务业两个产业的一体化。

德国是世界上重要的制造大国和制造强国。在所有发达国家中,德国对国际市场的依赖居于首位,德国对国际市场的依赖性在 2009 年度达到了 45.7%。二战结束后,德国经济迅速腾飞。德国在制造领域,尤其是在高端制造领域具有独特的竞争力。德国在对传统制造业进行改造时,利用其原有的工业优势,通过技术革新,在设计、性能、品质等方面持续改进,使其始终处于世界的前列。例如,德国为了支持传统制造业的革新,成立了 10 个以化纤、成衣、电子、零件、化学原料、钟表工艺、纺织化学、纺织工程、皮革工艺等为主的产业研发团体,由国家拨款,进行应用科研,并为厂商提供各类技术服务。截至 21 世纪初,德国的纺织工业在经历了数十年的调整后,通过不断的创新,又回到了发展轨道上。德国在高技术纺织品方面,如耐火服装、航空和船舶制造所需的材料、透气性好的运动服装以及抗辐射材料都处于领先地位,高技术纺织物占该国纺织业年销售额的近 50%。

日本在第二次世界大战之后,迅速成为世界上最强大的制造力量,并以此为基础建立起了世界上最强大的国家。如今,日本在许多高端制造业方面仍然是全球领先水平,而制造业又是维持其经济活力的一个主要支柱。二战后早期,日本进行了一系列的改革,如解散财阀、改革土地制度、劳工立法等,极大地提高了社会的生产力,为工业的迅速发展和经济的快速发展奠定了基础。20 世纪 50 年代中后期,日本一方面持续推进工业结构调整,另一方面把发展重心转移到了发展重化工业上。20 世纪 80 年代中后期,日本成为世界上最具经济、贸易、投资能力的国家之一，它的"后发制人"的作用逐渐减弱，日本本土市场逐渐趋于饱和。进入21世纪后，日本的制造企业开始积极地进行变革，在生产运作中融入了现代化的要素，进一步加深工业一体化进程。日本公司重视建立长久而稳固的合作关系。例如，许多中小型公司都集中在大型公司的四周，为它们提供零部件和原材料；大企业和小企业通过分工合作，形成了上下游的产业链，从而达到了共赢的目的。对中小型企业来说，通过与大企业的协作不仅可以获得稳定的订单，还可以提高企业的技术管理水平和产品品质。

3. 产业链实践案例

（1）高端装备制造业　高端装备制造业主要包含了五个方面，分别是：智能制造装备、航空装备、卫星及应用、轨道交通装备、海洋工程装备，每个产业链的产品将国民生产所需要的所有行业都涵盖了进去。在现代工业中，先进的技术和设备是决定一国经济发展水平的关键因素。高端装备制造业的产业链垂直整合，就是要对高端装备制造业价值链垂直上的技术、资本、劳动等战略资源和能力展开最优组合，从而培养出核心竞争力，并维持其竞争优势。

在产品维度上，通过产业链的形成，可以促进战略新兴产业的发展。战略性新兴产业是指将传统工业与新兴工业相结合的一种新型工业。从供求维度、知识维度等角度来看，我国目前的高端装备制造业的发展基础多具有明显的地缘性特征。应通过合理布局、强化相关设施及环节配套大力发展产业基地，强化以产业链为纽带的产业建设，提升产业链竞争力，并在此基础上，对高端设备制造业的核心企业进行整合，组建"产—学—研—用"一体化的高端设备工业联盟。产业链的发展应当遵循国家区域发展的总体战略和全国主体功能区规划的要求，以装备制造业的现有基础为依托，将地区的比较优势充分地考虑进去，推动高端装备制造业的相对集中发展，从而构建出一个区域发展的新格局。

（2）汽车制造业　汽车制造业是以汽车制造企业为核心企业，同时汇集了包括上游零配件供应商及下游相关的服务行业和管理机构的产业链。这些企业协同合作，共同完成产品全生命周期的管理并实现价值增值。这些行业包括钢铁、机械、橡胶、石油化工、电子和纺织等工业；它们的下游行业包括保险、金融、销售、维修、物流、餐饮和酒店等。

汽车产业链的构成由四部分组成：技术、零部件、生产企业、营销与服务。它以汽车整车制造业为核心，往上延伸到汽车零部件制造业和与零部件制造相关的其他基础工业，往下延伸到服务贸易业，包括汽车销售、维修、金融等。

同时，在整个汽车产业链中，还存在着一个健全的支持系统：法规、标准、实验、研究、开发、认证、检测等。

汽车工业是一国经济发展的基础。在新的发展格局下，工业互联网、自动驾驶、车用芯片、操作系统、软件服务、计算平台等技术的应用，极大地扩大了核心资源的覆盖面。同时，它以我国庞大的市场需求为导向，建立起一个完整的、区域性的产业链保障体系，为我国的企业提供了新的发展机会，也为我国的科技创新企业提供了更广阔的发展前景。

（3）电子信息制造业　我国在电子信息制造领域，从芯片、元器件到整机，从研发、生产到销售，在软件和信息服务的各个环节都具有很强的实力。

从纵向来看，我国电子信息制造业纵向内涵式产业链主要由五个环节构成：研发设计厂商、材料零部件供应商、信息设备制造商、营销商和消费者。从横向上来看，我国电子信息制造业横向外延式产业链主要由三个环节构成：芯片及元器件厂商、组件厂商和整机厂商。

我国电子信息制造业正大力实施产业集群战略，"以企业为主导，以产业链为纽带"，将产业链上、下游企业的优势进行有效整合，实现电子信息制造业的整体优化和整体提升。在此基础上，对各个电子信息制造企业进行优化升级，使产业链相互融合、相互补充。通过各行业的优化升级，各行业之间的产业链相互融合和补充，从而达到整体电子信息加工集群的优化升级。在产业链中，各环节的发展并不是相互独立的，而是相互联系的，随着电子信息加工企业的不断提升，整个电子信息加工产业链与产业集群都会不断地得到优化与提升。

1.3　价值链理论的提出与实践发展

1.3.1　价值链的概念

1. 价值链概念的提出

1895 年，哈佛大学商学院教授迈克尔·波特（Michael Porter）出版了《竞争优势》（*Competitive Advantage*）一书，波特在书中首次提出了价值链概念。波特认为，公司生产经营活动中的设计、制造、销售、运输和产品服务各种活动相互关联，构成的动态的创造价值的过程即为价值链。价值链本质上由一组相关的活动组合而成,包括:采购原料、生产过程、分销和销售活动、研究与开发活动、支持活动。

波特所提出的价值链主要针对单个企业,着重于单个企业的竞争优势。伴随着国际外包业务的兴起,波特在1998年又提出了"价值系统"(Value System)的概念,并将其应用范围扩大到了不同的企业之间,这与随后兴起的全球价值链(Global Value Chain)在某些方面有着共通之处。随后寇伽特(Kogut)也提出了"价值链"的概念,他的观点比波特更好地揭示了"价值链纵向分化"与"全球空间重构"的内在联系。

价值链理论最初只是一种企业战略管理理论,但是随着价值链理论实践的发展,价值链理论在企业的战略规划、市场营销等领域都得到了广泛的应用。

2. 价值链的基本构成

任何从事经济活动的组织内部都存在价值链,这种称为企业的内部价值链;企业与企业之间也存在价值链,处于同一供应链的上下游企业间存在行业价值链。行业价值链是指由企业内部价值活动和外部企业价值活动构成的链式结构。

波特将企业内部价值链分为基本职能和辅助职能两大类。其中,基本职能包括内部物流、外部物流、生产、营销和服务等活动,辅助职能是指为企业提供各种生产经营所需资源的活动,如人力资源管理、物质资产管理、财务管理等。波特将这种辅助活动与企业的外部价值活动相联系,构成了外部价值链,外部价值链和内部价值链是相互影响、相互依存的。

价值链有三层含义:一是企业的各价值增值活动之间是紧密相关的,例如,原料供给的计划性、及时性、协调性,与企业的生产制造活动紧密相关;第二,任何一种活动都可以为企业创造出有形的或无形的价值,例如售后服务,如果公司能对客户的需求给予足够的关注,并做好相应的服务工作,就能提升公司的声誉,产生一种无形的价值;第三,企业的价值链除了内部的链式活动外,还包括一系列的外部活动,例如与供应商和顾客之间的关系等。

企业可以通过成本领先和产品差异化来创造竞争优势,企业的每一种价值活动的经济效果直接体现了企业在该价值活动中的相对竞争能力的高低,通过将其与竞争者的价值链进行对比,可以发现其不同之处,从而确定企业的竞争优势。

3. 价值链的特点

(1)价值链的整体性　整体性是指行业价值链,即企业内部价值活动与外部企业间的关系，它体现了上下游企业之间的价值联结。行业价值链包括上游供应商价值链和下游买方价值链，企业的价值链是由一个更大范围的价值体系反映出来的。

（2）价值链的异质性　同一条供应链上不同企业的价值链，因其所处的环节存在差异，价值链也会有差异。这体现了不同公司在战略和实施战略方式上的差异。同一企业在价值链上的表现会随着其发展阶段的变化而变化，这表明企业的价值链具有动态发展性。

4. 价值链分析法

对价值链进行分析是确定企业竞争优势的一种方法。通过对企业的价值活动进行分析，了解企业在价值活动中所处的地位，并对其中的关键因素进行识别和分析，确定企业价值链中产生价值的关键环节，从而确定企业的竞争优势。价值链分析法主要包括以下两个过程：

（1）识别价值活动　价值链分析的基础是价值，价值链是由各种价值活动构成的。价值链理论的基本思想是：在企业的所有生产经营活动中，只有与生产相关的活动才能产生价值，这些产生价值的活动就是企业的关键环节，也就是形成企业竞争优势的关键环节。识别价值活动是指对价值活动进行分类，将其归类为若干个简单的价值活动，并分析每个价值活动的具体内容、特点及其对企业内部资源和外部环境的影响，以便正确认识其所处的地位和发挥的作用。

（2）确定价值类型　企业内部的所有活动都可以分为三类：直接活动、间接活动和质量保证活动。直接活动是指所有与生产产品和提供服务有关的活动，例如原材料加工、包装等；间接活动是指为直接活动提供支撑的各种活动，如设备维护、仓储运输等；质量保证活动是指与基本生产活动无关的活动，如巡视、监察等。这三种活动具有截然不同的经济效应，它们在竞争优势中发挥的作用不尽相同，应当进行区别，权衡利弊，明确核心与非核心活动。

5. 价值链分析的作用

在对企业价值链进行分析的过程中，可以得到企业价值活动中的核心环节，进而确定企业价值链的综合竞争力，企业价值链的综合竞争力决定了企业的核心竞争力。正如波特所说，在消费者心中，它的价值是由一系列公司内部的物质和技术上的具体活动及利润组成的，当某公司与其他公司竞争时，实际上是公司内部的多个活动在进行竞争，而不是某一项活动在竞争。

在激烈的市场竞争中，竞争优势是决定企业业绩的关键因素。企业的竞争优势来源于企业在产品设计、制造、营销、交付和其他相关环节中所开展的各种独立的活动。这些活动中的每一种都可以降低企业的成本,同时为其差异化打下基础。不同的竞争者在价值链上的差异是企业竞争优势的重要源泉。

1.3.2 价值链理论的发展

1. 传统价值链理论

传统的价值链理论认为,不同价值链之间的差异性形成企业的竞争优势,企业竞争优势的取得由两个维度决定,即企业所在行业潜在竞争者的数量和企业在行业内的相对竞争位置。行业的潜在竞争者在很大程度上依赖于行业的结构,而企业行为对行业结构存在较大的作用,企业的行为也可能影响行业的发展。企业的战略就是基于上述维度构建的由一系列相互关联的基本活动组成的框架和策略,企业的战略最终形成企业的竞争优势。

彼得·海恩思(Peter·Hines)把顾客对产品的需求作为生产过程的最终目标,由此提出了一种新的关于价值链的定义。海恩思认为满足顾客需求是企业生产的最终目标,而波特的价值链理论把获得利润作为企业生产的最终目标。其次,海恩思将原材料采购、客户关系管理等活动包括在价值活动范围内,这一点与波特的观点不同。根据波特的观点,原材料、客户等因素是决定产品质量的因素,但并不产生价值。海恩思与波特价值链的第三个区别是:海恩思认为企业的基本价值活动之间是相互关联、相互交叉的,而非独立存在于企业的生产经营活动中。

2. 虚拟价值链(Virtual Value Chain)理论

1995 年哈佛商学院的杰弗里·雷鲍特(Jeffrey Rayport)和约翰·斯维奥克拉(John Sviokla)首次在《开发虚拟价值链》(*Exporting the Virtual Value Chain*)中提出了虚拟价值链的观点。虚拟价值链观点认为,企业不仅在有形的资源市场中竞争,还在由信息构成的无形的虚拟市场中竞争,这个无形的虚拟市场被他们称为"市场空间"。企业通过采购、生产、销售等价值活动在有形的资源市场中创造出价值,这些价值活动形成了有形价值链;通过信息的收集、选择等价值活动在无形的信息市场中创造价值,这些价值活动则构成了虚拟价值链。企业通过对有形价值链和虚拟价值链中的价值活动进行识别、分析,提出适合于企业本身的战略构想和管理实践。

虚拟价值链和传统价值链的区别在于:虚拟价值链认为信息可以创造价值,

而传统价值链理论则认为信息是企业进行生产经营活动的辅助要素，信息并不能创造价值。

虚拟价值链理论认为，信息在实现价值增值的过程中也为顾客创造新的价值。企业通过寻找信息、利用信息改变公司的运营方式，而不是简单地记录信息。虚拟价值链通过信息的收集、组织、选择、合成和分配创造价值。信息有助于理解或改变实体世界，但它超越了实体世界，能够创造新的产品、服务和市场。后来，理论界又强调了虚拟价值链的重要性，认为虚拟价值链是为企业创造价值的实体价值链的补充。

3. 价值网（Value Net）理论

1998年，美世咨询公司（Mercer公司）的亚德里安·斯莱沃斯基在《发现利润区》一书中首次提出了价值网概念。斯莱沃斯基认为，传统的价值链无法适应客户日益增加的需求及竞争日益激烈的市场，企业急需改变其业务结构，价值网理论应运而生。

美国研究员大卫·波维特（David Bovet）对价值网理论做出了进一步阐述。波维特在《价值网络》一书中提出，利用电子信息技术应对顾客日益提高的需求，企业能够快速响应客户需求，降低企业运营成本，形成一种全新的运营模式。价值网的本质是：处于一个相对固化的价值链上的各个环节，通过将相关的利益集团聚集在一起，分配特定的资产，基于适当的价值转移机制和专业化分工的生产服务模式，共同参与、完成产品价值的创造，共同为消费者创造价值。

在网络经济时代，不同产业及同一产业的不同企业间已经形成复杂的网络化结构，价值链理论已不能满足公司发展的需要。在网状产业中，许多部门的价值链相互关联，价值网络自然发展形成。狭义的价值网理论指的是网络经济中各行业相互关联而形成的价值网络；广义的价值网络理论指的是在不同的时间和地点、不同的市场主体、不同的部门之间创造、交换和转移价值的网络。

价值网络理论取代价值链理论，这是一个不可逆转的趋势。就企业发展而言，价值链理论和价值网络理论的区别在于：价值链理论是独立的产业思维，只有最终环节考虑顾客的实际需求；价值网络理论是网络经济思维，所有的价值环节都是以顾客为中心的，以顾客需求的实现为最终目标。

价值链理论指导自下而上的战略，起点低、范围窄、受行业限制；价值网络理论指导自上而下的战略，起点高、开放、不受行业限制。价值链理论指导企业同质化竞争，难以超越竞争对手；价值网络理论指导企业了解部门之间的双向联系，实现产业间的竞争与合作，实现跨越式发展。

4. 全球价值链（Global Value Chain）理论

全球价值链是一个由跨行业公司组成的全球性网络，它通过将原材料采购、产品生产、分销等过程联系起来，实现商品和服务的价值。全球价值链由价值活动及价值活动的参与者构成，价值活动包括产品设计、原材料采购、生产、营销、物流、逆向物流等。

斯特恩（Sturgeon）从三个维度来定义全球价值链：组织规模、地理分布和生产性主体。组织规模维度规定，所有提供产品或服务的企业都参与构成全球价值链；地理分布维度规定，构成全球价值链的主体来自全世界；生产性主体维度规定，参与构成全球价值链的主体包括生产商、分销商和一体化公司。

斯特恩对全球价值链和全球生产网络的维度进行了区分。全球价值链从纵向维度研究产品从生产到交付的一系列价值活动，产品生产的过程越复杂其维度越大；全球生产网络从横向和纵向维度研究生产活动，涵盖整个产业，随着产业横向维度的增大，全球生产网络的规模会更加庞大、结构会越复杂。从横向维度看，在全球价值链逐步发展的基础上，一种更新、更高、更广泛、更深层次的概念，即全球生产网络逐步形成。关于全球价值链理论的研究主要集中在全球价值链的治理、全球价值链的现代化及全球价值链的收益分配三个方面。

1.3.3 制造业价值链的实践发展

1. 制造业价值链的构成与发展趋势

传统的制造业价值链以波特的价值链理论为基础，以单个企业作为分析目标，分析企业的价值活动及核心竞争优势。制造业价值链以生产制造为核心，主要分析与生产制造相关的一系列价值创造活动，生产制造环节通常被认为是企业价值增值的核心环节和企业的核心竞争优势所在。

随着信息与通信技术的飞速发展及经济全球化趋势的加快，制造业正经历着深刻的变革。相比于传统制造业价值链只关注生产制造活动，现代制造业价值链关注所有形式的价值增值活动，以价值增值为基础的活动正逐渐成为制造企业的核心竞争力。现代制造业价值链相比于传统价值链的主要变化包括价值链的纵向维度增大、价值链向价值网升级转变、价值链节点模块化，信息技术成为价值增值的主要动力。

价值链的纵向维度增大指的是企业价值链涵盖的价值活动范围延伸到企业外部。随着专业分工的深入发展，不同的制造环节逐渐由专门的部门负责，最终分化出越来越多的第三方服务型企业，这些分化出的第三方企业相互关联、相互依存、协同发展，与原制造企业共同构成更大维度的价值链。

价值链向价值网升级转变。从事于同一制造活动的不同企业间彼此相关，形成了一系列嵌套的网络结构，即相互依存、垂直联系的价值链体系。不同企业的价值链相互交叉、作用形成价值网。

价值链节点模块化指的是从事同一生产活动的不同企业横向整合、集成，形成模块。在经济全球化背景下，由不同企业整合形成的模块拥有着远超单个企业的资源，资源的整合带来成本的降低，从而提高企业的核心竞争力。

信息技术成为价值增值的主要动力和企业获得竞争优势的新的增长点。在业务领域，信息技术和信息系统与产品的订购、设计、生产、加工和销售密切相关，并被用来传输数据和信息。这些数据和信息对公司最终产品或服务的生产和交付至关重要。在制造业中，业务流程是完全由 IT 支持的，信息系统管理整个业务生命周期。例如，客户通过网络浏览器直接向公司的销售中心发送订单，公司的生产管理系统，如企业资源计划系统、物资需求计划（Material Requirement Planning，MRP）系统，组织、计划和安排完成订单所需的生产。利用大数据、云计算、人工智能等高科技技术重组价值链各环节，加快价值链结构调整，实现传统制造业现代化。

随着信息技术的逐步产业化，企业将不得不通过整合产品和服务（通过地理上分散的合作伙伴）精简业务流程，并通过集成价值链提供基于服务的解决方案来竞争。企业充分利用飞速发展的信息技术，在产品开发、技术创新、服务改进和市场开发的各个方面，利用大数据、物联网等信息技术优化企业的业务流程来提高生产力，减少产品或服务的交付时间，提高客户满意度。信息技术的快速发展，如全球互联、智能计算和业务整合技术等，提供了发现、计划、配置、执行、监控、优化、分析、修改和创建整个价值网络的业务流程的机会，促使业务流程协调发展，支持整个价值网络的利润最大化。

2. 制造业价值链的实践

随着市场竞争的加剧，企业意识到通过价值链理论确立企业竞争优势的必要性。在此基础上，以价值链为基础的经营管理模式被越来越多的企业认可。

以海尔集团为例，研究海尔集团如何运用价值链分析理论来实现其发展。就海尔集团所代表的制造业而言，价值链的核心活动包括内部和外部物流、营销和服务；辅助活动包括采购管理、企业基础设施（确保企业经营的一系列措施的总称）维护、人力资源管理、技术开发等。

1998年以来，海尔集团对其流程进行了重组，并通过适当的手段和方法建立、管理和控制其价值链。为了应对相互关联的碎片化市场和个性化的用户，海尔集团从2012年开始实施网络化战略，并将其组织结构从"倒三角"转变为基于"人单合一"管理体系的市场导向结构。此外，海尔集团彻底推行价值链管理，以建立一个无边界的涵盖公司、员工、用户和供应链的各个方面的平台型价值生态系统。

这个价值生态系统是在把海尔集团的用户纳入价值链的基础上，把供应商纳入价值链，形成一个价值联盟，也就是一个整合的价值链系统，即一个"端"到"端"的优化闭环。这两个"端"分别是市场端和供应端，包括从识别到满足用户需求的整个过程，这个过程包括识别并为用户创造价值，整合前端和后端，实现两者的附加价值。

网络时代创造的互联网思维与传统思维最大的区别在于没有距离和边界。过去，距离的限制、边界的存在、信息的不对称，使得企业无论是与员工、用户还是合作企业，更像是一种博弈关系。海尔集团构建的以用户为中心的价值链联盟，可以消除距离和边界、促进合作共赢、形成开放的价值生态圈。

海尔集团自成立以来，不断进行战略调整、组织变革和管理制度创新，特别是经过流程重组，采取了一系列价值链管理和控制措施，提升了海尔集团的竞争力和公司的整体价值。

1.4 本章小结

本章阐述了供应链理论、产业链理论和价值链理论的基本概念、相关理论发展进程，通过分析相关案例，明晰价值链、供应链、产业链之间的特点与关联，描述了价值创造的全过程。

价值链理论是帮助人们理解企业的价值产生机制的重要理论基础。它不仅是分析竞争优势的工具，还是建立和提高竞争优势的系统方法。然而，价值链不仅存在于企业内部，还可以向外延伸或连接。如果几个企业形成供应链连接并实施同步流程管理，则可以认为他们的价值链已经实现集成连接。因此，可以说，确定自己的价值链是实施供应链管理的前提。虽然产业链是一种宏观经济管理理论，但在运营中，企业是其构建的载体，而产业链的构建取决于运营中企业之间的有序连接。与通常是垂直、大规模或多环节的产业链不同，供应链的连接是多向的，并且发生在有限的产业范围内。也可以认为，供应链的连接往往是产业链生产的基础，产业链是多个供应链的综合体。本章的成果为进一步研究奠定了理论基础。

第 2 章

协同理论的发展和实践

2.1 协同理论提出的背景与主要观点

2.1.1 协同理论提出的背景

1. 协同与协同理论

协同一词来源于希腊语,指"合作的科学",《说文》中也有"协,众之同和也。同,合会也"的表述。由此可知,协同是指多个不同的资源或个体为完成某一共同目标相互协作的过程或能力。当前,协同普遍被看作一种"行为",不仅具备与他人合作的特性,还包含信任、环境、动机等建立协同关系的必要条件。此外,协同具有整体组合效应,会产生"1+1>2"的作用效果,使系统的整体效应大于其组成部分的简单叠加。因此,协同作用是两个或多个部分相互作用后形成的综合影响,在其作用下产生的整体系统比子系统的功能更为丰富。

协同理论是以多个学科理论为基础发展出的一门新兴学科,它于20世纪70年代被提出,并逐渐发展。哈肯(Haken)是德国斯图加特大学的教授,他在激光实验中总结出了协同理论的雏形,并首次提出了协同的概念。1977年,哈肯发表了《协同理论导论》,标志着协同理论的创立与诞生。哈肯在书中系统地阐述了协同理论,构建了协同理论的基本框架,探索了如何借助子系统的协同作用使整体系统产生正向的功能或结构变化。

伊戈尔·安索夫于1965年在其著作《公司战略》中阐述了协同战略的理念,正式将协同理念引入企业管理领域,为该领域的协同发展理论奠定了基础。安索夫认为,协同体现在企业组织的各项业务活动中,如资源共享与跨部门业务协作。在协同机制作用下,企业组织各部门之间表现出一种共生、共长的关系。

2000年,安德鲁·坎贝尔出版了《战略协同》一书,他在书中详细介绍了协同的概念、作用机制及其体系。他认为协同就是"搭便车",使用隐性资产可以实现协同效应,因而在制定企业战略时应充分考虑企业的资源形态及资产特性。2004年,蒂姆·欣德尔(Tim Hindel)总结了实现企业协同的各种方法,包括垂直整合、战略部署协调、资源技能共享等。近些年来,我国学者在有关协同理论的研究中普遍将协同看作若干不同个体为实现某一特定目标共同努力的过程,认为有效的协同可以帮助企业提高管理创新水平。

通过研究不同事物的共性及事物内部各因素之间的关联性和相互制约、相互影响的机制,可以建立有效的协作机制,从而促进事物向预期的方向发展。协同理论侧重于探索不同事物的共性和协同机制,它是在社会科学和自然科学等相关学科的基础上发展起来的。协同理论可以对不同子系统之间的相互作用和影响做出合理解释,实现对各子系统的控制与优化,充分发挥协同作用。近年来,协同理论被广泛应用于社会经济等领域,为资源的合理配置提供了新的理论支撑。

2. 协同理论的发展基础

协同理论以探究系统发展的一般规律为研究目标,从产生到最终成为系统的理论体系,离不开其深厚的理论基础。得益于多学科研究的促进,协同理论自20世纪70年代以来逐步形成和发展。它综合了控制论、信息论和系统论,同时吸收了耗散结构理论的丰富内涵,其内在本质和作用机理主要是由这三大理论的融合、发展、演变而来的。

(1)控制论 控制论自20世纪40年代末期逐渐兴起,诺伯特·维纳(Norbert Wiener)于1948年出版的《控制论》标志着控制论正式诞生。它的基本思想是研究生物和机器的信息传递、转换、处理和控制过程,最终发现生物和机器具有通过信息反馈调整自身以适应环境变化的共同特征。

控制论是一种针对系统的理论，被广泛应用于现代科技和工程领域。它的研究对象包括物理系统、生物系统、社会系统及信息系统等各类复杂系统。它研究系统的综合属性与整体特征，分析其内部的运作方式和行为规律，以及所处环境对系统的影响。

控制论的研究方法包括黑箱法、开放系统学和网络控制论等。其中，黑箱法是控制论的核心方法，它通过观察系统的输入和输出信息来研究系统内部的运作方式和机制，但并不需要了解其内部结构和细节；开放系统学是控制论的一个重要分支，它主要研究系统与外界的交互关系，是控制论研究开放式系统的基础；网络控制论则是一种新兴的研究方法，它主要研究复杂的网络系统和大规模平行处理系统的控制问题。

此外，信息在控制论的研究过程中发挥着重要作用。系统地输入和输出信息可以驱动系统运作并控制系统的行为，因而信息是否精确和及时关系到系统运行是否正常。整个控制过程主要通过信息反馈来进行。

反馈就是将输出信息发送回输入端，进而影响信息再输出的过程。反馈分为正反馈和负反馈两种。正反馈是指当反馈信息与输入信息相同时，通过增强输入信息对系统的控制增强输出，进而提高系统的灵敏度和选择性；负反馈是指当反馈信息与输入信息有差异时，通过减弱输入信息对系统的控制减小输出，从而增强系统的稳定性，减少畸形和失真。当系统受到环境的干扰时，可以通过负反馈重新建立起系统的稳定性。

控制论是生物学、心理学、物理学和数学等基础科学的相互渗透、高度融合发展的结果，它的诞生具有重大的意义。控制论揭示了现代技术系统与生物体和社会之间的共同控制规律，打破了传统思维方式和研究方法的桎梏，为各领域定量问题的研究开辟了新途径，提供了一种全新的科学研究方法。控制论的分支学科主要有四个，包括理论控制论、工程控制论、生物控制论及社会控制论。

1）理论控制论主要研究控制论的基本理论和方法，及关于自动机的基本理论。

2）工程控制论以工程技术中的控制系统为研究对象，研究信息的转换和传递，用以设计和分析最优控制系统。

3）生物控制论主要研究生物系统的控制过程和信息运动规律。目前已衍生出医学控制论和神经控制论等新分支。

4）社会控制论主要研究社会生活中政治、经济、人口等各方面的管理和控制问题。其中用于经济研究的也称为经济控制论。

（2）信息论　信息普遍存在于人类社会和自然界，它体现了物质形态特征及相应的运动规律。狭义的信息是指新消息、当面交流或远、近距离通信的各种内容。广义的信息概念则是指自然界、人类社会和人体各个控制系统内部及各控制系统之间相互联系、相互传递、相互影响的各种事物及其变化情况，即宇宙物质世界的一切以及它们的变化都以信息为其存在的重要表征之一。

信息论是一门探究有关信息的定义、度量、传输、处理、储存和使用规律性的科学理论。众多研究者不断探索信息论的内涵和应用，为信息论的发展做出了卓越贡献。1948 年，美国数学家香农（Shannon）在《通信的数学理论》一文中发表的理论完善了信息的概念和性质，首次提出了信息论，为现代信息理论的研究奠定了基础。此后，美国数学家诺伯特·维纳将信息的概念进一步扩展，他认为信息与控制系统密切相关。维纳还进一步通过理论解释了信息本质，建立了维纳滤波理论和信号预测理论，并提出了信息量化的原则、方法及公式，为信息的广泛应用奠定了基础。

信息论最初用于解决信道宽带和噪声等通信问题，但随着研究者们对信息理论的进一步探索，发现信息论不仅可以有效描述随机变量之间的线性和非线性关系，还可以应用于数据挖掘、机器学习和统计学等领域。经过不断地发展研究，有关信息论的研究已经渗透进经济、管理和社会等方方面面，早已远远地超越了通信的研究范围，被广泛应用于各个学科领域。

当前，有关信息论的研究可以分为以下三方面：

1）以编码理论为核心的狭义信息论，即香农信息论的中心问题。它主要研究信息的度量、信道编码和信息系统模型等相关问题。

2）以信号为主要研究对象的信号和噪声的统计分析，旨在提高信号传输和处理的效率和精度。研究重点包括信号的最佳过滤、预测、检测和估值等理论，如卡尔曼滤波理论。

3）以计算机为中心的信息处理理论。它主要研究文字、语言及图像等的模式识别、自动翻译等。

（3）系统论　系统一词最早出现于古希腊语中，原意是指部分组成整体。《现代汉语词典》中的相关解释为："系"即"关系、联系"，"统"即"有机统一"，"系统"即为"具有关系事物的有机统一"。系统是一个具有特定功能的有机整体，它由若干组成部分按照一定的规律结合而成，这些组成部分相互作用、相互依赖、相互制约。因而，系统具有整体性、目的性、相关性、层次性、结构性和动态稳定性等特征。

系统论是研究事物整体性的综合科学，它着眼于探究系统的一般模式、结构和规律。系统论研究各种系统的共同特征，具有精致纯粹的数理逻辑形态，适用于各种经验科学。它的基本思想是将满足特定条件的研究对象视为一个系统，通过分析该系统的构成要素、结构和功能，研究系统内外的影响机制和变动规律，并以系统优化的观点处理其产生的问题。

美籍生物学家贝塔朗菲开创了系统科学，相继提出了"系统""系统论"和"一般系统原理"，为系统科学的研究奠定了理论基础。他将系统看作一个"相互作用的各要素的综合体"，系统内部存在的多种元素是相互作用、彼此联系的，并且可以与外界环境发生交流互动。

系统论为我们认识系统，了解其组成、结构、性能、行为和发展规律等提供了一般方法论的指导。它的基本观点包括整体性观点、相关性观点、有序性观点及动态性观点。

1）整体性观点。整体性观点要求在研究时，将研究对象和研究过程均看作系统整体，坚持一切从整体出发。整体性不仅包括系统整体对要素的非肢解性，还包括要素对整体的非加和性。

2）相关性观点。一方面，任何事物都处于联系之中，要把事物放到更大的系统中去认识；另一方面，在判别事物时要正确运用比较。

3）有序性观点。系统的任何联系都是按照层次和等级进行的，系统内部各要素在一定时间和空间内的排列顺序和运动转化必然有其规则或符合某种规律。

4）动态性观点。系统并非一成不变，要用历史的、辩证的和发展的眼光来认识系统，正确处理好系统与环境的动态适应关系。

（4）耗散结构理论　以普里戈金（Prigogine）为首的布鲁塞尔学派对复杂系统演化过程进行了长期研究。在这一研究过程中，他们发现了一种有关非平衡系统的自组织理论，即耗散结构理论。1969年，普里戈金在国际学术会议上正式提出这一理论，解释了"熵增原理"中产生的与生命科学相悖的部分，打破了各领域之间的隔绝，产生了深刻的影响，为各领域的理论和应用发展提供了启迪和借鉴作用。

耗散结构是指在远离平衡态的条件下，非线性物质系统通过自组织的形式形成的一种稳定的宏观有序结构，它需要通过不断与外界交换物质和能量来形成和维持。耗散结构理论主要通过统计物理学、热力学等相关理论方法，对耗散结构形成的条件、机理和规律进行研究。概括来说,耗散结构理论是指一个远离平衡态的开放系统由混沌无序状态转变为有序状态的过程。在这一过程中,系统通过不断与外界进行物质和能量交换,使系统中的某个参量达到某一阈值,在涨落时系统可能会发生某种突变,即非平衡相变,最终转变为有序状态。

耗散结构的形成需要具备以下四个必要条件:

1)开放系统。根据是否与外界进行物质和能量交换,系统可分为三种形式,即孤立系统、封闭系统和开放系统。其中,开放系统是指与外界既进行物质交换,也进行能量交换的系统。各类系统与外部环境的交换关系见表2-1。

表 2-1 各类系统与外部环境的交换关系

系统种类	孤立系统	封闭系统	开放系统
物质交换	否	否	是
能量交换	否	是	是

根据热力学第二定律,系统需要通过物质和能量交换从外界引入负熵流,并将自身产生的正熵释放,才可以确保系统的总熵保持不变或减少,从而使系统变得有序。因此,开放系统是形成和保持有序结构的前提和基础。

2)远离平衡态。"非平衡态是有序之源",这里的非平衡态是指远离平衡态,即不处于平衡态或是近平衡态。平衡态是指系统各处可测宏观物理性质均匀的状态,在系统内部并未发生宏观不可逆过程;近平衡态是指系统处于离平衡态不远的线性区;远离平衡态说明系统内部处于高度不均匀的物理状态,物质、能量和信息在不断运动,运动越激烈,远离平衡态的程度越高。当系统处于平衡态或是近平衡态时,系统状态稳定或相对稳定,这时系统的发展倾向总是趋向无序或平衡。因而,只有当系统远离平衡态时,才有可能出现耗散结构。

3)非线性。前文阐述的开放系统和远离平衡态是系统产生耗散结构的外部条件,而子系统间的非线性相互作用是系统耗散结构形成的内部动力。处于线性关系的要素会无休止地进行发展和变化,但这种变化只会产生量的增减,并不会产生质变;与此同时,自然资源的限制使客观世界中不存在处于无休止变化和向前发展的系统。因而,只有非线性关系才能使系统在要素间的协同作用和其他影响下从无序走向有序。

4)涨落作用。涨落导致有序。涨落是指系统中的变量或行为对平均值的偏差,具有偶然性和随机性,可以触发并激化系统形成耗散结构。当系统状态不同时，涨落的作用也不尽相同。当系统处于平衡态或近平衡态时，涨落起干扰作用，会破坏系统的稳定性；而在远离平衡态时，随机的小涨落会通过非线性的相关作用和连锁效应被迅速放大，进而导致系统发生突变，形成一种新的有序状态。

2.1.2 协同理论的主要观点

根据协同理论的观点，虽然不同系统具有不同的属性，但它们在环境中仍然存在着相互影响、相互合作的关系，包括常见的社会现象，如企业之间的互补合作与相互竞争，以及系统内部各要素的相互影响和制约。

1. 协同理论的主要原理

协同理论融合了数理统计学和动力学的相关理论，用以研究不同系统在远离平衡状态时，如何通过子系统之间的协作从无序状态转变为有序状态。在这一转变过程中，时间或空间结构在宏观上以自组织形式出现。协同理论主要提出了三个原理，即不稳定性原理、序参量原理和役使原理。

（1）不稳定性原理　不稳定性原理揭示了系统状态的演变规律，形成新模式意味着不再维持原有状态。在某一系统中，系统将在旧系统向新系统进行演化时进入不稳定状态，此时控制值达到阈值，而后将产生新的稳定状态，这是协同发展中系统从无序向有序转换的第一步。

一个整体系统是由其子系统组成的，因而系统的整体行为取决于其子系统之间的相互作用。在一个有序的系统中，各子系统之间有很强的相互作用，且它们的独立性较小，系统整体在宏观上具有稳定的结构特征。相反，在一个无序的系统中，各子系统间的相互作用较小，始终在进行无序的"热运动"，且它们的独立性很强，在整个系统中占据主导地位，因而整体系统在宏观上结构不稳定。在一定条件下，系统的状态可以相互转化，这是由于系统的有序与无序状态是由内外部条件共同决定的，条件充分时，处于某种状态下的系统可以转换为另一种新的状态。

（2）序参量原理　序参量是相变热力学中的概念，用来指示新结构出现、判别连续相变及某些相变的有序程度和有序结构类型，协同理论利用这一概念来描述一个系统从无序到有序的演变过程。哈肯认为，序参量可以代替熵的概念，用以作为处理自组织问题的一般判据。它在系统的演化过程中从无到有，不断变化，既能够指示新结构的形成，又可以反映新结构的有序程度。

序参量是系统内部子系统竞争与协作的产物，同时描述了自组织系统的有序演化机制和有序演化程度，既可以反映系统的发展方向，又可以支配系统，在协同理论中具有非常重要的作用和意义。如果只有一个序参量，则系统的结构将由该序参量决定；如果多个序参量共存于一个矛盾的竞争系统中，则每个序参量决定了一种宏观结构及其相应的微观组态，系统的最终结构取决于序参量的合作与竞争。

（3）役使原理　役使原理又称为伺服原理，是指协同作用产生的序参量对子系统或其他变量起到支配作用，影响其演变过程，子系统据此做出相应的调整。在系统处于临界状态时，系统中有快弛豫参量和慢弛豫参量两种变量。其中，快弛豫参量对系统的演化无明显作用，只在临界状态发生时产生短暂作用；而慢弛豫参量在系统演化的全过程中始终发挥作用。

役使原理规定了系统处于临界状态时的系统简化原则，旨在确定对系统演化起主要作用的慢弛豫参量，并基于系统内部稳定与不稳定因素间相互作用的角度描述系统的自组织过程。

2. 协同理论相关观点

哈肯认为，复杂系统各要素之间存在复合影响关系，这种影响使要素之间互相促进的同时也互相制约。这些相互关系通常不仅是简单线性相关，还可以使系统最终在时间和空间上呈现有序的自组织状态。基于这一研究，学者们从不同角度对协同理论进行了研究，主要包括战略协同、业务协同和信息协同等。

（1）战略协同　战略协同是一种优化资源配置的管理模式，是企业在激烈竞争环境下实现持续发展的重要手段之一。20世纪90年代末，战略协同理念受到企业的广泛关注并开展应用。在这一时期，协同模式发展为外部协同和内部协同两大类。外部协同是指企业通过与其他企业或组织等外部主体的合作提高企业资源配置，实现资源优化和风险共担，进而获得共同利益的一种协同形式。内部协同是指企业内部业务和资源之间的协同与合作，旨在优化企业内部资源配置、提高整体竞争力，可通过发展组织多元化经营、加强组织内部合作等方式实现。随着网络技术和数字化工具的快速发展，战略协同理念不断深化、跨越式发展，相关研究成果不仅为企业战略制定提供了更为详细的指导意见，也为协同理论的进一步发展提供了坚实支撑。

"1+1>2"是对协同效应最直观的理解，它意味着企业的整体价值可以大于其各部分价值的简单相加。战略协同代表着企业的业务单元、价值链、人员匹配、机器设备和专利技术等企业资源达到和谐统一。企业的管理层通过战略制定为企业的未来发展提供方向，使企业目标明确地进行经营，从而降低公司利益受损的风险。

通过战略协作，企业一方面可与其他企业进行信息交流与资源共享，达成合作与良性竞争；另一方面，它可以帮助企业更加迅速地获取战略方向、管理经验和信息技术等外在资源，有助于进一步提升企业自身的核心竞争力，促进绩效的提高。

战略协同强调企业合作主体之间在资源整合、业务合作等战略层次上的相互作用及交互行动过程中产生的整体倍增效果。与传统的企业协调、协作与合作等不同，战略协同的目标是使企业有限的资源发挥最大的效用。企业应该重视公司的战略制定，优化资源配置，提高核心竞争力，共享公司的内、外部信息资源，在有限的资源配置下为企业的战略发展提供方向，降低经营成本和风险，从而提高公司整体的绩效水平。

(2) 业务协同　业务协同是现代企业发展的重要策略之一。它利用企业内部的资源和能力，及其与外部合作伙伴的协同合作，实现业务流程和信息的无缝连接及资源的共享和优化。在企业的运营中，利用业务协同实现资源的整合共享可以极大地提高业务效率，节约人、财、物等各项成本，为企业的发展做出贡献。

业务协同系统具有开放性，需要与外部环境进行持续的交互和共享。因而，业务协同要求企业与跨组织的外部业务合作伙伴紧密合作，以减少资源和信息的浪费及冗余。不同于企业内部的多业务协同，跨组织的外部协作对企业的业务协作能力提出了更高的要求。首先，跨组织的业务协同系统需要支持多种数据和信息格式，保证数据交换和信息共享具有兼容性和协作性；其次，业务协同系统要满足多样化的业务需求，以适应不同时间、地点和角色的需要；最后，也是最重要的一点，需要保证业务数据的安全性和隐私性。

业务协同不仅可以优化企业内部的运作流程，还能提高企业的竞争优势，创造更高的企业价值。因此，业务协同是现代企业不可或缺的一部分，为企业的发展提供了重要的支持和保障。

(3) 信息协同　信息是管理主体之间沟通和协作的纽带，信息协同是打破信息孤岛的有效手段。在成功应用于解决自然科学问题后，协同理论逐渐被运用到其他领域。信息协同就是协同理论在信息科学中的典型应用。信息协同是指在特定的时间和空间内,多个信息源根据一致性规则实现有序的信息流转。在这一过程中,信息主体通过与信息和环境的交互来优化信息利用,提高工作效率,从而获得协同效应。

信息协同的表现形式是信息协同行为。信息协同行为起始于信息协同需求的产生,结束于信息需求的满足。是否能够实现信息协同取决于各企业的协同策略,企业可根据其信息协同策略选择接受或拒绝其他企业的协同需求,也可以对其他企业提出协同需求。信息需求方基于特定目的会产生某种信息的协同需求,并将这一需求传递给信息提供方。在协同需求中一般应说明特定信息的交付时间和空间,包括交付形式、网络位置等。信息提供方据此与信息需求方进行相应的信息交流,信息协同过程在信息需求方获取需求信息后即已完成。信息需求方可通过信息处理和整合对信息进行加工、利用,以实现特定目的,如业务流程的优化和协同决策的制定等。

在信息时代,实现良好的信息协同至关重要,无论是在国家层面、组织层面还是个人层面,信息协同都是一个重要的概念。现代社会信息资源极大丰富,信息的处理和利用能力已成为衡量个人、组织和国家的核心竞争力之一。只有通过有效的信息协同,才能更好地整合和利用信息资源,在各个领域中取得更好的成果。因此,应高度重视信息协同,不断探索和创新信息协同的理论和方法,优化信息协同效率,推动信息化建设的不断发展。

2.2 协同理论在供应链、产业链、价值链的应用

社会突发事件经常会引起制造业供给的不稳定,乃至中断,从而造成生产停顿、失去市场份额等严重的后果。因此,越来越多的学者和制造企业的管理者重视供应链中的供应环节和供应商,并对其进行深入的研究和探索。例如,苹果公司、戴尔公司、IBM 公司等跨国大公司,都注重在供应链上进行资源整合。

在企业经营管理中,传统的协同策略多集中于为同一个企业(集团)内的各个业务单位(部门)构建协同关系。然而,目前的研究主要集中于企业(集团)内部,缺少跨企业的协同决策研究。所以,随着供应链管理理论的不断发展,供应链管理理论中关于协同战略这一部分的概念从单个企业扩展到了整个供应商网络,即在企业的上下游之间,建立了一种特殊的联系与组合,其中包括互相之间协调、匹配、优势互补、互助互利。

2.2.1 供应链协同

1. 供应链协同概念

长期以来，需求驱动被视为供应链管理的核心，它对顾客需求的了解、顾客价值的提升、需求信息的共享和下游分销渠道的协同较关注，而对上游供给环节的资源整合和协同优化的关注则相对较少。事实上，在供应链的协同运行中，供应体系和供应商是至关重要的。虽然已有学者指出，正、反两个方面的研究结果表明二者存在着一定的互补性，然而，在供应链中存在着大量的不确定因素与不可控因素，若仅从供需双方的角度来分析，并给出相应的对策，将无法有效地解决供需双方的矛盾。因此，需要从各个环节来协调和管理供应链的问题，供应链协同理论也就逐渐浮出水面。

20 世纪 90 年代中叶，我国学术界首次提出了供应链协同（SCC）这一理论。供应链协同是指在整个供应链系统中，各个成员通过协作与合作，共同提升整个供应链系统的竞争力。供应链中的各个节点企业可以利用协议或联合组织等方式，形成一种网络式联盟。在这种联盟中，供应商、制造商、分销商和客户可以进行动态的共享，并进行密切的合作，朝着一个共同的目标前进。

从微观层面来看，供应链协同旨在使供应链中的各个环节能够更好地联系起来，并着重于各个环节之间的联系和相互作用；在中间层面上，它要确保在供应商到客户这个过程（包括供应商的上一级供应商、顾客的下一级客户及合作伙伴）中整个供应链系统的物资流、信息流和资金流的畅通，并且以顾客需求为核心，以此来应对市场的变化。

在宏观层面上，它是指在整个供应链中，多个独立的企业就像是一个整体一样，具有相同的战略目标，与全球化的发展相匹配。在任何时候，都要把整体的利益最大化作为起点。供应链的协同改变了传统的生产组织模式与资源分配模式。

协同是管理学中首次提出的一个理论，它是关于公司多边投资的一项重要研究。Ansoff（1965）提出了一种建立在协同思想基础上的策略，它是连接企业各种业务的纽带，使企业更好地利用现有的优势，开拓新的发展空间。Buzzell 和 Gale（1987）对协同进行了界定，认为协同是一种企业群整体的业务体现，这样的业务不同于由各个单独的部件简单相加而得到的总表现，它通过关联、分享等手段来实现。协同通常被认为是由多个公司或组织组成的，为了一个共同的目的而进行的资源共享和工作。

总而言之，供应链协同指的是供应链企业通过信息技术在供应商、制造商、销售商及最终客户之间进行信息共享、协同合作及整体优化，提高整体供应链的绩效水平。

2. 供应链协同内容

众所周知，供应链管理的核心思想就是达到协同的效果，这也是供应链管理的终极目标。供应链协同具体内容包括了供应链成员共同构建与实现战略构想。现将供应链协同内容分为五部分，具体如下。

(1) 企业目标协同　要提高不同企业的供应链的协同运作，就必须确保其策略目标的一致。因此，要建立起一个完整的供应链战略目标体系，与公司的个性化发展要求结合，从而确定自己的发展目标。了解协同的重要思想，与目前国内的市场发展规律结合，从而对供应链协同企业的构建提出要求，以保证其思想可以传承与发展。充分运用网络上的信息渠道，保证了快速、灵活地进行信息分享，从而在整体上提升了公司在发展过程中所拥有的知识价值，从而可以对市场开发成本进行有效的控制，从而提升了公司的经济效益。

(2) 企业组织协同　在供应链协同中，要明确各个组织之间的权力和责任，探索组织的发展规律，为组织的全面发展打下基础。在目前的经营范围内，各企业必须明晰各自的职责，建立科学的供应链体系。同时，组织的协同体系还应具备一定的层级，通过科学的分层方式对各个环节进行管理，确保供应链中的企业彼此协调发展，从而提升整个供应链中的参与企业的文化软实力。

(3) 发展流程协同　加强供应链协同协作，不但能加快新产品的开发速度，而且能帮助企业实现原料的区域性集中采购。在企业的生产和制造过程中，实施过程监督，充分运用各种多媒体网络渠道，使物流配送更加合理，并且将产品的售后服务做到位，重建企业的业务流程。同时，对传统供应链协同模式进行优化，使其与实际市场的发展情况进行结合，建立一个高效、系统、规范、动态的物流系统。企业管理需要供应链协同的发展来对管理漏洞进行约束，需要一个完整有序的信息系统使业务流程协同体系的作用得到最大限度的发挥。

(4) 信息共享协同　在我国，大部分的公司以网络为基础进行资讯交换。为了推动供应链上下游之间信息共享，就需要一个同步化的信息分享平台，以确保供应链综合管理的顺利实施。在企业成长的各个阶段，每个阶段所发生的事情都需要通过各个节点来进行信息的传播。

同时，可以通过信息共享构建供应链信任机制，使其成为企业间合作发展的一个有效的先决条件和基本保障，将信任机制的价值理念贯彻到公司中，对公司的利益进行合理的分配，从而对公司的发展风险进行有效的控制。要实现这一点，就需要供应链企业积极地参加企业内部的信息共享过程，对信息共享系统进行持续的优化，推动各个企业之间的合作，把传统、单个、分散、单一的决策转变成以供应链作为主要的、具有整体效益的、协调一致的决策，这样就可以很好地解决传统的集成式供应链管理所存在的问题。

(5) 财务结算协同　要实现企业的长远发展，就要做好企业的资金管理，了解与其相关的业务流程，最大限度地利用有限的资源，使公司的财务结算系统协同管理。与此同时，在目前的财务结算资金协同化管理的总体架构之下，要始终把资金预算管理协同作为中心，对各个企业间的现金流进行合理的控制，对企业间的财务业务进行统一的管理，在资金筹集工作的基础上，对供应链企业的融资和运营进行高效的管理，对资金的结算进行严格的控制，确保企业结算的安全，并对各个企业的资金结算过程进行公开。

2.2.2 产业链协同

1. 产业链协同的概念

产业链是建立在波特五力模型、价值链产业链集群等相关理论基础上、由不同企业围绕着核心企业所构成的一种空间组织形式，就像链条一样将业务相互独立的企业通过某产品的生产供需关系连接起来。产业链同时具有横向业务协同能力和纵向供需协同能力。纵向供需协同能力指的是从纵向角度看时，产业链具有整合链内各种资源实现供需匹配的能力，可以利用供应链理论进行分析。横向业务协同能力指的是从横向角度看时，产业链上的同质企业间具有协同共享及整合资源的能力。

产业链协同是指通过对资源进行合理地整合和安排，能够使得预期目标最大限度实现的过程。以各地区客观存在的区域差异为基础，以发挥区域比较优势为着眼点，利用区域市场来协调地区间专业化分工与多维性需求的矛盾，通过对价值链、企业链、供需链和空间链进行最优的配置与升级，在产业链中的上下游之间实现提高效率、降低成本的多赢局面，使产业链达到整体最优。

2. 产业链协同内容

产业链协同主要呈现出区域化协同、纵向一体化协同、高技术化协同和绿色化协同。下面以具体行业为例，分别对产业链协同的内容加以阐述。

（1）区域化协同　在逆全球化的大背景下，产业链中的各个生产环节，在不同的国家、地区和企业中，逐步在一些特定的地区中，出现了空间聚集的趋势。近几年，中、日、韩等国家在本地区的出口附加值中所占的份额都已经突破50%，而且这个份额还在不断上升。北美地区、欧盟地区和亚太地区的工业分布呈现出日益明显的区域化趋势。与此同时，在全球范围内，全球产业链的本地化也在逐步推进。其中，美国的"再工业化""美国优先"等策略，都是为了吸引更多的高端制造业回到国内。我国出台了一系列政策，针对部分地区存在的市场割裂、区域封闭等问题，要求尽快加强产业监管，引导区域内的产业链协同。

现以京津冀通用航空产业链协同发展模式为例，对区域化协同模式加以叙述。通用航空产业是指所有与航空相关的经济领域及其相关的经济行为的总称。京津冀地区因其功能地位、经济层次、发展状况及竞争环境等差异，在很长一段时间内形成了较大的产业梯度差异，并对三地的空间位置及产业分布产生了较大的影响。

基于区域化协同角度的考虑，三个城市做出如下举措：首先，以三地的城市定位为基础，开展航空工业的合作。北京将充分利用其在技术和人才方面的优势，加大在通用航空装配、集成、发动机等方面的基础性和相关的关键技术研究，争取在通用航天工业领域的发展中获得技术的重大突破。天津将在此基础上，建立一个面向北京的通用航空研究中心，并将其作为一个新的研究基地，以促进其在该领域的研究与应用。河北劳动力资源充足，可以与天津合作，以承接产业转移。同时，河北作为"产业升级示范区"建设地区，将升级通用航空制造业的技术，成为全国通用航空制造业产业升级的典范。

（2）纵向一体化协同　由于受到国际经济秩序的重构的影响，在最近几年中，跨国公司在对供应链进行配置时，在将效率和成本作为第一位的同时，更加关注安全稳定性等方面。20世纪80年代中期以来，以生产过程中的环节、工序为对象的纵向垂直分工的全球性生产体系呈现下降的趋势，这种企业内部进行整合的方式更能满足产业链自控的需求。

下面以新能源汽车产业链为例，对其纵向一体化协同模式做出的举措加以描述。新能源汽车产业链是一个由多家企业组成的，一种相互关联的动态链网式组织。其中，外部环境、关联机制等都会对新能源汽车产业链的演化产生潜在的影响。从横向看，新能源汽车产业链的构成主要有三个部分，上游是原材料供应商，主要涉及电池电芯及其原材料行业，中游是整车产品及电动机等主要零部件的加工、整车装配与分销行业，下游是充电桩、整车租赁销售的服务行业。新能源汽车产业链体系如图2-1所示。

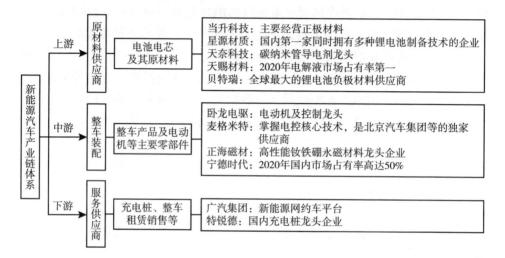

图2-1 新能源汽车产业链体系

（3）高技术化协同 伴随着以新一代信息技术为主要内容的高新技术在全球范围内得到广泛的运用，制造业产业链也渐渐呈现出明显的智能化和线上化的趋势。相应地，技术研究和开发也由传统的企业间的"离线"合作，逐渐向跨领域合作转变。随着创新链的数字化，合作创新的广度和深度都有了很大的提高，此外，集成创新的生命周期也大幅缩短，使得创新主体的研发费用持续降低，研发能级持续提高，进而提高了产品的技术密度，推动了全球要素禀赋格局的变化。

下面以3D打印产业链协同模式为例，对高技术化协同做出的举措加以描述。最近几年，一些学者相继论述了3D打印所带来的制造模式变化，这些研究都一致认为，以3D打印为代表的高端制造技术及基于互联网技术的制造形态将会导致现阶段的制造模式发生变化。

3D打印不排除现有工艺，它可以对现有工艺进行灵活的分解和重组。3D打印生产模式的目的是满足客户的个性化需要，并使其能够最大限度地利用资源。通过共享需求、共享设计理念、平台销售等方式，增加客户价值，增加公司的利润，达到资源整合、知识创新、公司价值增长，以达到客户化、社会化生产。

例如：荷兰的一家创新制造公司——Shapeways 公司的主要经营内容为：为用户开发三维印刷的设计平台、印刷及销售等。在它的"未来工厂"中，由一大批 3D 印刷机构成的生产网络，可以从因特网上接收用户提供的各类 3D 图样，并在制作完毕后将图样发送给用户；用户（包括客户和设计师）也可以在它所提供的在线社群平台上，共享并销售自己制作的 3D 模型或 3D 打印作品。

(4) 绿色化协同　当前，随着世界能源结构的转变，"碳达峰碳中和"等战略决策的出台，将从以下两个方面对我国产业链的协同方式造成影响。

第一，能源结构变化促进了能源设备向绿色方向发展。随着风能、太阳能、核电等发电模式逐渐取代燃煤，人们对新能源电力设备的需求将会持续增加，燃煤设备的市场将会持续收缩。与此同时，在未来，以电力、氢能等为代表的清洁、低碳的二次能源，将会逐渐取代高碳排放的二次能源，而飞机、船舶、重型机械等作为用能设备，也将会使动力装置的结构发生变化，并向电动化等方向发展。例如，作为光伏模块的主要产品晶硅电池模块的组成材料包括玻璃、铝材、塑料等。太阳能电池板中 90% 以上的材料都是可循环使用的，所以对电池板进行合理的循环使用，不仅能节省能源，还能产生巨大的经济效益。

第二，装备产业链的上游，需要在生产、制造等环节对能源、环境等方面进行持续的调整。在有条件的前提下，应开发出更清洁、低碳的原材料，以达到减少碳排放量的目的。与此同时，为了提高对能量及原材料的利用效率，降低产品在后续使用中的碳足迹，对产品和工艺在设计流程方面进行技术升级迭代和改进。在考虑全生命周期的情况下，在产品从生产、运输、再加工、销售和回收的环节中，要始终秉持环保理念，各个环节齐心协力推动绿色发展。例如，国家电网通过将危险废物绿色安全管控业务数据化、智能化和智慧化，挖掘供应链精益处置节点价值，实现危险废物（蓄电池）的回收、储存和转运全过程的绿色、安全、合规，提升供应链运营质效，不断创造发展潜能和提升服务价值，扎扎实实地解决基层危险废物绿色管控的现实问题。

2.2.3　价值链协同

1. 价值链协同的概念

价值链协同指的是企业及产业集群对企业内部及产业集群之间的多个制造、生产、营销、服务等基础经营活动及人事、财务、研发等辅助支持性活动进行协调，通过主体协同、数据协同、数据服务和知识服务协同创新耦合，实现信息价值、数据价值、知识价值、绿色价值创造和增值的过程。

在供应链层面上，价值链协同指的是每一个节点企业都从自己的战略发展出发，并且每个企业都有一个共同的战略目标，从而更好地与日益激烈的市场竞争环境匹配，从而获得最佳的总体效益。

在企业层面上，价值链协同的核心是价值链上、下两个环节的高效连接，重视资金流、物流和信息流的迅速流动，并及时对市场需求做出反应。总体而言，价值链协同就是指以价值链为基础，以信息为基础，以价值链为纽带，以价值链为纽带，以达到"共赢"，增强市场竞争力，从而使价值链高效稳定地运行。它的特点在于突出企业中能创造价值的各项活动的内部与外部的协同。它的合作模式具有多链性和网状的特点，企业通过对价值链进行多维度、多源头、不同质、动态同时的数据共享来建立一个采购、供应、分销三者之间的价值网络，从而使得企业能够更快地适应需求的变化，做出及时的应对和反馈。

2. 价值链协同的内容

价值链协同是以协同思想为基础的，它强调的是：通过协同化的管理，使各节点企业之间的相互联系更加紧密，尽可能地减少组织之间的冲突和内耗，各个节点之间更好地进行沟通与合作，从而实现协同的效果，达到整体利益最大化的局面。通常，价值链协同包含以下几方面内容。

（1）战略协同　价值链协同，需要每个参与的公司都有一个统一的战略目标，这样才能提升整个链条的整体竞争力，从而获得更高的收益，同时能为各个公司在一个共同的战略之下，如何进行合作提供指导。

（2）信息协同　在价值链协同运营的过程中，各个成员企业可以相互独立，也可以通过分工合作，将上下游的各个节点有效地连接在一起，提高对资源的合理分配和利用，减少内部的消耗。在此期间，只有在各个成员企业之间才可以实现信息的传输和共享，从而避免因位置不匹配和信息不对称而产生的矛盾，确保了价值链协同运行的稳定。

（3）业务协同　业务协作是指在供应链中，各节点企业之间的业务流程能够更为顺畅地进行，它们之间的衔接更为密切，从而降低了资源的消耗。一方面，业务协同可以降低开发费用，促进了价值链及各成员企业的降本增效；另一方面，可以迅速对外界市场的要求做出反应，增强自身在市场中的竞争力。

2.3 协同理论的应用与实践

2.3.1 协同理论在社会经济中的应用

1. 协同理论的广泛适用性

在协同理论中,哈肯以激光、化学、生态学、生物学与社会学为具体对象进行研究,同时应用了相关的数学和物理基础理论,得出了结论,并与现实现象对比,发现得出的结论与现实惊人地切合。他通过进行数学分析与动态研究,创建了一套非平衡系统所共同遵循的规律——协同理论。协同理论具有结论深入、局限性较小及广泛适用性的特点,已被大量应用于各种开放系统非平衡有序结构现象的研究中。

协同理论具有如此广泛的适用性,这在科学史上是很少见的。这不仅对物理学、化学、生物学、社会学、天文学、生态学与流体动力学等学科有重要意义,也是现代经济管理、城市规划、系统工程等领域的重要课题。本小节将针对社会经济方面进行介绍。

2. 现代经济系统是非平衡的开放系统

自然现象和社会经济现象中存在着许多的非平衡现象。非平衡现象是指当一些物理量达到某一临界值之后,在时空上呈现出更加规则、更对称的有序结构的现象。它的内涵比平衡现象复杂、丰富、生动得多。人们可以运用对非平衡现象普遍规律性的认识来解决宏观和微观经济系统的各种问题。

在众多的学科领域中,经常会涉及由多个子系统构成的开放系统。开放系统是指与其他系统进行能量和物质交换的系统,这使得它们与外部环境相互作用和适应。事实上,几乎所有的自然和社会经济系统,不论是有生命还是无生命的,都是开放系统。当外部影响对所研究的系统影响微乎其微时,该系统可以被视为封闭的体系。但是,当需要考虑外部因素对系统的影响时,就需要开放系统的概念和方法了。

显而易见,一个发展的现代经济系统必然是一个非平衡的开放系统。要想达到一个稳定有序的社会经济系统,人们就必须重视对非平衡系统理论和协同发展经济的研究。如今,基于协同理论衍生出了多种多样的模式,在社会经济系统中常见的模式有供应链协同、产业链协同、价值链协同、战略协同、政策协同等。下文将通过一个案例来阐述政策协同在社会经济中的应用。

3. 新能源汽车行业政策协同

（1）政策协同内涵　政策协同指的是由于政策目标的复杂性，政策制定会涉及多个部门的权限范围，因此需要两个或两个以上的政府机构进行协作，也就是多元主体协同参与。政策协同的内容包含三个方面，分别是政策内容、政策结构和政策过程。政策内容的协同是指从数量、层次和偏好三个不同角度实现目标的适度协同，其中偏好是指政策制定者的价值观和意图。政策结构的协同表现为多样化政策工具（为达成某一政策目标而采用的具体手段）的协调组合，以及不同工具和目标之间的相互关联和匹配，以最大限度地实现政策目标。政策过程则是政策制定、实施和评估的过程，政策协同包括不同政策主体的共同参与、政策网络的协调稳定，以及公共决策模式的动态协同，确保政策的公正性和有效性。

（2）应用政策协同的分析　新能源汽车是我国交通运输业在节约和环保方面取得突破的关键，同时为我国汽车业的发展提供"新动能"，推动整个行业的转型升级，乃至"弯道超车"，从而在未来的发展中占据更大的战略优势。在新能源汽车产业刚刚起步时，我国政府制定了一系列的政策来大力扶持新能源汽车，但是，这些政策的执行效率并没有达到预期。究其原因，新能源汽车政策涉及能源、气候环境、运输、城市规划和若干工业部门，涉及面广，作用机理复杂；同时它涉及一系列的技术竞争和创新，超出了已有的政策领域和单一部门的职能范围。政策目标的差异性、政策工具的多样性及政府机构的复杂性都会增加政策实施的难度，也会使政策间的协同更具挑战性。针对以上几点，应利用协同理论原理对政策体系进行更全面、综合、深层次的分析与设计。

首先是政策目标，应由过度分散转变为适度协同。人们可以从三个角度分解目标，包括目标数量、目标水平和目标偏好。下面这三个角度阐述如何实现适度协同。第一，在目标数量方面，需要以长远的视角来统筹全局，制定与客观需求相适应的不同阶段的目标。这需要考虑到不同利益方的需求，以及各种环境和技术的变化。第二，在目标水平方面，需要依据全面综合的调查和实际测算来做出科学的决策，并明确客观现实的限制。这需要考虑不同利益方的需求和限制，以及整个产业链的发展情况，制定适当的产业政策，以推动产业的协同发展。第三，在目标偏好方面，杜绝个人理性或经济理性的支配，通过采用不同利益主体参与，了解新能源产业发展瓶颈和各方利益需求，并共同制定政策目标，达成高度一致。这需要考虑不同利益方的需求和限制，以及整个社会的可持续发展。同时，应该努力协调关键目标，以减少多元目标在短期内的矛盾，并促进整个产业链的有序发展。

其次是政策工具，应由匹配失衡转变为匹配协同。在产业发展的各个阶段，应合理运用政策工具，注重研发支出和工具创新，促进产业的纵向协同发展。同时，应鼓励使用支持性和参与性的政策工具，降低对长期行政管制和经济激励的依赖。最后，把控好政策工具的使用力度和集中度，让其更加多样化和精细化，更具有操作性。

最后是政策过程，应由各自执政转变为联合协同。在政策制定和实施的过程中，会涉及多个部门和多种主体，这就要求将不同的资源进行调用和共享，采用各种手段解决部门分割、权力碎片化等问题。为了提高政策的质量和效率，需要建立和完善结构性和程序性协同机制。在结构性协同机制方面，可以通过设立高规格的协调领导小组来整合各组织部门和利益集团的协同间隙，为新能源产业的发展提供统一、协调、高效的可视政策。在程序性协同机制方面，可以建立合理、有效的利益协调与激励机制，促进各政策主体之间的交流与协作，避免意见不统一，从而进一步实现高效的决策。此外，要建立一套完善的激励约束体系，不仅需要上级政府和法律的监管约束，还需要加强信息公开共享机制、公民参与机制及绩效评估机制等。

（3）基于政策概述我国新能源汽车行业的发展　我国新能源汽车产业政策协同主体分为两级，分别是中央政府机构和地方政府机构。对中央政府机构的界定为公共事务的管理者和执行者，包括国务院及各部委，对地方政府的界定为狭义的地方政府，即地方行政机关。例如，在财税补贴政策中，财政部等单位会制定出宏观的补贴的政策，对补贴区间及补贴车型的参数范围进行设定，各地方政府依据宏观政策，选择性地提供一定比例的补贴，形成中央和地方政府"制定—实施"的补贴制度。依据这样的实际情形，建立我国新能源汽车产业政策制定主体关系，如图2-2所示。

为促进我国新能源汽车产业的发展，若干年来我国政府出台了一系列政策。新能源汽车发展史可分为四个阶段，不同阶段我国新能源汽车政策要点及协同特征如表2-2所示。

由表2-2可知，我国政策协同度在不断地提高。政策的制定和执行涉及不同部门，在新能源汽车行业的发展初期，对政策协同度的推动作用还不明显。从总体上看，近几年不同部门联合颁布的政策都有了显著增加的趋势，政府的管理理念方面也有了很大的改进，同时，部门内部及部门之间的关系和信任也得到了进一步的加强，越来越多的部门趋向于通力合作，推动部门协同的提升。

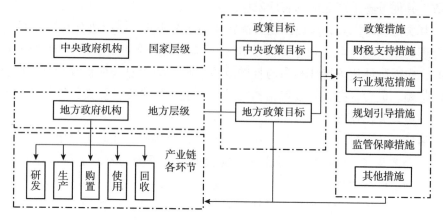

图 2-2 我国新能源汽车产业政策制定主体关系

表 2-2 不同阶段我国新能源汽车政策要点及协同特征

阶段	政策要点	协同特征
1991—2006 年	以技术支持和研发鼓励为主，主要关注造车基础技术	主体数量少，合作群落少，协同度很低
2007—2011 年	初步构建选择性产业政策体系，主要关注汽车修理与功能升级等配套技术，开始提出联合颁布政策	主体数量少，合作群落初步形成，协同度较低
2012—2016 年	大力推行选择性产业政策，主要关注充电技术，电池制造与回收技术	主体数量较多，合作群落较多，协同度开始升高
2017—2021 年	逐步转向功能性产业政策，主要关注电池、电驱动和电力电子技术，联合颁布政策数和力度逐步提高	主体数量和合作群落持续升高，协同度持续提高

（4）取得的阶段性成就 中国汽车工业协会最新统计显示，2022 年我国新能源汽车持续爆发式增长，成功实现了"弯道超车"，产销量再次达到新高，同比增长接近一倍，持续 8 年全球第一，取得的成就如下。

1）市场规模全球领先。2022 年，我国新能源汽车销售再创新高，总量达到 688.7 万辆，市场占有率大幅提高至 25.6%，同比增长了 12.1 个百分点，进一步巩固了全球新能源汽车市场的领先地位。同时，我国新能源汽车在全球销量中的占比也超过了 60%，彰显出其在全球新能源汽车产业中的重要地位。

2）品牌竞争力大幅提升。2022 年，我国自主品牌新能源乘用车在国内市场的销售占比高达 79.9%，在全球新能源汽车销量排名前十的企业集团中，我国占据了其中的三席,这证明了我国在新能源汽车技术和市场竞争方面取得显著进展。

3)配套环境日益优化。截至 2022 年年底,全国累计建成充电桩 521 万个、换电站 1973 座。其中约有一半是在当年新建的,充换电基础设施建设速度明显加快。此外,动力电池回收服务网点的建设也在快速推进,以便实现就近回收,为可持续发展贡献一分力量。

4)产业生态逐渐完善。我国新能源汽车产业链上下游企业在世界经济一体化进程中,构建了一个全新的、开放共享的、完善的产业生态。我国现已掌握电池、电动机、电控等核心技术,其中我国在动力电池装机量世界排名前十的公司中,占了六个席位。

新能源汽车行业取得的成就反映了汽车工业的发展趋势和消费者对该产品的认可程度,也反映了政府相关产业政策的实施效果。我国新能源汽车行业正在经历前所未有的快速发展阶段,这一趋势的原因主要有以下三个方面:①在新能源汽车领域,各大国内外汽车制造商都在纷纷加大投入并积极布局;②销售量的显著增长还表明,在新能源车方面,消费者的认可度出现了本质性的上升,这与受教育程度相关;③我国政府推出了一系列有关新能源汽车的行业扶持和消费补贴,这也是产销量大幅增长的直接原因。上述三个方面的原因中,政府相关政策在推动我国新能源汽车生产商和国内消费者购买方面发挥了直接而明显的积极作用,其中协同理论的作用不可或缺。

2.3.2 协同理论在企业管理中的应用

1. 企业管理系统是复杂的开放系统

企业的现代管理是一个复杂的开放系统,面临着复杂多样、变化莫测、充满竞争的环境。随着高科技产品的不断涌现与迭代,人们的消费行为呈现出多样化和个性化的趋势,这给企业传统的生产模式提出了新的要求。企业要想在这样的现实背景下更好地生存和发展,不仅要协调好内部各子系统之间的关系,还需协同一切可以联合的力量,来弥补缺陷,提升竞争优势。在企业管理中常见的模式有设计协同、采购协同、制造协同、商务协同、服务协同、文化协同等。下文将通过沈阳机床打造网络化协同中心的案例讲述协同理论在企业管理中的应用。

2. 沈阳机床打造网络化协同中心

装备制造企业——沈阳机床(集团)有限责任公司(以下简称沈阳机床),

围绕机床用户的实际需求,打造面向传统制造业的网络化协同中心,以工业互联网带来的新思维和新的商业模式促进制造业的转型和升级。沈阳机床将标准化工作放在重要的地位,通过标准的研制和应用,打造基于企业互联、信息与数据互通、资源共享的协同创新模式。

(1)总体目标 以 iSESOL 网络协同制造平台(工信部工业互联网产业联盟首批通过可信服务认证的工业互联网平台)为基础,沈阳机床将标准贯彻到设备等核心资源接入、平台建设、服务实施过程中,最终打造包括设计协同、制造协同、供应链协同和服务协同等不同协同模式的网络化协同生产和制造模式,实现设计、供应、制造、服务四个环节的平行组织和协同优化(见图 2-3)。

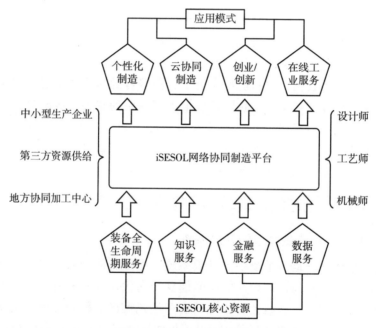

图 2-3 iSESOL 网络化协同生产和制造模式

1)面向机加产品和工艺的设计协同。产品设计是从创意到工程设计图的转换过程。依托网络协同制造平台,产品创意人员可以发布产品设计创意,通过网络协同制造平台来寻找合适的设计人员完成产品的设计工作。同时,产品设计人员也可以在平台上发布产品的设计方案,通过平台寻找设计方案需求方(买家),获取设计方案的经济效益。

设计协同的另一个方面是工艺设计协同。产品设计方案可以依托平台的工艺设计师，结合平台相关的制造资源，设计实现高效的工艺方案。工艺制定包括选择合适的制造方式、明确加工步骤、选择合适的刀具、设计制造的辅具和量具、编制数控加工程序、明确质量检验方案等内容。

2）面向机加过程的制造协同。机加过程的制造协同主要是指制造过程的产能协同、生产进度协同、异常处理协同等内容。网络协同制造平台会接入包括金属切削、木加工等不同加工类型的制造资源。当产品完成工艺设计后，可以依托网络协同制造平台进行制造企业的选择。中小企业在承接任务的时候，如果加工量大产能不足，也可以依托平台购买额外的产能以保证加工任务的按期、按质完工。同时，通过接入相关企业的制造执行系统和制造装备，可以获取生产过程的相关数据。通过生产计划和完工数据的汇聚和分析，一个产品在不同企业的前后工序可以更好地衔接，以实现同一产品在制造过程上的协同。

3）面向机加生产过程的供应链协同。网络协同制造平台依托接入的众多产业链上下游企业，根据不同产品的特点和生产过程的需要，以信息自由交换方式共享知识创新成果，相互信任、共担风险、协同决策，形成无缝连接的生产流程，并以共同的战略目标为基础，实现供应链相关企业的协调和合作，以实现供应链的协同，从而提高产业链的整体竞争力。

利用网络协同制造平台的企业资源，可以为相关产品的生产过程提供原材料和毛坯支持，提供刀具采购、生产辅具制造等生产准备工作支持，帮助企业快速投入生产过程。同时，通过物流协同技术实现物流的精准配送，以实现精益生产模式。

4）机加行业装备的服务协同。网络协同制造平台可以提供对机加装备的全生命周期支持，包括制造加工解决方案设计、安装调试、使用支持、维护保养、设备回收转让等全过程。

制造企业面对新的加工任务，在租赁产能之外，对于稳定的加工订单可以通过采购或租赁的方式来获取加工装备。依托接入平台的相关装备制造企业的专业服务，可以提供专门的制造加工解决方案。平台提供企业选择设备、设计加工方案、确定购买或租赁、选择设备提供方等服务，帮助企业快速形成加工能力。

在制造装备使用过程中，可以依托平台实现专门的加工支持服务。一方面，依托工艺研发协同子平台，获取加工对象的数控程序编制服务；另一方面，利用设备运行过程的数据分析，可以获取设备参数调整建议，以更好地利用设备。

（2）网络化协同平台功能架构　iSESOL 网络协同制造平台是以云计算为代表的新一代信息技术与机械加工行业全方位深度融合所形成的应用生态。整个平台采用云平台的主流云服务架构，共分为三个层级，分别为物理设备层、平台服务层及平台应用层（见图 2-4）。

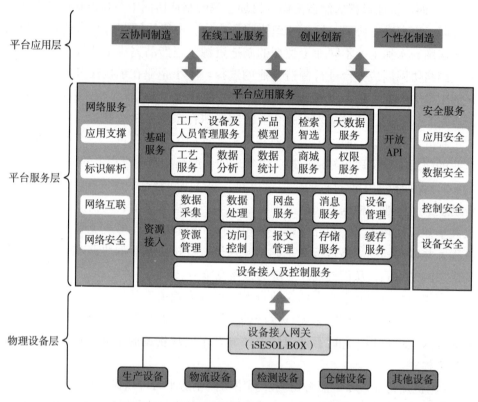

图 2-4　iSESOL 网络协同制造平台功能框架

1）物理设备层。物理设备层以传感器、工业控制系统和物联网技术为基础，对设备、系统、产品和软件等要素的数据进行实况收集。例如，可以借助传统的工业控制与互联技术，如智能控制器、智能模块等，对下层数据直接整合。设备采用内网接入网关，并利用采集器终端将数据与云端平台进行连接。同时，为了保障通信的安全性，采用了一种基于安全网关构建的通信虚拟专用网络（VPN）隧道。

2）平台服务层。平台服务层集成了工业微服务、大数据服务、应用开发等功能，主要包括设备资源接入、基础服务、平台应用服务以及开放应用程序接口（API）。设备服务资源是利用云端智能体（Agent）服务来对设备访问进行验证，并建立数据传输通道，从而使其与设备终端之间互联互通，实现为用户提供数据采集、存储及分析等服务；基础服务包括工业生产中的各种因素建模与分析，工业大数据分析，过程分析等；平台应用服务实现了对上层系统的数据交互；利用开放的 API 接口，可以提供外界系统访问和对外数据支持服务。

3）平台应用层。平台应用层基于平台服务层提供的数据和服务接口，面向机械加工领域不同的环节场景，为企业和个体提供多样化的云化产品，是 iSESOL 网络协同制造平台服务的最终输出。

(3) 网络化协同平台业务体系

iSESOL 网络协同制造平台针对机加工领域的需求，通过核心功能建设，将设计协同、制造协同、服务协同和供应链协同等不同协同模式整合为登云入网、产能交易、厂商增值、要素赋能四大业务板块。四大业务板块之间相互关联，相互支撑，共同构建智造生态体系。iSESOL 网络协同制造平台业务体系如图 2-5 所示。

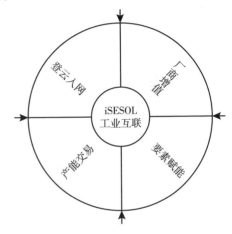

图 2-5　iSESOL 网络协同制造平台业务体系

1）登云入网。登云入网是 iSESOL 网络协同制造平台服务体系搭建的基础，面向机械加工产业，以智能终端为核心，构建与企业及其他利益相关者的增值网络，以装备互联为手段，实现对制造过程数据的实时监管和有效积累，从而形成工业数据。

2）产能交易。产能交易以工厂和智能终端之间的网络为基础，为供方工厂、采购商和供应链中匹配的供应商等提供更加系统、更加完整的交易智能服务。iSESOL 网利用地理位置、装备工况、工艺能力等多维度的数据挖掘分析，为加工制造的供求双方提供智能筛选匹配、订单交易和工艺方案的服务。iSESOLMALL 是专业的企业对企业（B2B）自营非生产原料性质的（MRO）工业品采购平台，以设备互联所形成的大数据为基础，帮助企业的工业消耗品进行在线采购，提升机加工领域供应链配套服务。

3）厂商增值。厂商增值是指服务于制造业各类装备厂商，提供智能装配服务管理业务需求，实现集报修、业务需求、服务处理、统计分析于一体的管理功能。提供装配运营人员后台管理、服务工程师 App 服务处理及客户微信渠道报修等功能,包括设备报修、工程师调度、追踪服务工程师服务状态、地点和进度;客户报修处理进度查询,服务过程追溯等。

4)要素赋能。iSESOL 工业云平台同样打造成为增值服务赋能平台,提供技术赋能、知识赋能、人才赋能、金融赋能等全方位服务。

(4)实施效果 iSESOL 网络协同制造平台的建设让企业在以下几个方面取得显著成效:

1)提高企业协同水平。加强产业链上各关联企业间的协同水平,降低协作成本,提高整个产业链运作的效率,增强整体竞争能力。

2)机加工过程可视化。对相关企业各主要设备进行数据采集建模并在互联网平台上统一呈现,实现仓储、厂内物流、机加工过程等各个制造环节的可视化。

3)生成效率的提高。以生产过程中收集到的数据为基础,对员工和生产安排进行精细化管理,可以极大地提高生产制造的效率。

4)打通从订单到发货的信息流,缩短调度响应时间,增强生产过程的柔性。在不同的制造资源间进行信息交互,可以帮助提升制造系统的执行效率和系统的性能,从而提升制造系统在外部的灵活性和执行效率。

网络化协同平台的建立取得了成功,以上四点也直观地反映出了将协同应用到企业管理中时,会对企业发展起到显著的促进作用。现代企业系统作为复杂的开放性系统,生存和发展已离不开协同,企业的管理者需要重视协同效应,利用协同理论去指导企业系统中的管理工作。

2.4 本章小结

本章主要介绍了协同理论提出的背景、主要观点及其实践应用。首先,本章详细介绍了协同及协同理论的概念及其理论发展情况,并从主要原理和相关衍生理论角度阐述了协同理论的主要观点。其次,本章分别介绍了协同理论在供应链、产业链和价值链的应用。其中,供应链协同指的是供应链成员通过相互协作与配合共同构建并实现战略构想,从而完成价值创造的过程;产业链协同是指通过对组成主体资源的合理安排,来最大限度地实现预期设定总体目标的过程;价值链协同是指企业及产业集群对其内部的多个经营活动进行协调合作的过程。最后,本章从宏观和微观两方面介绍了协同理论的应用和实践。在宏观方面，介绍了协同理论应用的广泛性，指出现代经济系统是非平衡的开放系统，从而说明了协同的必要性，并以我国新能源汽车行业政策协同为例进一步说明了协同理论在社会经济中不可或缺的作用；在微观方面，指出了企业管理系统是复杂的开放系统，以此说明了协同的必要性，并以沈阳机床打造网络化协同中心为例，阐述了协同理论对企业发展起到的积极作用。

第 3 章

制造业多价值链的构成及影响因素

3.1 制造业多价值链构成及影响因素选取

3.1.1 多价值链的发展及定义

1. 多价值链发展的背景

价值的形态和范围随着经济发展、企业形态变化及技术革新发生了显著的变化。20世纪80年代，迈克尔·波特等人提出"价值链是由相互衔接的企业内部活动实现价值创造和增值的过程"。同年，寇伽特进一步提出了价值增值链概念，更好地体现了价值链纵向分化与全球空间重构的内在联系。1994年，格里芬在对世界各国产业关联和劳动分工的研究中首次提出了"全球价值链"这一概念，弥补了以往价值链理论对企业外部环境和企业间协作方面分析的不足。进入21世纪，数字经济进一步发展，制造业企业之间的界限逐渐模糊，企业合作、业务活动交叉现象越来越频繁，最终推动链式价值链向网式价值链结构转变，发展成为以顾客需求为导向的制造业价值网。2008年金融危机后，随着生产链、供应链、营销链、服务链不断交叉融合，逐渐形成了多链条合作共生、优势互补的多价值链协同网络。价值链发展进程如图3-1所示。

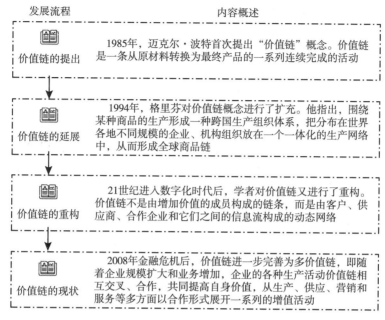

图 3-1 价值链发展进程

2. 多价值链的定义

多价值链是指随着企业规模扩大和业务增加，企业的各种生产活动相互交叉，各企业间从生产、供应、营销和服务等多方面以合作形式展开共同提高自身价值的一系列增值活动。多价值链主要包括供应价值链、生产价值链、营销价值链和服务价值链。

制造业多价值链是指制造企业及产业集群协调企业内部及产业集群之间的多个制造、生产、营销、服务等基础经营活动，以及人事、财务、研发等辅助支持性活动。制造企业通过主体协同、数据协同、数据服务和知识服务协同创新耦合，实现信息价值、数据价值、知识价值、绿色价值创造。制造业多价值链是指在价值链中，各个业务部门都朝着共同的战略目标努力，从而达到全局的优化。企业多价值链协同和战略协同、业务协同、信息协同、价值协同四个方面高度相关。战略协同是指企业在整个链条上建立整体竞争力、指定共同战略目标的相互协作；业务协同是指企业在生产和运营过程中，研发、设计、供应、生产、销售和服务等方面的互相协作；信息协同是指在共识、共享、共融和共治的基础上，企业进行的信息生产、传递和分解；价值协同是将企业知识链管理和价值链管理进行融合,以企业、行业和产业集群的数据价值、信息价值、知识价值、生态价值创造及增值为目标,企业之间所进行的相互协同。

3.1.2 制造业多价值链的组成及特征

1. 制造业多价值链的组成

制造业多价值链主要由制造业供应价值链、制造业生产价值链、制造业营销价值链及制造业服务价值链相互交叉、彼此合作而构成,它的价值增值过程呈微笑曲线状,如图3-2所示。

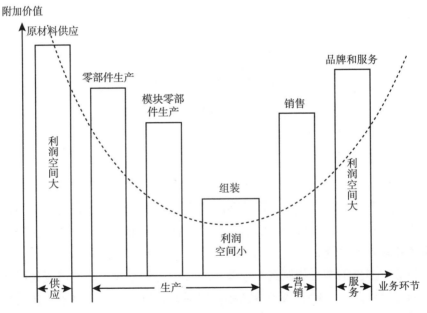

图 3-2 制造业多价值链微笑曲线

制造业供应价值链主要指聚焦于制造业价值链上游,制造商基于产品需求进行物资采购、库存、运输等一系列价值增值活动。制造业生产价值链主要是指整合企业生产活动过程中各环节所涉及的价值活动,并将其按照相同价值实现方式连接而形成的价值链条。制造业营销价值链主要指把客户的需求作为出发点,把客户的满意作为最终目的,把客户的需求作为企业和客户的两个核心要素共同参与,通过建立客户联系、发展客户关系等步骤,实现价值传递和价值沟通的闭环价值增值链条。制造业服务价值链主要是指企业通过专业指导和培训等前期业务活动和售后维修等后期业务活动创造价值的动态过程。

2. 制造业多价值链的特征

（1）活动正和博弈性　正和博弈又被称作合作博弈，它是指博弈双方的利益达到共赢，或至少是一方的利益在不损失另外一方利益的情况下得到提高，这样就可以使整体的社会价值得到提高。

（2）活动价值创造性　企业的增值价值体现在不同产业链的企业通过跨链、超链业务协作，打破传统价值链内业务协作的局限性和企业内部部门间和企业之间的资源孤岛现象，在合作交流中构建价值增值环节，从而实现制造业多价值链的整体价值增值。

（3）主体纵横双向性　多价值链内部企业之间的业务协同以纵横双向性开展，此举不停留在单一企业内部，而是突破了企业自身所在产业链的约束限制。在主体选择上形成了以同质产业链间协作为主的横向跨链业务协同，以及以异质产业链间协作为主的纵向超链业务协同，主体纵横交错，为合作共赢提供了一定的依据。

（4）资源配置均衡性　多价值链内各企业为适应复杂多变的制造市场、识别有效信息，通过相互合作以实现资源的均衡与互补，从而有效降低供应中断风险，避免闲置资源造成的库存积压，通过降低成本增加收益来实现多价值链上各企业的价值最大化，实现合作共赢。自利性与互利性的辩证统一使得协作创造了合作剩余，可以实现资源的优化配置与企业的共赢。

（5）数据多源异构性　制造业数据主要包括通过传感器、工业软件及终端产品信息采集系统收集的产品设计、采购、生产、使用及售后服务等生成流转过程中产生的全生命周期数据，具备来源复杂、类型多样，价值密度低、异常数据多等特性。

（6）数据交互共享性　制造行业多价值链中的数据具有高度的协同性，存在着相互融合、互联互享的特点。在这种情况下，企业内部的信息流动必须与企业外部的信息流动相结合。此外，外部的供给、销售和服务等价值链上的信息流动也会互相调用。

3.1.3　制造业多价值链影响因素分析原则、方法及流程

1. 多价值链影响因素分析原则

（1）目标性　制造业多价值链涉及采购、生产、营销和服务各个环节，环

节间主体和侧重点的不同使得影响因素也不同，所以对不同环节影响因素的选取要具有针对性。在制造生产环节，生产和项目管理是影响因素分析的重点环节；供给环节中，企业的运营除了受到货物进出和库存管理的影响之外，还会受到资金供给的影响；在营销方面，制造企业主要关注的影响因素是对重点客户的管理不当以及客户的性质与需求的改变；在服务环节，制造企业主要面对的是不能满足客户的服务需求等问题。

（2）代表性　影响制造业经营活动的因素有很多，需要找到最能体现制造业特点的关键影响因素。影响因素是否具有代表性，需要考虑相关因素的总体代表性，即一个影响因素能多大程度表示某个方面的情况、在性质上多大程度概括某些因素。所以要反映总体情况，就需要综合最能反映总体情况的主要因素。某因素与总体相符程度越高、相符比例越大，则该影响因素能代表总体因素的可能性就越大。

（3）普适性　影响因素的普适性源于事物的共性和内部规律，即某一影响因素是否能普遍地适用于同类对象，通常与针对性相对应。在对制造业多价值链的影响因素进行筛选时，要以企业为主要对象，从企业实际情况出发，对制造业多价值链运作中存在共通之处的影响因素进行筛选，根据其内部含义归纳总结，从而分析得出具有现实意义的影响因素，为同类型制造企业的决策提供参考。

（4）可量化性　制造业多价值链的影响因素体现在生产、供应、服务、营销等方方面面，准确把控各个影响因素的重要程度、确定衡量影响因素大小的指标是影响其量化的关键。所以，在对制造业多价值链的影响因素进行筛选之前，要考虑到该影响因素是否可获取，以及这些影响因素是否能通过一些指标来量化比较等问题。

（5）科学系统性　影响因素在选取过程中要满足逻辑性、科学性的原则，而且所选用的影响因素要能够相对全面、正确地反映制造业多价值链的增值活动。影响因素的筛选要根据实际情况科学分析多价值链的活动过程，保证其选取的系统性。

2. 多价值链影响因素分析方法

（1）文献分析法　文献分析法是通过对所收集的文献资料进行梳理，找出研究对象的本质和状态，从而得出结论的一种分析方法。根据国际和国内的资料，在前者研究的基础上对相关影响因素进行总结分析，初步可以识别出较全面的影响因素，劣势在于文献具有时效性，难以适应行业的发展。

（2）问卷调查法　问卷调查法是影响因素初步选取中广泛使用的一种方法。问卷是一种用于统计和调查，以设问的形式对问题进行表达的表格，多数情况下通过邮寄、个别分送或集体分发等形式将问卷发给调查者，让调查者回答表格中所问的问题。采用问卷调查法具有规范化、费用低廉等特点。

（3）德尔菲法　德尔菲法是一种匿名反馈式询问方法，它的基本步骤包括收集、归纳、统计、匿名地向专家们提出建议，然后进行汇总、反馈，直到达成共识。与其他方法相比，德尔菲法具有匿名性和统计性的优势。

（4）事件树分析法　事件树按照一定的时间顺序和逻辑顺序对事件进行分析，在时间上由开始逐渐推演到后续可能发生的结果，在过程中寻找影响因素，逻辑上将前因后果以树形图展示，通过定性与定量分析，梳理各环节、各主体的发展过程，整理汇总影响因素。

（5）关联分析法　关联分析又称为关联挖掘，是指在交易数据、关系数据或其他信息载体中，寻找出现在项目集合或对象集合之间的关联性或因果结构。该定义能发现存在于大量数据集中的关联性或相关性，因此它能够刻画出一类事件中某些特征同时出现的规律与模式。

3. 多价值链影响因素分析流程

（1）识别价值链的基本活动　价值链分析是关于企业为客户创造价值和与之有关的支持活动的价值分析。制造企业的竞争优势来源于生产、供应、营销和服务等活动过程中所进行的众多环节，而且每一个基本价值活动都能进一步分解为若干独立的模块，这些环节和模块都会对企业增值活动产生一定影响。通过对相关价值活动进行识别，明确各环节的经济管理活动，可以有针对性地寻找其影响因素。

（2）分析产品增值的关键环节　在企业的各种价值活动中，并非每个环节都可以产生价值，有时价值只能来源于某一环节。因此，在理解了与价值链有关的活动之后，要对每一项作业完成增值、非增值的区分，来确定企业的关键要素。基于产品全生命周期数据信息，将产品业务活动和制造业增值活动匹配对应。

（3）分析各节点的相互关系　制造业企业不同活动环节节点既相互约束，又相互关联。企业应该根据自己的产业发展状况，与产业优势、特点相结合，将那些不能实现增值的作业排除掉,并将各种增值作业进行密切的关联,从而构成一个链状集合体,达到最优的成本,推动企业的价值提升。

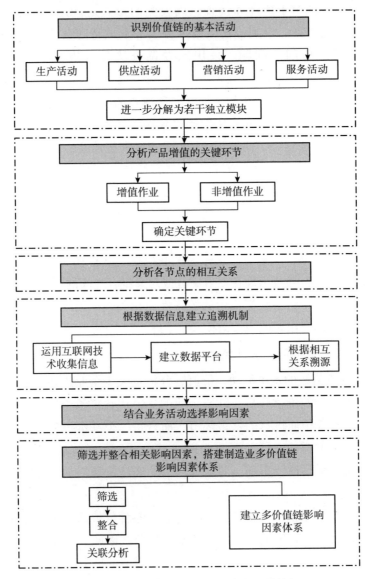

图 3-3 制造业多价值链影响因素识别过程

(4)建立信息数据的检索、关联规则 以产品全生命周期数据为主线,分析各节点的相互关系,利用信息技术建立追溯机制。制造业企业通过大数据、物联网及区块链等技术，建立以产品全生命周期数据为核心的数据平台。通过收集的产品信息反馈定位供应、生产、营销及服务等环节存在的技术经济问题，实现企业经济价值的不断提升。

（5）选择业务活动影响元素　结合制造业多价值链业务活动，明确价值变化产生的影响动因，通过对价值活动动因的关联分析，能够让管理人员识别相关影响因素，运用价值链分析工具诊断现有价值环节，确定风险承担根源，为影响因素的选择提供依据。

（6）筛选并整合相关影响因素，搭建制造业多价值链影响因素体系　基于上述活动识别相关影响因素，将其作为企业价值链影响因素分析基础，建立影响因素储备库，根据产品反馈信息，结合专家意见，确定影响因素权重，对制造业生产价值链影响因素进行筛选分类，建立分层次影响因素指标体系。

制造业多价值链影响因素识别过程如图3-3所示。

3.2　制造业供应价值链的影响因素

3.2.1　制造业供应价值链的定义及构成

1. 制造业供应价值链的定义

供应环节是制造企业从外部寻找可靠的供应商以获取自身所需生产要素的全部流程。在制造企业多价值链中，安全高效地完成供应环节各项活动是制造企业后续进行的生产、营销、服务环节的前提，后续环节提供的数据信息也有助于供应环节各项活动安全高效地完成。结合供应环节内容和制造企业多价值链的特征，本书将制造企业的供应价值链定义为：为了实现高效获取相关物资、技术和服务，顺利推进生产、营销、服务等环节，制造企业借助信息化技术整合由计划制订、招标采购、仓储配送和辅助管理等多个环节组成的一系列供应价值活动。

2. 制造业供应价值链的构成

从制造业供应价值链的业务活动角度出发，可以将制造企业供应价值链的构成活动分为三类：第一类活动是从外部获取所需的物资、技术和服务的采购活动；第二类活动是将物资、技术和服务有效管理，与生产活动进行配合的仓储配送活动；第三类活动是对涉及供应各环节的合同进行信息化管理，对采购的物资、技术和服务进行质量监控与管理，对合作供应商进行综合评价在内的各项辅助活动。有效协同的三类活动共同实现供应价值链的利润最大化，为企业生产活动的顺利进行和后续的价值增值奠定了基础。

（1）采购活动　采购活动是供应链管理的核心活动之一。我国知名学者马士华教授将采购活动定义为：企业为取得与自身需求相吻合的货物和服务而必须进行的所有活动。在供应链中，采购活动是制造商连接供应商的纽带，需要各职能部门通力合作完成。高效的采购活动能够实现价值主体内部和价值主体之间各环节的信息共享及需求匹配。

采购活动的核心活动之一是需求计划管理。需求计划管理是采购活动的第一步，包括需求规模预测，采购批次安排，需求提报和需求计划审查。需求规模预测是制订需求计划的基础，是根据相关资料，对企业产品未来市场需求变化进行分析，对其发展趋势做出正确的估计和判断的过程。采购批次安排是指在一定时期内，对采购时间相近、具有同质性、能形成规模的需求计划进行汇总、归并，按照统一时间节点同步实施的各类需求计划的总称，覆盖采购目录中的全部物资和服务。需求提报和需求计划审查则是将需求计划提交至上级，并由上级进行审查的相关流程。

招标采购管理是采购活动的另一核心活动。招标采购是指制造商完成需求计划管理活动后，向市场上提出招标条件和合同条件，多个供应商同时进行投标报价，最后由制造商对供应商进行选择的过程，它是制造商确定最佳供应商最常用的方式之一。招标采购管理的内容主要包括采购策略的制定和招标流程的管理。其中，采购策略是企业根据采购的物资、技术和服务的重要程度及市场竞争情况等信息制定的采购方法，用于提高采购效率、规范采购操作，以及控制采购总成本。采购策略的制定是编制招标文件的基础。采购策略很大程度上反映了制造商选择供应商的目的和偏好。招标流程管理是指制造商和供应商依照法定程序和方式，采取审查、比较等措施，对发标、投标和评标等流程环节进行管理的过程。

（2）仓储配送活动　采购活动完成后，企业需要借助相关仓储活动和配送活动才能将采购产品顺利供应到生产环节。仓储活动主要是指通过对流通中的物品进行检验、保管、集散和转换运输，解决供需之间和不同运输方式之间的矛盾，从而加速物品流转，提高物流效率和质量，促进供应环节价值增值的一系列活动。供应商和制造商均需要开展仓储活动。供应商仓储活动的目的是满足制造商采购需求,制造商仓储活动的目的是与生产活动达成协同。仓储活动包括仓储信息化管理、库存管理等工作。仓储信息化管理是指通过应用先进的信息技术手段,对仓储管理业务流程产生的数据信息进行甄别获取、归集汇总、处理分析等一系列操作,实现企业仓储管理效益提升的管理活动。仓储信息化的重点是信息集成与共享,从而为仓储物资保障决策提供实时准确的关键数据支持,最终实现组织管理信息化。库存管理是仓储活动的核心工作。库存是为了满足未来需求而暂时闲置的有价值的资源,一般用于避免因缺货或延迟供货而无法快速响应相关的突发情况。库存储备过多和过少都会给企业带来不便,库存储备过少时不能满足企业的需要,库存储备过多时占用了仓库面积和运营资金,长期积压可能会使存货损坏、变质。为了以最低的成本响应各种突发情况,企业需要将库存量维持在合理的水平。

配送活动是通过有效规划并借助相关物流设施,将采购的物资、技术和服务高效、安全、准确地送到制造商指定地点的过程。配送是"配"和"送"的有机结合。"配"是计划方面的工作,相关活动是组织协调货物、载具、时间、路线等因素,"送"是具体执行方面的工作,相关活动是送货运输。制造企业采购的产品、技术和服务具有数量巨大、种类繁多的特点,且制造企业指定的配送地点具有数量较多、布局分散的特点。因此,制造企业多依赖配送网络进行配送。配送网络由供应商、配送中心与制造商构成,能够实现多用户、多品种的联合配送,相比供应商直送要节约车辆、人力和费用,从而最大限度地降低成本。

(3) 辅助活动 除了采购活动和仓储配送活动,辅助活动也是制造业供应价值链的重要组成部分。辅助活动主要包括合同管理、质量监控与管理、供应商评价等方面。

合同管理是衔接采购活动与仓储配送活动等其他活动的桥梁,主要包括合同准备、拟定、签订、履行、变更、终止、索赔等环节的管理工作。通过合同管理,供应商和制造商可以就物资、技术和服务等相关业务的履行情况进行信息共享,有助于供应环节相关业务流程的推进。

质量监控与管理包括设备监造和物资抽检环节。设备监造是监造单位代表委托人见证设备质量与采购合同的符合性,协助和监督供应商保证设备质量,从而努力杜绝常见性、多发性、重复性质量问题的全过程。物资抽检是物资管理部门或其他专业部门以随机抽样的方式,对供应商提供的物资、技术和服务的性能参数进行检验测试,验证其技术性能是否符合合同要求的活动。物资抽检是物资到货验收、交接试验的补充，这一举措有助于选好选优所需的物资、技术和服务，保障制造业供应价值链增值。

供应商评价是企业在研究了供应商的产品、技术、价格、质量、服务等基本情况后，建立相关评价指标体系，运用一系列评估方法和评估模型，最终确定供应商对制造商重要程度的过程。供应商评价是企业持续保持竞争力的必要工作之一。供应价值链中的供应商评价分为供应商开发和供应商管控两个方面：供应商开发是对还未开展合作的潜在供应商进行考察和评价，主要是为了了解该类供应商是否符合企业的基本要求，这一工作主要在招标过程中通过文件评审和现场检验的方式完成；供应商管控是针对已经和制造企业进行过合作的供应商进行评价和管理，主要目的是考察合作供应商的水平及其与制造商的适配度，从而决定是否需要调整各供应商的重要程度顺序或选择结束合作。一般的供应商评价流程分为以下几个步骤：第一步是组织专业的评估团队确定评价目标，包括筛选合格与不合格的供应商或按重要性评定供应商等级；第二步是根据供应商所属行业和自身业务确定评价指标，并建立有效的评价指标体系；第三步是采取合适的评价方法，建立合适的评价模型，以定性、定量或定性与定量相结合的方式得出评价结果；第四步是由专家团队结合评价模型结果给出最终的评价结果。现代供应商评价过程一般会聚合采购、库存、生产、营销等专业部门的业务信息，实时收集供应商资质、生产供货、运行质量、成本费用等全方位数据，并在评估模型中自动加权，获得评价分值，基于评价结果对供应商开展分类分级。评价结果会应用于招标采购、质量监督、运维管理等环节，促进供应商提升管理水平，共同打造制造业优质供应联盟。

3.2.2　制造业供应价值链的特征

1. 事前计划驱动整体活动

制造业供应价值链中的活动都是由计划驱动的。制造企业整体任务的细节繁多、专业性强，需要耗费巨大的人力、物力和财力来完成。不同于一般的小微企业采购的产品种类少、规模小且技术门槛低，大多数制造业规模大，供应价值链的运作高度依赖于计划驱动，需求计划制订的重要性极高。计划制订部门需要根据实际生产经营活动的需要规划待采购环节中物资、技术和服务的种类、规格、数量；规划仓储环节所需的库存规模和调度计划，规划配送环节的配送方式和配送路径，以及规划辅助环节中物资、技术和服务质量监测的成本和时间等，以便在实施过程中有效监控各环节的进度，及时纠偏。

2. 产品特点决定采购策略

制造企业的物资、技术和服务种类繁多，需要根据物资、技术和服务的需求和市场特点，采取差异化的采购管理策略。影响采购策略的两个重要因素是利润影响和供应风险。依据这两个维度可将物料分为战略物料、杠杆物料、非关键物料和瓶颈物料四类。其中，战略物料在制造企业获取利润和未来发展中起着关键作用，这类物料可能因技术门槛高、原材料市场供应不足等因素，导致可选供应商较少，常见的采购策略是选择战略供应商长期合作，以规避可能的供应中断风险；杠杆物料供应风险较小，市场供应较为充足，且质量差异不大，制造企业处于采购优势地位，常见的采购策略是公开招标，在一定的质量保证下争取更低的采购成本。非关键物料价值较低，采购量小，可替代性强，但种类繁多，采购策略一般为标准化的电子化采购，方便管理。瓶颈物料本身价值并不昂贵，但采购较为困难，采购策略一般为长期采购，以免出现供应中断的风险。

3. 流程管理影响招标质量

虽然招标采购的流程规范，但是在实际操作过程中实现高质量采购还面临众多的不确定性。要保证招标采购流程规范，从招标、投标、评标、定标到签订合同，每个环节都要依据相关法律规定的程序和规则推进，并且过程完全公开，这是确保公开招标质量的基础。但是，当招标过程中管理水平不够，采购人员无法全面考虑产品影响因素或者无法有效量化衡量产品质量高低时，企业无法借助招标流程全面分析投标的供应商水平，有可能通过低价中标选择劣质产品。

4. 仓储配送依赖信息管理

信息管理技术的应用使得仓储配送管理更加高效、准确。制造企业生产活动需要的物资、技术和服务数量巨大、品种繁多。为了保障企业能够安全、准时地获取所需的物资、技术和服务，满足企业的生产经营需要，高质量的采购、仓储配送信息系统必不可少。服务于制造业生产经营活动的供应商和制造商仓储数量较多，不同的仓储定位不同，层级分明，构成了多级仓储。多级仓储是一个复杂系统，只有依靠信息管理，才能实现各仓储的信息共享，从而制定有效的多级库存管理策略和综合配送计划。

5. 有效合作带来稳定供应

未来企业之间的竞争更多地体现在供应链的竞争上。制造企业优质、稳定和可靠的供应商群为企业提供了稳定的供应保障，是制造企业核心竞争力体现。制造企业生产产品所需的物资、技术和服务来自不同水平的供应商。在经过一定次数的合作后，制造企业对供应商有了一定的评价结果。在这一基础上，制造企业往往会选择与一些优质供应商进行长期合作，以保障物资供应的有效稳定，从"交易对象"变为"合作伙伴"，形成供应联盟，避免因可靠供应商的缺失而导致的缺货情形。

3.2.3　制造业供应价值链的影响因素分析

结合多价值链的理论和制造业供应价值链构成，探究影响供应价值链各个组成部分的影响因素。挖掘供应价值链数据价值，并探寻其中的关联关系和演化规律，为制造企业多价值链协同优化提供支撑。

1. 采购活动影响因素

（1）产品类型　制造企业生产产品需要采购物资、技术和服务，不同的产品类型之间可能共用相同的物资、技术和服务，也有可能需要定制的物资、技术和服务。企业的需求编制必须综合考虑不同的产品类型，从而确定所需采购的物资、技术和服务的品类和数量。对于共用的物资、技术和服务，企业可以选择大量采购策略，以降低采购成本，减少购买次数，节约时间。对于定制的物资、技术和服务，企业在采购过程需要建立可靠的供应源，以保障产品质量。

（2）生产方式　产品的生产方式一般可以分为三类：按库存生产、按订单生产及按订单设计生产。按库存生产的产品一般具有标准化程度较高的特点，一般应采取批量采购的策略；按订单生产的产品的生产设备一般按机群或工艺布局，具有企业生产组织灵活、迅速的特点，应采取分类采购与统筹管理的策略，针对来自不同供应商的物资、技术和服务，采取不同的采购方式；按订单设计生产的产品具有定制化特点，生产方式一般是现场作业，采购通常从接受订单并确定设计以后开始，采购策略需要考虑较多的技术性因素，一般是专项处理。

（3）采购金额　采购金额决定了采购品类和数量。单次采购金额固定，采购物资、技术和服务的价格与采购量成反比。价格上涨时，企业必须进行多次采购，需要花费更多费用和更多采购时间；价格下降时，企业单次采购的物资、技术和服务可能会冗余，造成资金浪费或库存积压。因此，设定合理的采购金额十分重要。

（4）需求时间　需求时间是制造企业对将物资、技术和服务送到指定地点的时间要求。企业进行采购的需求计划管理时，根据生产周期和采购周期，确定需求计划最晚的提报时间。合理的需求时间既可以保障采购过程的顺利进行，也可以最大限度地减少采购流程时间。

2. 仓储配送活动影响因素

（1）仓储网络　仓储网络由仓储网点组成，仓储网点布局需要考虑仓储物资的出库频率和仓储地理上对各地区的覆盖，也需要考虑仓储网点之间的层级关系及各仓储网点的职能定位。因此，企业需要综合考虑仓储网点布局因素，进行仓储网点的科学布局，从而实现采购物资的高效调度，节约管理成本。

（2）信息化水平　信息化水平是指库存管理过程中使用信息化系统管理业务的程度。仓储内部信息复杂，需要对信息进行有效管理，通过信息化系统，仓储管理人员可以对仓储进行统一编码，建设仓储信息库，从而实现信息传递、数据存储等功能，有助于企业提升运营效率，提高库存管理和客户服务水平，从而降低企业经营成本。

（3）补货策略　企业一般根据不同的产品、技术、服务的特征和重要性，基于库存检查时间、库存量、订货量、订货点等要素确定合适的库存补货策略。例如，需求量大、需求波动性很大、缺货费用较高的物资、技术和服务重要性较高，关系到库存安全，因此需要综合库存成本、缺货概率等因素考虑最佳订货点和单次订货量；对于使用量不大或不重要的物资，企业只需根据综合库存成本和生产周期等因素确定合理库存量，定期补货即可。

（4）控制方式　多级库存管理系统需要选择合适的库存控制方式实现库存管理系统信息共享与业务协同。多级库存控制的方法分为分布式策略和集中式策略两种。分布式策略是指每一个库存点独立采取库存策略，需要信息共享才能实现库存整体的协同；集中式策略能够有效地联系整个库存管理体系，但执行过程中的协调方式在很大程度上决定了库存管理所需时间成本的高低。

（5）交货准时率　交货准时率是指在制造企业完成采购活动后，供应商在制造企业要求的指定时间内将物资、技术和服务移交到指定地点的能力，体现了供应商仓储管理和调度水平的高低，交货准时率越高，管理水平越好。

（6）交货准确率　交货准确率是指供应商将物资、技术和服务交付给制造企业时的数量与制造企业需求数量之间差异情况。它由准确交货的次数与总交付次数的比例确定,在整个物资调度过程中有供应商的交货准确率及库存中心对制造企业生产活动交货准确率两个指标。

(7) 配送策略　配送活动对供应价值链的影响因素主要是配送策略,包括载具选择和路径选择。载具选择是在考虑物资、技术和服务的数量、运输条件、制造企业规定的交货时间及供应商可用载具等因素条件下,选择时间最短或成本最低的一种载具进行配送。路径选择是指在给制造企业多个收货点配送时规划配送顺序,实现载具在配送过程中以最短时间或最低成本将货物配送到位的策略。

3. 辅助活动影响因素

(1) 合同信息化程度　合同的签订和执行是供应价值链的重要环节,传统的合同履约业务周期长、效率低、种类繁杂,线下签订费时费力。合同电子履约可以解决供应商跑单难的问题,提高办理单据的效率。合同履约全链条实现网络化管控,打破供应商与需求部门的信息壁垒,有效提升物资履约风险管控水平;搭建协议库存可视化选购平台,提高需求部门参与度,提升物资供应服务水平;采用电商化采购模式,提高零星物资采购供应时效,显著降低采购成本。

(2) 质量监测水平　供应商提供的物资、技术和服务的质量是制造业生产活动的根本保障。为此,需要采取相关措施进行产品质量检测。设备监造和物资抽检是必要的环节。由于监造和抽检的流程所需的时间与成本不同,检测能力差异所带来的质量监测结果也有一定差异,企业需要在质量检测的时间、成本和质量监测结果三方面对质量监测的内容与方式进行权衡。

(3) 供货协调能力　供应商的供货协调能力包括订单满足率、突发订单处理能力及同类产品供货经验。订单满足率是指供应商按与制造企业签订的合同规定,严格遵循规定的数量、质量、时间、地点等约束条件交货的能力;突发订单处理能力是指当供应商在接到临时采购订单的情况下,延迟交货的时间长度;同类产品供货经验是指基于同类产品开发及供货经验增加的对相关供货流程的熟练程度。

(4) 产品柔性程度　柔性生产能力是指产品制造企业响应内外环境变化的能力,一般是指企业整体活动方式,包括所有制造过程与经营管理过程。它适用于工厂多种产品、多流程、多形态、多单元的快速转换与协同生产。供应商的产品柔性决定了产品种类。在物资需求与采购过程中出现不确定情况时,拥有较好产品柔性的供应商有利于及时调整产品生产，降低采购失效的风险，可以有效地节约采购时间，避免不必要的损失，从而降低采购成本。

（5）企业合作能力　企业合作能力是制造企业决定能否与该供应商进行长期合作的重要影响因素，分为合作意愿和沟通程度两方面。合作意愿的高低可以通过供应商在供货价格优惠程度高低、业务办理的时效长短及洽谈合作过程中的态度是否诚恳等方面共同体现。沟通程度指的是制造企业与供应商合作期间双方通过对话、文字等方式实现信息共享和工作协同的程度。

（6）综合研发水平　研发水平的高低很大程度上决定了供应商提供的物资、技术和服务水平的高低。综合研发能力包括新产品的研发能力、技术密集度及研发经费投入水平。新产品的研发能力反映供应商捕捉市场需求的能力及在产品更新周期内对新产品进行设计及开发的能力。技术密集度反映了供应商具备的生产技术水平及设施的完善程度，一般通过先进技术装备的数量、科学技术人员占员工总数比例进行衡量。研发经费投入水平指的是供应商对研发经费的投入程度，用来衡量供应商对企业研发方面的重视程度。

3.3　制造业生产价值链的影响因素

3.3.1　制造业生产价值链的定义及构成

1. 制造业生产价值链的定义

制造业是我国经济增长的重要引擎。长期以来，我国制造企业都以劳动力优势在全球制造业中参与价值创造活动。但依靠人口红利构成的人工成本、材料成本优势的利润来源发展空间被不断压缩，企业需要利用数字化技术和价值链理论，优化生产活动要素投入和生产布局。在新一代信息技术加速突破背景下，制造业积累了海量数据资源。以数字经济崛起、数字技术发展、数据生产要素涌现以及产业数字化为主要特点的新工业革命为支点，数据赋能成为促进我国制造企业转型升级的核心力量。制造业逐步从主要依赖于生产经验和工人技能的人工操作以及机械设备进行生产制造的传统生产模式向以新型价值资源和数据为基础的信息化、模块化生产模式转型。结合生产型企业核心问题和数字化转型特征，本书将制造业生产价值链（Manufacturing Value Chain）定义为：依托信息化技术，整合由产品设计、排产优化、资源调度、生产加工、成品制造等多个环节组成的一系列生产活动过程，并将其按照相同价值实现方式连接而形成的价值链条。制造业生产价值链是制造业的重要竞争力之一，决定了企业的生产效率、产品品质及市场竞争力等。制造企业通过优化和管理生产价值链，可以提高生产效率和产品品质，降低成本，提高客户满意度和市场份额等，从而获得持续的竞争优势和经济效益。

2. 制造业生产价值链构成

从制造业生产业务活动角度来看，可以将企业生产价值链分为产品研发与设计、生产工艺与流程管理、生产制造等业务活动。

产品研发与设计是指基于市场需求，提出产品概念、设计工艺流程，在蓝图阶段开发新产品的过程。该过程从概念设计到产品推向市场的各个阶段都需要紧密协作，涉及多个学科领域的知识和技能。产品研发与设计主要包括分析市场需求和市场趋势、提出产品概念、产品设计、产品测试等步骤。数字化时代背景下，产品研发与设计可依托新一代信息技术，打破团队信息壁垒，深度协同团队合作，以确保产品符合市场需求。

生产工艺与流程管理是指对产品生产环节所涉及的工艺、流程及要素投入进行全面规划、控制和优化的一系列管理活动。企业通过对生产过程的精细管理，可以提高产品质量和生产效率，降低成本的同时保证生产安全。生产工艺与流程管理的核心流程包括生产工艺规划、生产计划调度管理及设备维护、流程改进等步骤。在实际制造业生产过程中，生产调度与管理往往具有建模计算复杂、客户需求定制化、动态随机等多种特点，利用现代数字化技术手段进行管理是实现生产调度管理智能决策的重要手段。

生产制造是指投入人力、设备和材料等生产要素，并通过相应的生产技术和工艺进行产品制造的过程。生产制造的目的是基于生产设计和市场需求，制造高质量产品，实现企业的盈利和增长。生产制造的流程主要包括原材料管理、设备管理、生产现场管理以及生产效率和成本控制等步骤。现代化生产制造已经逐步向智能化和数字化转型升级，制造企业利用工业互联网、区块链及人工智能等信息技术，为实现生产制造全面数字化、推动生产效率和质量提升提供了现实依据。

全面、细致地了解企业生产运作过程中作业活动所能产生的价值，对生产价值最大化有着重要意义，如集成管理产品的设计、制作、包装等方面的作业，可以帮助企业有效缩减，甚至消除不必要的成本费用。资源的投入和价值增值存在于企业的各个生产环节，制造企业系统规划和分配资源，实现全局要素配置最优化，有助于实现终端产品社会价值最大化。

3.3.2 制造业生产价值链的特征

企业的生产活动是以产品设计、生产计划制订为起点，通过投入产品生产所需的人力资源、生产设备，利用一定的技术，构建符合顾客需求、具备社会价值的商品的业务流程。数字技术的飞速发展使得制造业生产活动呈现新形态、新发展态势，逐步向数实融合、人机协同方向转型。

数字化背景下，制造业生产价值链主要具备如下特征。

1. 生产环节相互协同，紧密联系

制造业生产价值链的各个业务活动和组成部分之间相互作用、相互依存。制造业生产系统主要包括生产设备、原材料、人力资源、生产工艺、品质管理、生产计划和控制等方面。生产系统性思维强调的是整体思考和系统化管理，制造企业通过对生产系统的全面分析和优化，提高生产效率、降低成本、提高产品质量。

2. 知识、技术密集，生产环节复杂

制造业产品作为某一领域的专业设备，它的生产过程往往具有高度专业性和技术含量。产品设计、工艺流程、设备选型、生产过程控制等业务活动需要企业具备强大的研发、技术创新能力及技术人才的支持。制造业的生产流程比较复杂，需要在产品制造环节的基础上，考量人力、物力调度管理、生产计划、交付时间等多种因素。产品制造的每个环节都有不同的价值增值和成本支出。管理人员有效、合理地协调、调度、计划及控制是确保生产过程高效、有序，实现生产价值最大化的关键措施。

3. 全球化竞争，产业链协同

制造业不仅面临着国内企业市场竞争，还需要面对日趋复杂的全球市场竞争。制造业需要不断提高自身的产品质量、技术水平、创新能力，灵活应对不同的市场和国际贸易环境，才能在竞争中立于不败之地。制造业的生产过程涉及多个环节，需要与供应商、合作伙伴和客户等产业链上的各个环节协同合作，共同实现价值的创造和分享。

4. 数字化、智能化

人工智能、大数据及物联网等技术的发展使生产价值链的各个环节数据化成为可能。数字产业和制造业深度融合是未来发展的重要趋势。在数实融合背景下，制造业设备不断智能化，新一代数字化设备不再被动执行操作命令，能够独立感知周围环境，极大地提高了企业的生产效率。

制造企业是生产价值链中承上启下的关键环节，更要注重同上游供应企业和下游销售企业的协作关系。企业利用生产活动调整自身与上游供应商、终端代理商及消费者之间的价值传导关系，保障自身在价值链中的有利位置。由于制造企业生产环节的不同业务活动是相辅相成的，因此生产价值链分析管理的主要工作内容是识别能为顾客创造价值及提供相关支持的、具有高价值创新、难模仿的核心业务活动，确定影响企业生产价值链的关键因素。企业应从自身产业发展情况出发，结合自身生产特征，消除倒流、贬值及障碍性作业，加强核心价值增值作业间联系。最终，企业从全局角度优化成本投入，扩大价值输出，实现企业生产价值最大化。

3.3.3 制造业生产价值链的影响因素分析

从制造业生产价值链业务活动角度出发，本书将制造业生产价值链影响因素概括为产品研发与设计影响因素、生产工艺与流程管理影响因素以及生产制造影响因素三大方面。

1. 产品研发与设计影响因素

（1）市场需求和趋势预判能力　市场需求和市场发展趋势是决定产品研发和设计方向的重要因素。企业可以通过调研产品销售总额、产品销售量增长率、产品价格弹性等指标来评估市场需求变化趋势，决策产品研发和设计方向。

（2）技术能力和研发资源　技术能力和研发资源主要包括设计人员的年龄结构、学历结构、研发投入等。研发投入、设计人员综合素质越高，产品的顶层设计质量就越高。合适的技术能力和充足的研发资源是支持产品研发和设计的全过程的重要保证。

（3）跨部门协同能力　产品协同设计是由企业研发团队、企业内的相关部门及企业外的多个职能部门间进行交流、沟通、合作、协作完成的。良好的信息化技术能够保证设计团队、客户经理及管理人员从不同的角度参加产品设计，提高产品设计质量。

2. 生产工艺与流程管理影响因素

（1）技术和管理人员素质　技术人员和管理人员的年龄结构、学历结构、技术水平和管理水平等良好素质是生产流程方案的执行保证。

（2）生产要素管理和调度能力　该影响因素可以用资源利用率、交货时间准确率、库存周转率和库存成本等指标来量化。企业必须建立合理的生产要素供应管理体系，确保生产所需的原材料和配件能够及时到位，以支持生产过程的顺利进行。

（3）生产工艺水平　生产工艺水平主要是指生产人员利用生产设备对原材料进行加工或处理，进而改变原材料外部形状、尺寸和性质以得到成品的技术、方法等。工艺过程、参数及配方等均是其重要的组成部分。工艺的合理性、执行性通过改变人力投入和设备投入直接影响产品的实物质量、生产效率及成本，最终对生产过程的价值增值产生影响。该影响因素可以细分为产品单位生产成本、产品合格率、资源消耗率等维度。

3. 生产制造影响因素

（1）生产资金投入　资金投入是生产的基础。资本投入规模直接影响人力和设备投入规模。该影响因素主要包括投资总额、投资回报率、投资时效性等几个维度。

（2）生产人员基本素质　生产人员主要包括具有普通劳动技能的一般生产者、具有专业知识和技能的专业化生产者，以及具有管理能力和创新能力的企业家三个层次。具体描述为生产人员的工作状态、年龄结构、学历结构、性别结构等能够影响生产人员生产效率、生产能力的关键素质指标。

（3）生产设备投入　生产设备投入是制造业生产价值链的重要投入要素。在实物生产方面，直接影响实物生产的效率与成本；生产设备的技术水平和数量是生产进度和质量的关键保证。

（4）生产设备状态　生产设备状态通常是指用于产品制造的机器或设备当前的运行状态和表现。该影响因素可以量化为生产效率、资源消耗率、正常运行时间百分比三个维度。

（5）生产环境　生产环境具体描述为劳动者从事生产活动时所涉及的外部条件（自然环境或社会环境）。良好的生产环境是劳动人员和设备效率的关键保障。生产环境可以分为生产安全指数和员工环境满意度两个细分维度。

（6）生产规模　生产规模主要是指原材料投入、劳动力投入及设备投入等生产要素与产品输出在一个制造实体中的集中程度。生产规模是降低企业生产摊销费用的重要影响因素之一。企业可以通过确定最佳生产规模，降低产品单位生产成本,提高价值输出,使制造企业生产价值最大化。

(7) 信息化水平　制造业生产数据主要包括产品在生产、制造过程中所积累的产品生命周期数据。数字化、信息化能力是驱动生产价值链转型升级的重要手段。企业通过信息技术将生产信息全部储存到数据空间中,实现生产过程可视化,打破生产过程同其他部门间的信息壁垒,加速部门间的生产要素信息流通,通过反馈提升生产效率。同时,数字化技术可用于生产仿真等环节,检验生产设计的实际效果,避免资源的浪费。信息化水平可通过数字化业务占比、数字化操作流程占比、数据准确性等量化指标来衡量。

3.4　制造业营销价值链的影响因素

3.4.1　制造业营销价值链的定义及构成

1. 制造业营销价值链的定义

制造业营销价值链（Manufacturing Marketing Value Chain）是指由客户需求调研、投标报价与技术方案设计、合同签订与履约、设备供货与安装等多个环节组成的一系列营销活动作为业务环节的价值增值过程。与传统消费品营销价值链不同,制造业营销价值链更加注重与客户的合作与沟通,企业需要通过深入了解客户需求,提供全方位解决方案,实现与客户的共同价值创造。

制造业营销价值链是制造企业在市场上推广和销售产品的核心竞争力之一,能够影响企业的产品销售和市场占有率。企业通过优化和管理制造业营销价值链来提高品牌知名度、产品销售量和客户满意度,保障其自身的可持续竞争优势和经济效益。制造业营销价值链的实现流程如图3-4所示。

2. 制造业营销价值链的构成

从业务活动角度出发,可以将制造业营销价值链业务活动分解为客户需求调研、投标报价与技术方案设计、合同签订与履约、设备供货与安装等业务活动。其中,客户需求调研是产品营销和设计的基础。制造企业作为产品的提供者需要时刻掌握市场和客户的需求。投标报价与技术方案设计是企业持续发展的重要保证。合同签订与履约是制造业营销价值链的核心环节,营销价值链的其他业务活动都是为产品最终销售服务的。

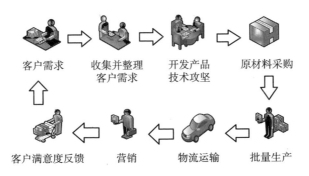

图 3-4　制造业营销价值链的实现流程

客户需求调研是指采集、分析和解释客户对产品或服务的需求和意见等信息。客户需求分析能够帮助企业更好地了解客户需求，提供更好的产品或服务，提高客户满意度和忠诚度，促进企业发展。

投标报价是指企业对于招标项目所提供的具体价格或费用。技术方案设计是指企业对于招标项目所提供的技术方案设计，它是参与招标的重要内容。在编制技术方案时，企业需要充分了解招标项目的需求和要求，并针对项目的实际情况提出切实可行的方案。

合同签订与履约是指企业间通过商业洽谈、签署合同、履约沟通与协调以及履约完成等活动实现产品输出的过程。合同签订和履约是商业活动中非常重要的环节，对于保证商业合作的顺利进行具有至关重要的作用。企业在签订合同时应当认真阅读合同条款，并在履约过程中切实履行各自的义务和责任。

设备供货是指企业向客户提供设备的过程，包括设备的采购、运输、交付等。在设备供货过程中，企业需要根据客户的需求和要求，按照合同规定的时间和方式进行供货，确保设备能够按时到达指定地点，并满足客户的使用需求。设备安装是指在设备到达客户指定地点后，企业根据客户的要求，进行设备安装和调试的过程。在设备安装过程中，企业需要按照客户要求和实际情况，制定安装方案，调配人员和工具，进行设备安装、组装、调试等工作，确保设备能够正常运行。设备供货和安装是企业与客户进行商业合作时非常重要的环节，对于保证项目顺利实施和客户满意度具有至关重要的作用。企业在进行设备供货和安装时，应当注重安全和质量，并严格按照客户的要求和合同规定进行操作，以确保设备的质量和使用效果。

3.4.2 制造业营销价值链的特征

1. 客户需求导向

制造业产品营销过程更加注重与客户的合作与沟通,通过深入了解客户需求,提供全方位的解决方案,满足客户需求,从而实现产品营销的良性循环。同时,随着制造业产品技术复杂度不断提升,客户的个性化、差异化需求不断增强。服务化发展趋势要求制造企业具备相应的研发和生产能力,能够快速响应客户需求。

2. 复杂的采购与销售程序

相较于传统消费品营销,制造业产品销售往往更为复杂。制造业产品客户具备明确的购买需求,拥有完备的采购评价体系,对购买产品的综合要求明显高于消费品,长期沟通和合作是获取制造业客户认可和信任的关键。

3. 高度的专业性和技术含量

由于制造业产品往往技术含量较高,营销过程中需要涉及复杂的技术知识,这要求企业营销人员需要具备扎实的专业知识,并由专业技术团队提供技术支持,为客户提供专业、可靠的产品和服务。良好的咨询沟通能力与完善的售后服务支撑体系是为客户提供价值活动的重要方面。

4. 多维共赢,协同作用

数字化、信息化技术的发展使得价值链间信息资源共享成为可能。企业需要通过营销活动准确了解市场需求。良好的供应价值链管理是企业生产原材料的保障,生产价值链是产品质量和成本控制的依托,是企业营销活动的基础。服务价值链是企业市场份额的重要手段。多价值链协同是企业运营过程中不可或缺的。良好的协同关系能够帮助企业提高整体效率和竞争力。

复杂多变的市场和不断变化的客户需求是制造业的主要特征之一。制造业需要结合自身特点对外界做出动态、柔性的反应。同时,制造业根据客户消费链进行营销链的压缩与调整,实现价值最大化。

随着企业经营环境的复杂化、客户需求的多样化及市场关系理念的变化,传统价值链的局限性逐渐显现,相对静态的企业内部管理价值体系无法适应持续快速变化的竞争环境。制造业逐步向生产服务协同化转型,营销价值链越来越受到企业的重视。企业为闭环营销价值链的价值传递与流动提供了组织架构。客户是企业营销价值的中心。营销价值链不仅在营销各项组织活动中为客户提供了让渡价值，还为企业在沟通中满足客户需求、为保证营销价值链的顺畅提供了有力保障。

3.4.3 制造业营销价值链的影响因素分析

通过制造业营销价值链分解与整合模型分析可知，制造业营销价值链的不同业务活动均会对产品、服务、人员和竞争人员等产生影响，进而影响消费者的满意度，最终影响企业营销活动的成败。

综上所述，本书主要从业务活动层次总结制造业营销价值链的影响因素。

1. 客户需求调研业务活动主要受调研人群、调研方式、问卷设计、调研内容、时间及地点、调研结果分析方法等因素的影响

（1）调研行业需求　区别于传统消费品营销对于目标消费群体年龄、性别、受教育程度等因素的定位，制造业产品调研目标是行业的发展趋势、技术更新速度及个性化需求。

（2）调研方式　合适的调研方式都是在保证数据真实性的基础上，考虑需求数据的不同，可以选择电话访问、实地调研等不同方式。

（3）调研结果分析方法　采用合适的调研结果分析方法是对调研数据进行有效解释，挖掘数据信息的关键，具体包括描述性统计分析、相关性分析、贡献度分析等。

2. 投标报价与技术方案设计主要受产品成本与质量、招标和投标人员综合素质、招标和投标数据管理和信息化能力、企业营销关系及竞争对手情况等因素的影响

（1）产品成本与质量　产品成本是产品投入的货币表现形式，也是制造企业投标报价的关键参考因素。产品成本是企业价值输出和利润的关键体现，是影响制造企业投标报价策略的关键因素之一。产品质量是指产品满足规定需要和潜在需要的特征和特性的总和。产品的生产工艺、侧重点不同使得产品具备一定的差异性，概括来讲，可以将其主要描述为反映客户使用需要的六大质量特性，即性能、耐用性、可靠性与维修性、安全性、适应性、经济性。该影响因素可以通过产品返修率、合格率、产品寿命三个因素来量化。

（2）招标和投标人员综合素质　招标和投标人员综合素质是指招标和投标人员对于产品技术专业知识的掌握程度及投标报价技巧。招标和投标人员良好的知识储备和报价方案设计技巧是企业获得良好销售机会的重要保证。

（3）招标和投标数据管理和信息化能力　数据管理和信息化对于产品全生命周期管理至关重要。完善的数据管理系统能够帮助企业及时收集、整理、分析招标和投标管理数据。企业通过招标和投标信息反馈，改良营销策略，实现营销过程的迭代升级。

（4）企业营销关系　制造企业营销关系是指企业与供应商、竞争对手、代理商、政府及客户产生相互作用的全过程。良好的企业关系是企业开展营销活动的基础。

（5）竞争对手情况　企业招标和投标需要考虑竞争对手发展情况，包括竞争对手的产品价格、产品产量、市场份额等因素，以确保投标报价的市场竞争力和产品利润空间。

3. 合同签订与履约主要受供应商协调能力、生产能力、运输能力等方面因素的影响

（1）供应商协调能力　供应商协调能力是指制造企业与合作供应商及客户的协调沟通能力。良好的供应商协调能力是原材料和设备供应的重要保障。该影响因素主要体现在供应商供货能力、供应商质量控制能力及供应商协调沟通能力上。

（2）生产能力　制造业合同签订和履约需要双方具有足够的生产能力和技术水平，以确保生产能力和技术水平的匹配度，确保产品质量和交货时间。该影响因素可以量化为产品交付时间和产品合格率两个细分维度。

（3）运输能力　制造业合同签订和履约需要考虑供应链管理与产品运输能力，包括原材料采购、物流配送、库存管理等，以确保产品交付和履约的稳定性和高效性。

4. 设备供货与安装能力

（1）设备的复杂程度　设备的复杂程度会影响供货和安装的时间。高技术水平设备需要更长的时间来进行安装和调试。

（2）地理位置　设备供货和安装的地理位置会影响时间和成本，如果设备需要远程运输或跨国运输，则可能需要更长的时间和更高的成本。

（3）现场准备工作　安装现场的准备工作会影响设备供货和安装的时间，例如，现场需要进行基础设施建设或装修工作，这将增加安装时间和成本。

（4）安装团队的能力　设备安装的质量和速度取决于安装团队的能力，如果安装团队缺乏专业技能或经验，则可能会延长安装时间并增加安装成本。

3.5 制造业服务价值链的影响因素

3.5.1 制造业服务价值链的定义及构成

1. 制造业服务价值链的定义

近年来,我国制造业创新能力不断提升,一些关键核心技术自给率逐渐提高,但目前仍需降低低端供给和提高高端供给。低端供给过剩会导致产品供大于求,使得大量的资源浪费;高端供给不足会导致大量的需求外溢,资金严重外流。在此背景下,制造企业需通过推动服务化转型来应对挑战。制造企业推动服务化转型将从整体提升企业的技术水准、管理效率和市场竞争力入手。随着人工智能、大数据、云计算等技术不断地运用到制造业领域,制造业建立起了数据、资源、信息共享一体化的数字服务平台,使企业更容易利用外部资源获得竞争优势。

在制造业服务化的过程中衍生出了大量的服务活动。例如,定制化服务活动、物流服务活动、售后服务活动。这些服务活动为企业创造了新的价值,增加了企业的竞争优势。随着制造业服务活动的不断增加,逐渐形成了制造业服务价值链。

制造业服务价值链是指制造企业使用大数据、人工智能和云计算等技术向企业提供服务活动所形成的活动链。制造企业通过对服务价值链的优化和管理,实现产品差异化,从而提高客户满意度、增加利润空间,为企业的持续发展提供支持。

2. 制造业服务价值链的构成

从企业活动环节来看,制造业服务价值链可以分为四个环节:服务信息收集与分析、服务方案设计、交付与支持以及售后与质量追溯等附加价值服务,如图 3-5 所示。

服务信息收集与分析是指从不同的来源获取数据并对数据进行处理和解释的过程。收集与分析环节包括数据收集活动和数据分析活动。数据收集是指将客户信息转化为数据形式,数据分析是指将收集到的数据采用合适的统计方法进行整理、汇总和加工的过程。在数字化时代的背景下,需求与分析环节有助于打破数据壁垒,破解信息不对称的难题,充分挖掘客户的需要。

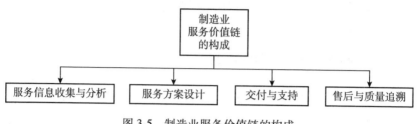

图 3-5 制造业服务价值链的构成

服务方案设计是指企业根据客户需求设计服务方案并最终确定方案的活动过程。服务方案设计包括设计服务活动和确定服务方案。设计服务活动是指根据客户需求设计定制化服务方案。确定服务方案是根据企业的能力和客户的要求，协调各方面资源，确定最终服务方案的过程。随着数字化技术的不断提高，消费者会参与到服务定制化中。企业通过开发各种数字化系统，提供定制化的载体，让用户根据个人的喜好、需求、消费习惯等个人因素对服务实现主动式定制。主动式定制化服务中消费者基于移动数字平台与企业进行高度互动，使得服务的设计更加灵活和人性化。同时，用户在定制化活动过程中投入较多的精力，参与程度较高，有利于增强用户的满意度。

交付与支持是指产品制造完成后，所有权转移过程中所提供的一些辅助活动。交付与支持环节包括物流服务活动、安装调试服务活动、金融服务活动。物流服务活动是指通过装卸搬运、流通加工、配送等流程将商品送到客户手中的活动。安装调试服务活动是指应用户要求派出技术人员到现场负责指导或直接进行安装调试的服务活动。金融服务活动是指制造企业向客户提供信贷、赊账等多方面的服务活动。在大数据的背景下，通过智能化的工具为客户提供运输和安装的辅助服务，提高客户满意度。

售后与质量追溯是指产品所有权转移之后所提供的增值辅助活动。售后与追溯环节包括售后活动、质量追溯活动、故障预测预警活动。售后服务活动是指消费者收到货物后，企业为客户提供维修、保养等活动。质量追溯活动是指当产品出现质量问题时，企业能够准确快速地将有问题的产品收回，并为客户提供准确的质量追溯和跟踪服务。故障预测预警活动是指根据检修的历史数据，判断设备的运行情况，若产品运行状况有异常，给出预警信息及应对措施。售后与追溯环节已经逐步向智能化和数字化转型升级，售后与追溯环节通过创建一套标准化的数字化售后服务管理体系，将远程服务、自助服务和现场服务相结合,实现运营数据分析与服务流程可视化管理,挖掘数据资产的价值,达到提高产品的管控能力和增加服务营业收入的目的。

3.5.2 制造业服务价值链的特征

制造业服务价值链以满足顾客需求为导向,增加服务元素来实现企业价值增值。在这个过程中,制造企业借助大数据、供应链管理等多种手段,整合多元化的主体和资源,不断地完善服务模式,实现从单一服务向集成化服务的转变。制造业服务价值链呈现出活动增值性、主体多样性、无形性、异质性、相关性和可持续性的特征,如图 3-6 所示。

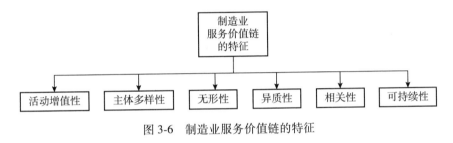

图 3-6 制造业服务价值链的特征

1. 活动增值性

随着制造企业的不断发展,产品的同质化越来越严重,以往的蓝海市场逐渐变为红海市场,单一的产品很难再为企业带来利润。为了寻找新的利润源,制造企业活动从生产化逐渐向生产服务化转移。企业通过提供更好的客户服务,如售前咨询、售后服务等,在竞争中获取更多的优势。这种优势提高了客户满意度和忠诚度,进一步巩固企业在市场上的地位。

2. 主体多样性

在企业的经营过程中,资源和能力总是有限的,很难满足客户的所有个性化需求。因此,制造企业需要借助外界的资源对服务活动进行支撑。生产服务化是多个主体共同参加活动的并创造利润的过程。吸引多个利益相关主体参与企业的服务活动,有助于提升客户的满意度,为企业带来更多的价值。

3. 无形性

传统的制造业为客户提供实体货物,但随着制造业服务化,虽然在传递过程中仍表现为为用户提供产品,但也提供了以产品为载体的服务。客户在购买这些服务之前，很难感知服务的好坏，而且服务提供者也通常无法有效地向客户展示服务效果。

4. 异质性

与传统制造业所提供的产品不同，制造业服务价值链中所提供的服务活动主要通过体验被感知，使得同样服务的消费效用和质量存在显著差别。一方面，服务消费是一种感知体验，不同的消费者有不一样的评价标准；另一方面，为客户提供服务的员工素质不同，会给服务的效率和质量带来差异。因此，同一种服务的消费会产生差异。

5. 相关性

在产品的整个生命周期中，每个环节都和服务高度相关。例如，售前咨询需要与营销紧密合作，了解客户需求，提供个性化的解决方案；售后服务需要与生产紧密配合，及时响应客户需求，提供优质的服务。提供高质量的售前和售后服务，可以增加客户黏性，使客户更倾向于选择该制造商的产品，从而提高产品销售量。

6. 可持续性

制造业服务价值链体现出资源的可持续性。一方面，服务型制造业是通过融入更多的人力资本和技术资本来摆脱传统制造业高内耗、高污染、低附加值的劣势，制造业服务化活动中人力资本和技术资本投入具有较强的可持续性；另一方面，服务型制造企业为客户提供服务获取价值的活动是一个持续的过程，体现出制造业服务化价值来源的可持续性。

3.5.3 制造业服务价值链的影响因素分析

提供低成本、高质量的服务活动的能力是制造企业的核心竞争力。制造业服务价值链的影响因素可以从服务信息收集与分析、服务方案设计、交付与支持、售后与质量追溯四个环节进行分析。

1. 服务信息收集与分析环节

（1）数据的采集方法　数据采集方法是影响数据收集的重要因素之一。数据采集方法包括客户访谈、问卷调查、查阅文献资料、竞争对手分析等多种方式。如果数据采集方法不合理，将会影响数据质量，那么制造业服务提供商将无法及时识别和解决问题，从而影响服务质量。

（2）数据的采集频率　数据采集频率是指数据采集的时间间隔。在制造业服务价值链中，数据采集的频率直接影响到服务的实时性。因此，在数据采集的过程中，需要根据服务需求和数据的特性，合理地安排采集的频率和时间，以保证数据的及时性和准确性。

(3) 数据的质量　数据质量的高低可以直接影响到数据分析的结果和价值。如果数据质量不好，则分析结果可能不准确，这会导致制造业服务价值链的各个环节都受到影响。例如，如果数据质量问题导致分析结果不准确，那么制造业服务提供商可能无法提供有效的建议或改进方案，这将影响到整个制造业服务价值链的效果。

(4) 数据的分析方法　数据的最终应用需要经过统计分析之后才能发挥作用。常见的分析方法有对比分析法、因素分析法、回归分析等。每一种方法都存在优势，能在不同的情况下发挥其最大的作用。因素分析法是指分析应变量指标与其影响因素之间的关系，通过定性与定量相结合的分析方法，确定各影响因素对应变量分析指标的影响程度。回归分析是指对已经发生的事情进行分析，通过最小二乘法等方法来分析应变量和自变量之间的函数关系，并基于该函数关系确定未来的应变量的变化。在进行数据分析过程中需要选择合适的分析方法，才能更有效地对数据进行分析。

(5) 数据的关联性　数据关联性对数据分析活动有着重要的影响。数据之间的关联关系需要使用不同的分析方法来处理。例如，如果存在时间序列数据，可以使用时间序列分析方法进行分析。如果存在空间关联数据，则需要使用地理信息系统等相关技术进行分析。

2. 服务方案设计环节

(1) 客户需求　在设计服务的过程中，企业必须了解和理解客户的需求和期望，以确保设计方案能够满足客户的要求。客户需求是设计服务过程中的一个指导因素，能够帮助企业在设计中更加精准地把握客户的期望和目标，避免浪费时间和资源。因此，在设计服务的过程中，企业必须紧密地与客户进行沟通和交流，以确保设计方案符合客户的需求和期望，从而为客户提供最佳的设计服务。

(2) 方案的盈利能力　企业的盈利能力是指企业在设计该服务活动获得收益的能力。企业需要确定服务的成本在可接受的范围内。若企业设计的服务方案成本过高，会影响企业的服务项目的盈利能力和企业的经营业绩。因此，企业在设计服务方案时需要考虑该方案是否能够为企业带来相应的价值。

（3）技术创新水平　一方面，技术创新为企业积累了知识基础和技术基础，提升了企业为用户提供个性化服务的能力；另一方面，服务需要一定的产品载体，创新型的产品往往具有复杂的知识结构，会增加产品销售的不确定性。企业通过提供定制化服务作为新产品的互补性要素，有利于提高客户的满意度。

（4）风险水平　在确定服务方案的过程中，必须评估和分析项目的风险水平，并据此确定适当的服务方案。企业必须根据实际情况制定适当的方案，以确保项目成功完成。

3. 交付与支持环节

（1）价格经济性　企业可为客户提供高质量的物流服务以实现双赢。在大多数情况下，客户对于企业所提供的物流服务价格较为敏感，若单位价格的提升不能带来相应服务程度的提升，客户将不会选择质量高的物流服务。因此，企业需要把握成本与服务水平之间的平衡。

（2）准时交货率　准时交货率是指在一定的时间内按时交货的次数占需要交货次数的比值。准时交货率体现了企业的管理的效率及企业的诚信度。通过准时交货可以与顾客建立良好的客户关系。企业可以通过优化仓储、运输和配送等环节，提高物流的灵活性和适应性，从而更好地满足客户需求，提高准时交货率。

（3）货物跟踪能力　货物跟踪能力是指在商品在运输过程中向顾客提供实时跟踪和监控货物的能力，包括提供准确的货物位置、运输时间和状态等信息。通过提供货物跟踪服务可以提高物流服务的效率和客户满意度。

（4）人员技能　安装调试的过程需要经验丰富的技术人员，他们应具备技术知识和实践技能。这些技能可能包括机械、电气、自动化等多个领域的知识。因此，培育具有相关技能和经验的人员对于安装调试活动的成功非常重要。

（5）资源配置　安装调试需要合适的工具和设备，以及合适数量的人力资源。如果资源配置不足或者不合理，将可能影响安装调试活动的效率和质量，进而影响制造业服务价值链中的整个服务进程。

（6）通货膨胀　通货膨胀是金融服务活动的重要影响因素，它会影响货币的购买力。高通货膨胀率可能导致货币贬值，影响企业所提供的赊账服务、分期付款服务。

（7）信任程度　信任程度是指制造商与客户之间的相互依赖程度。客户与制造商之间相互依赖程度越高，制造商提供的金融服务风险越小，制造商越愿意为客户提供金融服务。

4. 售后与质量追溯环节

（1）工作效率　售后服务工作效率是完成服务所需时间的度量。如果企业能够快速响应客户的请求，提供及时的帮助和支持，客户会更有信心，并更倾向于再次选择与企业合作。

（2）售后服务响应周期　响应周期是企业解决客户问题所需的时间，响应速度是售后服务质量的一个关键因素。如果企业能够尽快解决客户问题并缩短维修周期，将有助于提高客户的满意度和忠诚度。

（3）问题解决率　企业需要确保能够解决客户问题。企业快速解决客户的问题，将会有助于提高客户满意度和客户黏性。企业需要建立有效的问题解决机制和流程，以及提供高素质的售后服务人员。

（4）质量标准和指标　质量标准和指标是评估质量的依据。在质量追溯活动中，需要根据质量标准和指标的要求，对产品开发过程中的每个阶段和每个活动进行跟踪和记录，确保产品的每个质量要求都能够得到满足。同时，需要对每个阶段和活动的质量结果进行评估和分析，对产品质量管控并做好故障的善后工作。

（5）质量追溯工具和技术　质量追溯工具和技术的选择和使用对质量追溯活动的效果有很大影响。适当的工具和技术可以加速追溯过程并提高准确性。质量追溯工具和技术还可以对产品开发过程中的质量指标进行监控和分析，及时发现和解决质量问题。

（6）数据量和多样性　故障预测、预警需要足够的数据量和多样性的数据，以便能够建立准确的预测模型。如果数据量不足或者数据不够多样，模型的准确性会受到影响。此外，不同类型的设备或系统所产生的数据量、数据种类和数据结构都有所不同，只有对海量、多样的数据进行统一的管理和分析，才能更精确地预测设备或系统的故障，并采取相应的预警措施。

（7）特征选择　通过选择合适的特征，可以减少预测模型的复杂度和计算负荷，提高预测准确率。选择的特征应当具有代表性和区分性，可以反映出潜在的故障模式和变化趋势。在实际应用中，特征选择应当综合考虑特征的重要性、稳定性、可解释性及数据可用性等方面的因素。

（8）预测模型的更新　故障预测预警是一个动态过程，需要不断地更新预测模型，以保证预测的准确性和可靠性。预测模型的更新可以充分利用最新的技术方法和数据，使模型能更好地适应新的数据环境，有效提高模型的预测精度。

3.6 本章小结

本章重点阐述了制造业多价值链的构成，并对多个价值链的影响因素进行了分析。制造业多价值链由供应价值链、生产价值链、营销价值链及服务价值链交互协同、融合互通而构成，通过数据共享打破企业内部部门和企业之间的资源孤岛，在合作中实现制造业多价值链的整体价值增值。遵循目标性、代表性、普适性、可量化性、科学系统性原则，结合文献分析法、问卷调查法、德尔菲法、事件树分析法及关联分析法构建多个价值链影响因素集合。

针对制造业供应价值链，从采购活动、仓储配送活动及辅助活动三个方面对影响因素进行分析总结；针对制造业生产价值链，从产品研发与设计、生产工艺及流程管理三个方面对影响因素进行分析总结；针对制造业营销价值链，从顾客需求调研、技术方案设计、合同签订与履约等业务活动对影响因素进行分析总结；针对制造业服务价值链，从服务信息收集与分析、服务方案设计、交付与支持、售后与追溯四个环节对影响因素进行分析总结。

基于制造业多价值链协同理念，贯通上游供应商与下游经销商、客户，厘清影响多价值链增值的重要环节和关键因素，形成多层次的评估标准，对帮助制造业企业加强产业链互通合作，实现价值增值具有重要意义。制造业企业通过分析多价值链的关键影响因素，可以实现对企业经营薄弱环节的洞察和改进，寻求更多的发展空间，实现企业的可持续发展。同时，其他行业同样存在生产、供应、营销等多个价值链，并存在一定的共性特征，本章的分析方法和内容可以广泛应用于其他行业中。

第 4 章

制造业多价值链协同数据空间的基本概念

4.1 制造业多价值链协同数据空间的概念

4.1.1 制造业多价值链

根据经济学家迈克尔·波特的《竞争优势》一书,价值链是指企业为增强自身价值而产生的一系列基本活动和辅助活动的集合,该理论是企业进行有效管理的重要依据。企业在生产中的各种业务活动都是价值流活动的表现,这些能够使企业价值得以提升的价值流便组成了企业内部的价值链。对于企业价值链的有效管理不但可以提升运营能力,还可以加强企业间的合作,促使企业实现经营管理的横向统一。随着企业及协作企业间界限的逐渐模糊,单供应链间出现交叉现象,链式供应链逐渐过渡到网络形态,企业核心价值也变成了多条价值链的整合过程。

综上所述,制造业多价值链可以概括为制造及协作企业在生产经营过程中为提高自身价值,从生产、供应、营销和服务等多方面以合作形式展开的一系列增值活动。以生产过程作为核心业务的核心价值流,构成了企业内部的核心价值链,而供应、营销和服务作为辅助,构成了企业外部的次要价值链。

4.1.2　数据空间

由于传统数据库（Database）无法满足跨域、异构、不确定性数据管理的需要，Franklin等学者在关系数据库管理系统的基础上提出构建数据空间（Dataspace）及其支持系统，以方便、综合和有原则的方式管理大量不同的、相互关联的数据源。它关键思想在于"付费即用"（Pay-as-you-go），能够在一组数据源上提供一组初始的、轻量级的有用服务。从本质上来说，数据空间实现了一个语义专用的虚拟共享空间抽象，可以由应用程序工作流中的所有组件和服务关联地访问。

数据空间不仅是一种新的管理理念，还是一种面向主体的数据管理方法。它已经应用于数字图书馆和电子商务等领域。一般情况下，数据空间指的是主体数据空间，它是所有与主体相关的数据及其关系的集合，且主体对象能够控制和使用数据空间中的所有相关数据，具有明显的主体相关性和可控性。主体、数据集、服务是数据空间的三个要素。主体是指数据空间的所有者，它可以是一个人或一个群组，也可以是一个企业。数据集是与主体相关的所有可控数据的集合，其中既包括对象，也包括对象之间的关系。主体通过服务对数据空间进行管理。例如，数据分类、查询、更新、索引等都需要通过数据空间提供的服务完成。由此可见，数据空间是一种不同于传统数据管理的新的数据管理理念，是一种面向主体的数据管理技术。与主体数据空间相对的是公共数据空间，也就是企业活动中产生的所有数据信息，随着主体需求的变化，数据项不断从公共数据空间转移到主体数据空间。

数据空间的提出是现阶段计算机信息管理理论研究和实践应用的重要革命之一，引发了诸多学者讨论的热潮，研究的问题主要集中于数据空间的搜索引擎、基础服务设施、数据安全问题、数据建模和空间集成等方面。此外，Dan等提出了一种分层图数据模型（Layered Graph Data Model，lgDM），用来描述和捕捉不同数据源之间的关联，提高了数据存储系统中异构数据源的管理水平。Jiang则提出了支持工业数据空间的网络物理社会生产系统（Cyber-Physical-Social Production Systems，CPSPS）的参考体系结构。由此可见，数据空间的基础研究逐渐完善，已经具备了在制造业中应用的必要条件。

4.1.3　制造业多价值链协同数据空间

制造业多价值链协同数据空间是指将数据空间概念应用于当前制造业，由制造企业主体和协作企业的多条协同价值链所产生的大量多源异构数据及关系组成的集合。与多条协同价值链相关的各种结构化、半结构化、非结构化数据，将按照标准统一的数据规则，分门别类地存放到制造企业的数据空间中，成为制造业一切数据分析和服务的基础，在此基础上，可以构建价值链活动数据生成、汇聚、存储、管理、分析、使用和销毁全过程的价值链协同数据体系架构，研究供应—营销—服务价值链活动全过程的数据建模、快速索引、关联表示、全链搜索、集成演化等方法，为智能制造提供支撑。

4.2 制造业多价值链协同数据空间的基本特征

在给出制造业多价值链协同数据空间的基本概念后，可以得到它的特征，具体如下。

制造业多价值链协同数据空间具有一般数据空间的基本特征，包括面向对象性、较高的安全性、数据资产性等。除此之外，制造业多价值链协同数据空间在面向制造及协作企业的多价值链协同时，也有了一些新的基本特征，具体如下。

4.2.1 制造业数据特征

不同于互联网等简单的数据流，制造业多价值链协同数据空间中所包含的数据来源于制造及协作企业之间的多条价值链，数据表现出多源异构、价值密度低、异常数据多等特征，传统的数据储存和管理已无法满足当前制造业大数据的需求。因此，在制造业多价值链协同数据空间中要按照统一的标准和规则，将这些海量且复杂的数据分门别类地进行储存和分析，进而通过数据清洗提取出有价值的数据流，提高制造企业的效率。

4.2.2 内部制造价值链与外部供应、营销、服务价值链的数据协同特征

在制造业多价值链协同数据空间中，每条价值链之中的数据流并不是独立存在的，而是相互交融和协同的。一方面，内部价值链的数据流要充分利用外部价值链数据流，如企业在生产产品时要考虑到自身生产的能力，同时结合外部营销服务所产生的品牌吸引力，才能对产量做出最准确的判断，避免不必要的损失；另一方面，外部的供应、营销、服务价值链数据流之间存在相互调用

的现象，如营销价值链数据中良好的营销策略或服务价值链中对产品故障的准确预测都可以有效地促进供应价值链中产品的库存优化及生产调度，从而提高产品的供应能力，降低供应成本。

4.2.3　制造业多价值链协同数据空间的复杂多层特征

传统的数据库并没有明显的层次性，应用于数字图书馆等领域的数据空间也仅包括数据储存和索引等几项功能，而应用于制造业中的多价值链协同数据空间要复杂得多。这主要是由制造业多价值链数据的复杂性和制造企业业务覆盖面广导致的，企业经营全过程产生的文本、图像等多类型数据为数据空间的数据准备和数据管理增加了难度，企业生产、供应、营销和服务等多种业务需求对数据空间的数据服务过程也提出了高标准。因此，制造业多价值链协同数据空间体系架构存在复杂多层的新特征。

4.2.4　数据管理的全生命周期特征

制造及协作企业在生产、供应和营销等每一过程都会产生海量数据，如果这些数据都储存在数据空间中，不但会提高数据空间的管理难度，而且会影响数据分析的准确性，因此在数据空间的数据管理中要考虑到数据的时效性和重要性。企业产生的数据经历数据采集、数据清洗、数据汇聚和数据使用等过程，重要的数据得以保留，而无效的数据将会被销毁，体现出了数据的全生命周期特征。

4.2.5　数据服务的制造业针对性特征

制造业多价值链协同数据空间中存在的数据源于制造及协作企业，最终服务于制造业。数据的分析过程和应用输出相互对应：基于制造业多价值链数据，应用物资需求预测模型、库存优化模型等服务于企业的决策优化，应用故障预警模型服务于企业的提醒预警，应用生产调度、物流调度模型服务于企业的效率提高，应用报价模型、利益分享模型服务于企业的效益提高。因此，制造业多价值链协同数据空间中的数据服务具有明显的制造业相关业务针对性。

4.3　制造业多价值链协同数据空间体系需求分析

面向制造企业及协作企业群形成的产业多价值链，数据空间的构建只是提供了一个汇集多方数据的方式或途径，而要想真正利用好大数据，需要分析企业对于多价值链协同数据空间体系需求，以及如何使用和管理数据空间。制造业使用数据空间时主要有如下几点需求。

4.3.1 全过程多价值链协同数据采集需求

数据格式多种多样，数据空间囊括了制造与协作企业在生产及管理各个环节产生的感知数据、状态数据、业务数据、流程数据及价值链中的交易平台、金融平台、供应链平台等平台中存在的结构化、半结构化、非结构化数据。具有统一标准和规范的数据对于企业来说是首要的需求。只有按照标准统一的数据规则，分门别类存放到规则一致、格式规范的统一数据服务平台，才能完成构建多价值链协同数据体系架构，提供数据分析和服务的能力。

4.3.2 多价值链协同数据下的智能优化决策需求

传统制造业在生产经营活动中无法充分利用来自市场的大量数据，在产品的研发和生产、经营及销售活动等方面往往存在很大的不确定性，难以对市场需求、产品销售状况做出准确分析与预测，做出最优决策。在智能制造中，企业要做的便是将数据驱动与专家知识相结合，建立制造企业外部供应链及企业内部价值活动的搜索、关联和演化动态系统模型。具体的需求主要包括：基于人工智能对历史数据、多价值链各环节的数据进行挖掘，整合专家知识库的先验知识，建立价值链各环节的智能优化决策模型，实现制造企业及其协作企业的需求预测、库存优化、供应链联盟评价、生产调度优化、物流运输优化、供应链动态演化、博弈报价、多模态混杂数据的产品故障预测预警，以及建立关系驱动自学习特征识别的质量追溯模型，提出价值链智能优化决策建模理论和方法。

4.3.3 多价值链协同知识服务需求

面向复杂的数据空间，企业常常无法在短时间内获得最理想的服务，这涉及对数据的协同知识服务和知识服务推荐，即制造业对多价值链协同数据空间的知识服务及知识重用需求。为实现良好的知识服务，应通过构建面向多源、多模态、多维数据的一致性知识表示模型，以对复杂数据空间中的有效信息进行知识抽取；设计异构知识融合和推理算法，以构建自演化协同服务知识图谱；同时基于多价值链协同服务知识图谱，采用面向语境的知识服务推荐方法，以实现复杂知识服务与用户需求的动态匹配。

4.3.4 多价值链协同数据空间管理需求

作为关联数据库的延伸，数据空间的使用也包括数据集成、储存、处理、分析及展现等功能，但它涉及的数据源众多，数据格式多种多样，使得对数据空间的管理要复杂得多。因此，在多价值链协同数据空间的使用过程中，要尤其注意管理问题。可能涉及的管理方法有分布式集群引擎数据存储和管理、面向事务处理的动态快速索引、引擎数据自动扩展和可视化等。

4.4 制造业多价值链协同数据空间体系架构规划

4.4.1 制造业多价值链协同数据空间体系架构规划原则

一般的数据空间体系架构的规划中往往包括整体性、层次性和可扩展性等原则。整体性原则是指架构中的各个层次之间是相互联系、相互作用的，以构成一个有机整体，层次性原则是指各个层次间应具有层层递进的关系，扩展性是指在信息技术快速发展的当下，新技术通过原有架构中可扩展的设备端口，即可实现有效兼容。

除此之外，制造业多价值链协同数据空间体系架构有其独特的规划原则，具体包括制造业适用性、多价值链协同性、全过程性和多源异构性。其中，制造业适用性指的是在架构的规划中，都要围绕制造业这一基础。多价值链协同性原则指的是在规划体系架构时应考虑到内部生产价值链和外部供应、营销、服务之间的协同应用。全过程性指的是制造及协作企业多价值链的活动，包括生产、供应、营销和服务等全过程，它的活动数据包括生成、汇聚、存储、管理、分析、使用和销毁全过程中的数据。多源异构性主要是指数据类型的复杂多样。

4.4.2 制造业多价值链协同数据空间体系架构规划内容

按照数据空间体系架构规划的总体原则，并考虑到制造业多价值链协同数据空间体系的需求，本书规划了包括数据来源层、数据价值链层、数据输入层三个隶属于数据准备模块的层次，数据集成层、数据存储层、数据管理层三个隶属于数据管理模块的层次，知识服务层、数据分析层、应用输出层三个隶属于数据服务模块的层次，共3个模块9个层次的体系架构（见图4-1）。此架构可作为数据空间应用于制造业中的理论参考。9 个层次的逻辑顺序为自下往上逐层递进。下面将对各层做出解释并介绍层次之间的功能和联系。

1. 1~3 层——数据准备模块

第 1~3 层分别为数据来源层、数据价值链层和数据输入层，它们共同组成了数据准备模块。其中，数据来源层作为架构的基础，对应着图 4-1 的最底层。

数据来源层由数据空间最初的数据来源构成，包括该企业及其所有的协作企业能够提供的各类数据信息。

数据价值链层中有制造企业所拥有的所有价值流组成的价值链，主要包括生产价值链、供应价值链、物流价值链、营销价值链和服务价值链等。

数据输入层中为数据的最初表现形式，即企业所提供的文本、邮件、图像、通信、Web Page 和 RDBMS 等形式的数据。

2. 4~6 层——数据管理模块

第 4~6 层分别为数据集成层、数据存储层和数据管理层，它们共同组成了数据管理模块。这三个层次作为原始数据与最终应用之间的桥梁，对于数据的有效贯通有重要作用。

数据集成层把不同来源、格式、特点性质的数据在逻辑上或物理上有机地集中，从而为企业提供全面的数据共享，主要解决数据的分布性和异构性的问题，主要包括数据接入、数据采集、文件采集、数据清洗、数据抽取、数据生成和数据汇聚等处理过程。

数据存储层的意义在于将数据有效地收集和留存，通过对多源异构数据进行标准化处理，实现海量数据储存的流程化与可实施化。在数据空间中，数据储存的形式也具有很大的兼容性，包括 RDBMS、XML、文本系统、图像系统、列式数据库及分布式系统等多种储存方式。

大数据给制造业的数字化转型带来了机遇，也对数据空间的有效管理和利用提出了挑战。传统关系数据库管理方案的不足之处主要表现为难以满足对数据库高并发写的需求，难以满足高效检索海量数据的需求及数据库扩展性差。因此，本书将数据空间体系架构的管理层作为重中之重，不仅引入数据建模、快速索引、关联表示、全链搜索、集成演化、管理引擎、数据销毁等技术，更为其单独设立了管理系统模型及管理系统架构，以独立、安全有效的方式对数据空间进行管理。

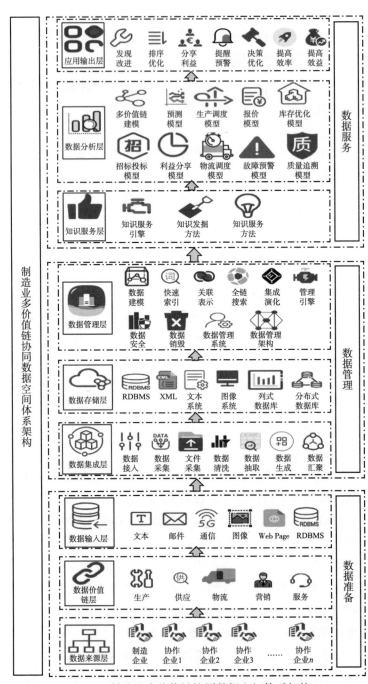

图 4-1 制造业多价值链协同数据空间体系架构

3. 7~9层——数据服务模块

第7~9层分别为知识服务层、数据分析层和应用输出层，它们共同组成了数据服务模块。其中，应用输出是整个架构的最终层，对应图4-1中的最顶层。

知识服务层是制造业创新发展的核心驱动力，基于数据空间的知识服务引擎，以大数据思维为导向，以大数据资源为保障，对知识服务的需求进行有效抓取和挖掘，同时在知识服务的方法上进行创新和改进。

在制造业多价值链协同数据空间体系架构中，数据分析层是建立在对知识服务需求的准确抓取的基础上的，针对制造业主要关心的产、供、销问题，提出了多价值链建模、预测模型、生产调度模型、报价模型、库存优化模型、故障预警模型和质量追溯模型等多个智能计算模型。即便如此，在数据空间中如何通过创新性的数据分析方法实现对各类大数据流的高效分析仍是数据分析层面临的重大挑战。

应用输出层是本书所提体系架构中所实现功能与高级辅助决策的具体实施，在经过数据分析后，企业可以及时发现问题并解决，也能够做出最有效的决策方案，以提高企业效益和效率。

4.5 本章小结

数据空间作为新兴的数据储存和管理技术，为解决制造业多价值链协同数据的不充分利用问题提供了思路。大量的与制造业主体相关的数据源都将储存在数据空间中，并在经过各种智能计算技术的分析和调用后，为企业的合理化决策提供建议。因此，制造业多价值链协同数据空间注定得到诸多大型企业的青睐。本章旨在构建制造业多价值链协同数据空间体系架构，基于现有研究，本章内容首先定义了制造业多价值链、数据空间、制造业多价值链协同数据空间概念，其次在分析制造及协作企业对于数据空间的具体需求后，建立制造业多价值链协同数据空间规划管理理论，形成数据生成、汇聚、存储、归档、分析、使用和销毁全过程的价值链协同数据空间体系架构。我国与发达国家制造业的差距仅依靠劳动力是无法缩小的，因此在数字化转型的时代，必须发挥数据的力量，本章所提出的制造业多价值链协同数据空间基本概念和体系架构，能够为我国制造业的智能发展提供必要的理论基础和管理方法，为制造企业提高智能制造水平提供利用多源异构数据的解决方案，可以进一步推广应用。

第 5 章

制造业供应价值链协同数据空间智能管理与优化建模

5.1 制造业物资需求的影响因素及预测建模

全球制造业的生产技术水平趋向同质化，我国制造企业面临着激烈的市场竞争，以及原材料成本和人工成本控制风险大等挑战。提升供应链管理水平是提高我国制造业竞争力的基础。物资需求预测是制造业供应链管理的第一道防线，同时它对制造业降低生产成本、控制生产质量、保证供货周期等具有重要作用。因此，如何加强物资需求智能决策以实现降本增效，已成为所有制造企业急需解决的问题。

制造业物资需求智能决策需要海量数据，这些数据通常被储存在不同的部门中，维护和管理也相互独立，这导致信息之间无法相互关联。这些孤立的信息体系使得企业各个部门难以实现信息资源共享和协调合作，最终导致数据孤岛的产生。为了解决这些数据管理方面的问题，本书结合了大数据处理、分析、储存等技术，并在传统数据管理的基础上，提出了融合宏观经济数据的物资需求数据空间的构想。

5.1.1 物资需求影响因素分析

要准确预测物资需求，需要充分分析物资需求的影响因素。然而，物资需求预测是一个跨职能的行为，往往受多种不确定性因素的影响。物资需求本身具有灵活性和复杂性，受到产业布局、项目投资和市场需求等多种复杂因素的影响，使得企业难以对物资采购活动进行实时监管，从而存在潜在的采购风险。现有制造业物资需求预测过程中，常因考虑影响因素不全，导致预测精度不高，不能及时调整物资采购策略，从而影响企业生产进度。

制造业的物资需求类别繁多，可以根据来源、种类和用途进行分类。首先，物资需求根据来源可以分为外部物资需求和内部物资需求，外部物资需求是指来自供应商的物资采购需求，而内部物资需求是指制造企业自身在生产过程中所需的物资需求。其次，物资需求可以根据其种类进行分类，涉及原材料、零部件、设备、工具等多个方面。最后，物资需求可以根据其用途进行分类，包括生产、维护、修理、升级等多个方面。

与一般原材料物资相比较，工程项目物资的需求更难确定，时间响应要求更高，预测难度也更大。而且，现有研究在工程项目物资需求预测方面存在着一定的局限性，常因考虑影响因素不全，导致预测精度不高。这种情况会妨碍制造企业及时调整物资采购策略，从而影响工程建设进度。考虑到大型工程项目物资需求量庞大，提高物资需求预测精度对于企业制定合理的物资采购策略、提高物资管理水平具有重要意义。

分析产生需求不确定性的原因，可以提高工程项目物资需求预测的精度。现有研究主要从企业投资计划、业务管理流程、生产周期、物资品类、生产订货周期等企业内部因素等角度，研究影响物资需求的因素。制造业物资投资计划周期跨度大，采购周期较长。在较长的采购周期中，除了单纯的周期性及季节性带来的影响，政策调控与决策、自然灾害等外部不确定性的突发事件，也会导致物资需求产生较大变化。因此，提高预测精度需要建立健全物资需求影响因素指标体系。

从供应链管理部门的角度来看，可以从行业规划到物资采购期间的多个环节中分析相关的因素，并结合制造业物资管理现状，以及一些外部影响因素，建立物资需求影响因素指标体系，工程项目物资需求关键影响因素见表 5-1。

在规划期，工程物资需求主要受到投资规模和投资力度的影响，包括投资金额、项目数量及宏观规划政策等因素。在响应期，具体项目特征也会对物资需求产生影响，如生产设计规范的准确性、生产进度、需求时间和物资类型等。在采购期，原材料价格、物资单价过高、供应商供货周期过长及采购物资分配不均衡等因素可能影响生产进度。项目组应及时报告下一批次物资需求，以增加下一批次物资的采购量。除此之外，外部因素如季节波动和突发事件等也会对制造业物资需求产生影响，进而影响物资的损坏程度和业务进度。政府调控也可能影响已完成的物资需求计划和采购。

表 5-1　工程项目物资需求关键影响因素

分析层面	影响因素	影响内容
规划期	投资金额	采购物资品类及数量受投资力度及投资规模的影响
	项目数量	各需求计划对物资数量和品类的需求不同，计划数量、生产计划情况的确定对物资需求影响较大
	宏观规划政策	宏观规划政策影响制造业发展方向与发展趋势
响应期	生产设计规范准确性	物资需求根据项目设计方案填报，设计规范的准确性决定物资需求的品类及数量
	生产进度	生产实施的每个阶段对物资的需求不同
	需求时间	根据物资需求时间确定最晚填报需求时间，决定物资采购批次
	物资类型	各生产计划所需物资数量和品类不同
采购期	原材料价格	原材料价格的波动情况影响不同批次物资的数量
	物资单价	物资单价直接影响供应商的选择及供货周期
	供应商供货周期	需根据供应商供货周期及时提出物资需求
	需求分配	当该批次采购无法满足生产需求时，需对所需物资数量进行及时填报
外部影响	季节波动	季节影响物资损坏程度及业务进度，进而影响物资的需求数量
	突发事件	自然灾害等突发事件的发生会对原物资的需求计划和需求分配等造成影响
	政府调控	国家和政府做出的一些政策调控与决策会影响已完成的物资需求计划与采购

5.1.2　物资数据空间构建

制造业物资需求智能决策需要海量数据，涉及企业内部采购、生产、营销等多环节的数据，以及供应链上下游数据和宏观经济数据等。然而，企业内部数据通常被储存在不同的部门中，维护和管理相互独立，导致信息之间无法相互关联。这些孤立的信息体系使得企业各个部门难以实现信息资源共享和协调合作，最终导致了数据孤岛的产生，影响了需求预测要素的整合效率。数据孤岛成了制约制造业物资需求预测精度提升的关键阻碍。

随着数据采集、存储、处理和分析技术的不断发展，数据空间成为解决制造业数据孤岛问题的有效手段。数据空间可以统一集中管理制造企业内部的多元、海量和分散的数据资源，融合跨部门低价值密度的数据信息。这样可以有效打破数据应用壁垒，为企业的业务活动提供更好的决策支持，为其他行业或其他领域的研究提供借鉴思路。

为了采集有关物资需求的数据，可以利用抽取、转换、装载方法（ETL）、网络爬虫等技术从企业内部数据和外部宏观经济数据中采集数据，并将其存储到数据空间数据库中。然后，基于大数据分析和挖掘技术，建立精准的物资需求预测模型，为制造业物资管理提供智能决策支持。

由于受到数据样本所限，现有研究在工程项目物资需求预测方面存在着一定的局限性。以电力工程项目物资需求为例，利用数据空间融合企业内部数据和外部宏观经济数据，基于大数据分析和挖掘技术，建立精准的物资需求预测模型。数据空间的应用可以深化制造业物力集约化管理，洞察企业价值创造活动的内在规律，为企业业务活动提供有效支撑。

以下内容以电力工程项目物资需求为例，从构建流程、研究对象、研究方法和研究目的四个方面，介绍融合宏观经济数据的物资需求数据空间的构建思路。主要内容为数据来源、数据采集、数据存储、数据预处理及数据空间演化。融合宏观经济数据的电力工程项目物资需求数据空间构建流程图如图 5-1 所示。

首先，采用 ETL、Flume、Kafka、网络爬虫等技术完成对内外部数据的采集工作。随后，采用分布式数据库系统、分布式键值系统、分布式文件系统分别对结构化、半结构化、非结构数据进行存储。接下来，需要对数据进行清洗和校验，以保证数据的准确性和权威性。筛选出不合格的数据，并通过补足缺失、剔除异常、纠正错误等方式完成数据清洗工作。

接下来，使用 BERT 模型将文本型数据转化为数值型数据，并进行数据特征提取与编码，以便于后续数据的使用和分析。对缺失值、异常值、冲红单数据等进行处理，完成数据的清洗与校验，甄别数据的权威性。最后，介绍了数据空间的演化内容，包括数据的索引、数据关联关系、数据分析处理能力。

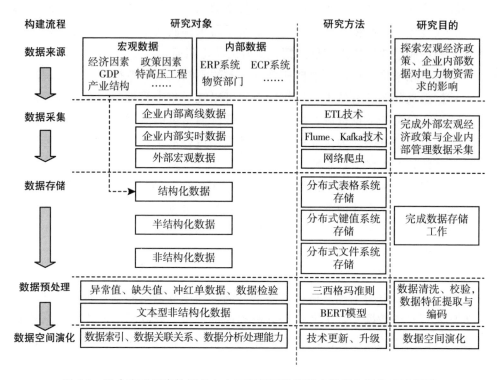

图 5-1 融合宏观经济数据的电力工程项目物资需求数据空间构建流程图

数据空间的数据来源于企业内部物资管理，ERP、ECP 等系统有关工程物资需求的数据，以及外部宏观经济政策涉及物资需求的数据。利用大数据分布式存储技术，将数据对象作为主体，围绕数据与用户、数据与业务需求、数据与宏观经济政策的映射关系展开。在数据全生命周期内，将与业务相关的关联数据进行标准化定义及梳理，并融合结构化、半结构化、非结构化的海量物资需求数据与宏观经济数据，以便进一步构建数据分析与预测模型，探索企业数据之间潜在的信息，从而提供可靠的数据支撑，支持企业运营决策。

将历史相关数据从项目管理、工程运营、财务等部门中提取并整合，构建电力物资数据空间。其中，工程运营与项目管理数据反映了物资的实际需求、使用情况及物资需求类型等，物资管理数据反映了库存及采购调配等情况，财务数据则反映了企业对物资的投资力度。电力工程项目物资数据空间如图 5-2 所示。

第 5 章 制造业供应价值链协同数据空间智能管理与优化建模 ∥ 101

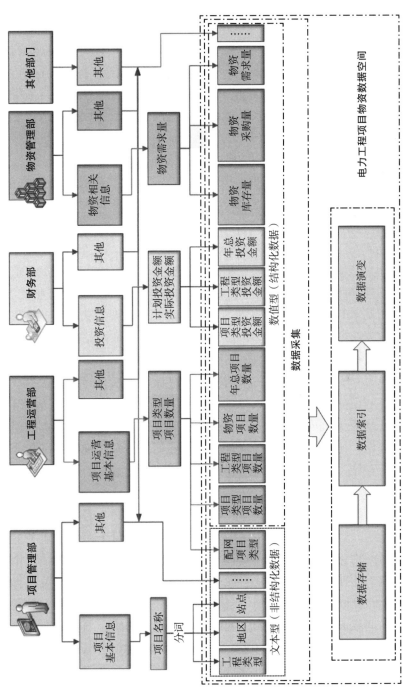

图 5-2 电力工程项目物资数据空间

数据采集是数据空间构建的首要环节。它主要完成物资需求数据、网络端宏观经济数据等海量多样化数据的解析、转换与转载工作。在制造业物资需求预测管理中，企业内部实时数据的采集主要使用 Flume 和 Kafka 数据采集技术，并将其应用于物资需求流处理业务。例如，记录物资需求管理数据源执行的各种操作活动、网络监控的流量管理和 Web 服务器记录的用户访问行为等。同时，通过将现有采集技术与分布式高速可靠数据爬取等新型数据采集技术相结合，从制造企业多个部门提取不同年度、项目及物资种类等相关海量且多元化数据，以满足数据分析与预测模型的需求。

我们采集了项目管理部、工程运营部、财务部及物资管理部的数据信息，其中包括项目基本信息（如项目名称）、运营基本信息（如项目基本类型、项目数量等）、投资信息（如计划投资金额和实际投资金额等），以及物资相关信息（如物资需求量等）。采集到的数据经过提取（Extract）、转换（Transform）和加载（Load）三个步骤。在转换过程中，根据具体的电力工程物资需求业务对数据进行治理，例如监测与过滤非法数据、格式转换、保证数据完整性等。

我们采用基于 Python 语言开发的 Scrapy 开源爬虫框架来获取企业外部网络端宏观经济数据信息。该框架能够按照预定规则自动抓取网站数据，同时支持对图片、音频、视频等非结构化数据文件或附件的采集。

在采集电力物资相关数据后，采用分布式存储技术来存储这些数据。对于结构化数据，利用分布式数据库系统进行存储，并采用二维表逻辑结构组织数据，支持 SQL 关系查询语言、数据库事务和并发控制。对于来自物资管理部门的半结构化数据，如 XLM 和 JSON 文件等，主要使用分布式键值系统和分布式表格系统进行存储。对于图片、文字、视频等非结构化数据，则使用分布式文件系统（HDFS）存储。

数据空间中的数据查询与更新操作与传统数据库不同，因此需要采用相应的数据索引技术。数据空间相关程序为每个数据源中的每个属性构建了单独的索引，以支持结构化数据的结构化查询；创建倒排列表，以支持非结构化数据的关键字搜索。此外，在索引中还考虑了数据属性、数据项之间的关系、数据模式的层次结构及同义词。

在数据空间集成所需数据集的过程中，数据对主体的影响也在变化。为适应这种变化，数据空间需要通过自适应技术实现自调优。例如，可以通过增加、修改和删除电力物资相关数据及其属性，以及各部门数据之间关联关系，来演化物资需求数据空间中的数据，满足用户操作需求。相应地，数据存储和索引方法也会同步改变。

数据空间的基础架构还应包括：为支撑大数据处理的基础架构级数据中心管理、云计算平台、云存储设备及技术、网络技术、资源监控等技术。制造业要实施大数据项目，还需要相应的大数据基础架构、大规模物理资源的云数据中心和具备高效的调度管理功能的云计算平台的支撑等。

5.1.3 数据预处理

物资需求预测建模需要大量可用的企业数据。企业内部数据的预处理主要是将不合格的数据进行筛选、清洗，通过补足缺失、去除异常、纠正错误等操作，最后整理成可以进一步加工、使用的数据。

1. 缺失值处理

在制造业物资需求管理过程中，人为因素可能导致部分数据整列空白或严重缺失。为保证数据的完整性和有效性，可删除数据空白严重的列和行。此外，物资需求数据可能存在数据错位等问题，导致同一特征下数据的量级、类别出现较大差异，影响后续数据计算分析结果。因此，需要及时识别并修正错位数据、填补缺失值，以保证相同数据列中数据的类别一致。

2. 异常值处理

受人为等因素的影响，数据中常存在大量异常值。以下主要介绍用于检测异常值的3σ准则。若物资需求业务数据服从正态分布，则异常值被定义为一组结果值中与平均值的偏差超过3σ的数值，即在正态分布的假设下，距离平均值3σ之外的数值出现的概率很小，因此可将其视作异常值，将其剔除。

3. 业务数据操作处理

企业在申领物资时，领用量常大于实际需求量，导致要退回多余物资，物资订单中出现大量的冲红单据，给管理造成不便。可通过核对校验出库单号、投资金额、出库数量等数据，找到冲红单据对应的原始出库单号，并根据原始出库单号合并金额、出库数量，最终统计得出每个项目的真实需求量。

下面以某电力工程项目近十年物资需求情况为例进行实证分析。数据分别来自项目管理、工程运营、财务、物资管理等多个部门的内部数据，包括项目名称、物资名称、物资编码、出库数量、实际金额、数量单位及项目投资金额等。

物资需求相关内部数据来自各个不同部门，它们的类型存在差异，包含结构化、半结构化及非结构化数据。其中，结构化数据可以直接进行分析，但半结构化与非结构化数据中的大量有价值信息难以被挖掘。例如，项目名称中包含了工程所属地区、站点及工程类型等信息，这些信息与物资需求密切相关。不同地区和站点的经济水平、人口规模对电能的需求量有所差异，导致电力物资耗损程度不同，因此对电力物资的需求也不尽相同。经济发展加快、人口规模增大，则对电力物资的需求随之增加。此外，工程类型和项目类型直接影响物资的使用情况。不同的工程类型和项目类型使用到的主要物资不同，因此电力物资需求与二者具有一定的相关性。

这些文本型非结构化数据需要进一步处理，以便将其转化为模型可识别的变量。以项目基本信息中的项目名称为例，采用 NLP 中的分词技术，从中提取地区、站点及工程类型三个文本型特征。

通过 Python 中的 Jieba 库完成文本型数据的分词工作。Jieba 分词有三种模式：精确模式、全模式和搜索引擎模式。我们采用了精确模式，即 jieba.cut(s)，该模式能够精确地将文本分开，不存在冗余。同时，考虑到某些工程类型可能无法被 jiaba 词库识别，可通过 jieba.load_userdict 方法加载自定义词典。从项目名称中提取地区、站点及工程类型的具体实例。NLP 对项目名称分词示例如图 5-3 所示。

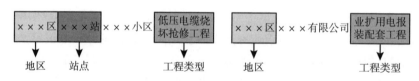

图 5-3　NLP 对项目名称分词示例

外部宏观经济数据大多以文本型非结构化数据形式出现，需要进行预处理，以便进行数据入库操作。预处理过程包括特征提取和数据筛选。

（1）特征提取　基于 BERT 模型的 Transformer 算法框架，对宏观经济政策中的文本型非结构化数据进行智能识别与处理。以电力物资需求为例，提取非结构化数据中与电力工程投资、物资需求等相关的特征词。然后，将文本中抽取的特征词通过特征工程的方式进行向量化表示，即对特征词进行特征编码处理，建立数学模型来描述和代替文本，最终转化成计算机可识别的数据特征。

（2）数据筛选　在对文本型宏观经济数据提取特征词和进行特征编码处理后，还需要检验数据的唯一性、权威性和合法性。利用 SQL 语言，按照主键元素对特征编码处理后的宏观经济数据进行去重处理,并根据数据来源渠道(如官方文件、网络新闻等),甄别数据的权威性与可靠性。文本型非结构化数据处理过程如图 5-4 所示。

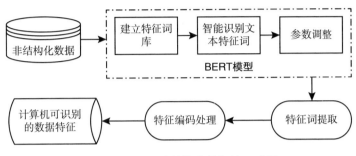

图 5-4 文本型非结构化数据处理过程

5.1.4 基于数据空间的物资需求预测建模

构建预测模型是需求预测的重要环节。我们使用 Python3.7 进行文本处理及数值研究,主要算法由 Sklearn 库中的 RandomForest 包、Jieba 库及一些基础计算库实现。基于数据集,我们分别构建了 AdaBoost、GBDT、RF、XGBoost 四种树模型,以及 BP 和 SVR 两个对照模型,建立了预测评价指标,并以电力 A 类工程项目物资需求为例,进行了实例验证与结果分析。

1. 参数设置与评价指标

在树模型中,为避免过拟合现象,需特别关注子树的数量 n_estimators 和节点特征数 max_features 这两个参数。对于 n_estimators 参数,我们分别设定 n_estimators = 10,110,210,…,910,然后计算其均值作为最终预测值。由于实验的输入维度较低,节点特征数量选用特征总数,即 max_features = None。除此之外,在 AdaBoost、GBDT、XGBoost 模型中,设置 learning_rate = 0.1,其他参数都为默认值。

将 BP 和 SVR 模型设置为树模型的对照模型。其中,BP 神经网络模型输入神经元为 11,隐藏神经元为 32,输出神经元为 1,设置 learning_rate 为 0.1,迭代次数为 100,并采用随机梯度下降法作为优化算法,均方误差作为损失函数进行模型的迭代寻优。SVR 模型中,选取径向基函数(rbf)作为模型内核,多项式核函数的次数为 3,并设置 gamma 和 coef0 为默认值。

相对于单个项目需求量来说，制造业物资采购部门更关注未来一年物资的总需求。因此，以年度物资总需求的角度，构建基于年度总需求预测值与真实值相对误差的预测评价指标，其具体表达式见式（5-1）。

$$C_i = 1 - \frac{|\hat{y}_{(i)\text{sum}} - y_{(i)\text{sum}}|}{y_{(i)\text{sum}}} \times 100\% \tag{5-1}$$

式中　C_i 是第 i 种物资的预测精度；$y_{(i)\text{sum}}$ 是第 i 种物资的年度总需求的实际真实值；$\hat{y}_{(i)\text{sum}}$ 是第 i 种物资的年度总需求的预测值。

另外，通过每种方法预测精度的均值（Mean）、方差（Var）及每种方法的平均绝对百分比误差（MAPE）对所提模型性能进行对比评价。

$$\text{Mean} = \frac{1}{k} \sum_{i=1}^{k} C_i \tag{5-2}$$

$$\text{Var} = \frac{1}{k} \sum_{i=1}^{k} (C_i - \text{Mean})^2 \tag{5-3}$$

$$\text{MAPE} = \frac{1}{k} \sum_{i=1}^{k} \frac{|y_{(i)\text{sum}} - \hat{y}_{(i)\text{sum}}|}{y_{(i)\text{sum}}} \times 100\% \tag{5-4}$$

式中　k 是物资种类数量。

2. 实例验证

从前期构建的物资需求数据空间中提取与 A 类工程项目物资需求相关的数据，分别进行数据集的构建和预测模型的构建，并对结果进行讨论与分析，具体流程如下。

首先，从构建的物资需求数据空间中提取与电力 A 类工程项目物资需求相关的影响因素，例如项目数量、项目类型及从项目名称中提取出的地区、站点等信息。然后，从电力物资数据空间中提取预测物资的历史信息，对数据进行预处理并划分数据集。接着，统计近十年出现的地区、站点、项目类型及工程类型这四个文本型数据的非重复组合，并分析这些非重复组合下数值型变量的年变化规律。基于这些规律，预测下一年数值型变量的数据并构建测试集。最后，分别构建 AdaBoost、GBDT、RF、XGBoost 等预测模型，对需求量进行预测，并对结果进行分析与讨论。

制造企业根据年度投资金额制定物料采购计划。工程物资需求与采购受到投资金额和项目数量的影响。项目数量越多，则物资需求越多；相反，项目数量越少，则物资需求越少。本书将电力 A 类工程项目物资年实际投资金额、各项目类型年投资金额、各工程类型年投资金额，以及年总项目数量、各项目类型的项目数量、各工程类型项目数量、各物资项目数量等作为模型的输入变量。这些变量均为数值型，可直接输入模型。

除了数值型数据，还包含一些文本型数据。例如，从项目名称中提取的工程所属地区、站点和工程类型等信息与物资需求密切相关。不同地区和站点的经济水平、人口规模对电能的需求量有所差异，导致电力物资的耗损程度不同，因此对电力物资的需求也不尽相同。工程类型和项目类型直接影响物资的使用情况，不同的工程类型和项目类型使用不同的主要物资，因此电力物资需求与二者具有一定的相关性。另外，随着项目类型的变化，物资需求情况会发生变化。因此，将项目类型也作为模型输入变量，建模流程如图 5-5 所示。

四个文本特征和包含的特征值见表 5-2。工程类型缩写见表 5-3。模型中所选择的影响因素的基本信息见表 5-4。

表 5-2　文本型特征及特征值

文本型特征	文本型特征值	数量（类）
地区	"A-1" "A-2" "A-3" "A-4" "A-5" "A-6" "A-7" 等	13
站点	"S-1 站" "S-2 站" "S-293 站" 等	293
项目类型	业扩报装、修理、技改、基建等	4
工程类型	"安装工程"（PT-1）、"变压器工程"（PT-2）、"充换电站工程"（PT-3）、"负荷工程"（PT-4）、"改造工程"（PT-5）、"更换工程"（PT-6）、"调荷工程"（PT-7）等	20

表 5-3　工程类型缩写

工程类型	缩写	工程类型	缩写
安装工程	PT-1	新建工程	PT-11
变压器工程	PT-2	整改工程	PT-12
充换电站工程	PT-3	重载工程	PT-13
负荷工程	PT-4	自动化工程	PT-14
改造工程	PT-5	组网工程	PT-15
更换工程	PT-6	购置工程	PT-16
调荷工程	PT-7	抢修项目工程	PT-17
通信工程	PT-8	生产维护项目	PT-18
完善工程	PT-9	业扩用电报装配套工程	PT-19
消缺工程	PT-10	其他	PT-20

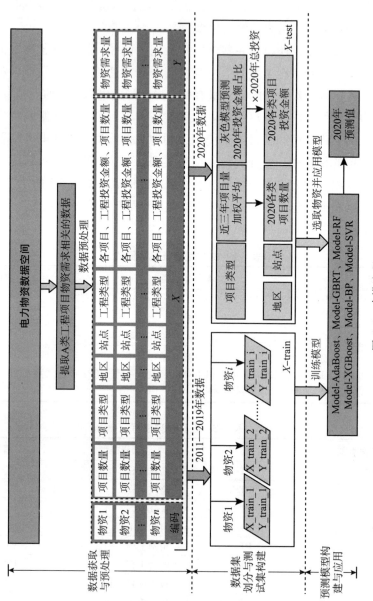

图 5-5 建模流程

表 5-4 影响因素的基本信息

影响因素	简称	数据类型	自变量/因变量（X/Y）
项目类型	PGPT	文本型	X_1
工程类型	ET	文本型	X_2
地区	PL	文本型	X_3
站点	Site	文本型	X_4
各物资项目数量	PN of each M	数值型	X_5
各工程类型投资金额	IA of each ET	数值型	X_6
各工程类型项目数量	PN of each ET	数值型	X_7
年投资总额	Annual IA	数值型	X_8
年总项目数量	Annual PN	数值型	X_9
各项目类型数量	PN of each PGPT	数值型	X_{10}
各项目类型投资金额	IA of each PGPT	数值型	X_{11}
物资需求量	MD	数值型	Y

对"地区""站点""工程类型"三种项目特征进行描述性统计，文本型特征统计分析结果如图 5-6 所示。经统计，在 20 类工程类型中，项目数量较多的工程类型分别是"抢修项目工程""业扩用电报装配套工程""消缺工程""重载工程""完善工程""自动化工程"等（见图 5-6a）。从图中可以看出，绝大多数工程类型项目数量随时间呈现增长趋势。同时，观察到公司开始承担"充换电站工程"等工程，项目数量也有增加的趋势。可以看出，不同的地区、站点及工程类型项目对物资的需求情况不同。

在描述性统计分析的基础上，绘制各个影响因素的热力图，进一步探讨各个影响因素与物资需求的相关性。以"A1""A2""A3""A4"这四种物资为例绘制热力图（见图 5-7）。从图中可以看出，与出库数量最相关的是各物资项目数量、各工程类型项目数量，其次是各项目类型项目数量、各项目类型投资额等。

从物资需求数据空间中提取 A 类工程项目物资需求相关的数据后，构建数据集，以用于模型输入。数据集的构建包括数据预处理、数据集划分及测试集构建三个部分。

A 类工程项目复杂、物资多样，在填报、记录过程中会出现漏填、错填等现象。因此，本书利用 3σ 原则识别异常值（即大于或小于平均值三个标准差范围的数据），并将其从数据集中剔除。以编码为"A2""A3""A1"的三种物资为例，异常值处理示例如图 5-8 所示。数据集中的缺失值大多出现在"项目名称""物资编码"等独立的文本型项目基本信息中，无法用插值法、极大似然估计等统计方法进行处理。因此，直接删除缺失值所在的整行数据。

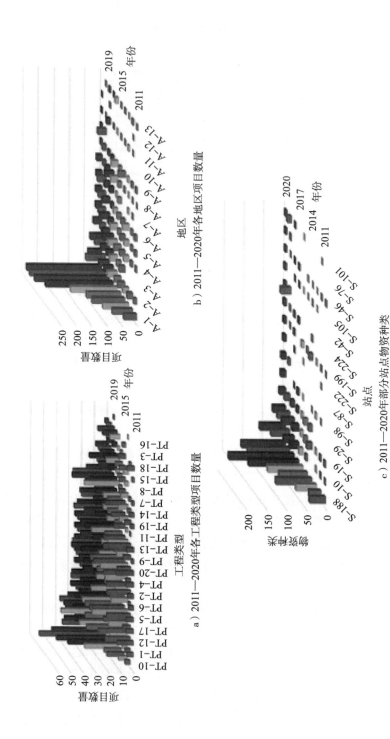

图 5-6 文本型特征统计分析

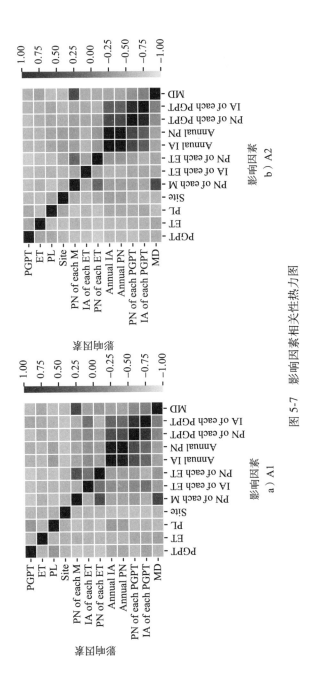

图 5-7 影响因素相关性热力图

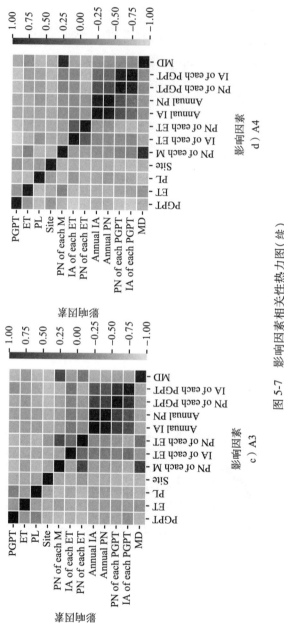

图 5-7 影响因素相关性热力图（续）

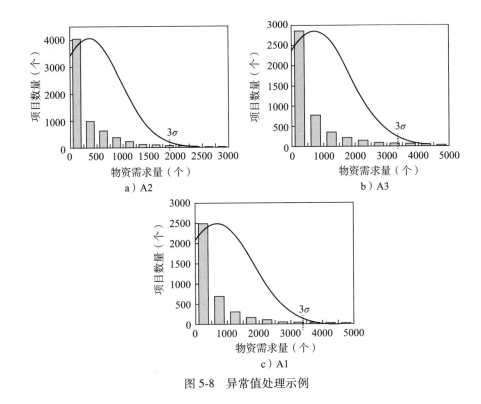

图 5-8 异常值处理示例

对于冲红单数据,需要统计出每一个项目的真实需求量。具体操作为根据冲红单单号找到对应的原始出库单号,将订单中的物资金额与出库数量与冲红单中的物资金额与出库数量进行抵消,以此来确保物资订单数据中不存在冲红单的数据。

接下来基于历史项目物资使用情况,预测未来一年各物资的总需求量。为此,我们选取某制造企业 A 类工程项目物资相关数据作为训练集,建立模型,并建立测试集,检验模型预测效果。

(1)数值型变量构建 在企业实际运作中,只能获得未来一年的计划投资总额,无法确定未来项目的相关具体信息。因此,当预测未来一年的物资需求时,无法直接获得所需变量的数据。可以获得数据的变量仅有项目类型、工程类型、地区和站点这四个文本型变量,其余变量的数据则无法直接获得。

因此,我们首先统计了历史项目中不同类型、地区、站点和工程类型组合的数值型变量,并分析了它们的跨年度变化规律。然后,根据这些规律和总计划投资金额，利用回归和灰色模型预测了相关数值型变量的值。最后，将预测结果与文本类型变量（如项目类型、地区和站点）结合，构成测试集。测试集包含了前文详细介绍过的各种变量。

（2）投资金额预测　根据统计数据，建立回归模型。通过使用计划投资总额，计算得到实际投资总额（见图 5-9）。结果表明，实际投资总额与计划投资总额存在较强的线性关系，说明建立的回归模型是可靠的，并可用于预测实际投资总额。

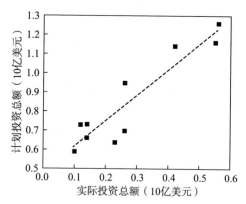

图 5-9　计划投资总额与实际投资总额回归

同时，根据历年的各项目类型投资金额在当年实际投资总额中的占比，采用灰色预测模型 GM(1,1) 和 GM(2,1) 预测各项目类型投资金额占比。将预测的年实际投资总额与所求占比值相乘，得到各项目类型投资金额预测值，见表 5-5。

表 5-5　各项目类型投资金额预测值和实际值　（单位：10 亿美元）

类型	A 类基建项目	A 类技改项目	A 类修理项目	A 类业扩项目
2020 实际值	0.30	0.21	0.11	1.55
2020 预测值	0.30	0.33	0.10	1.33

采用与项目类型投资金额相同的方法，得到各工程类型投资金额的预测值。通过比较预测值和实际值（见图 5-10），我们发现它们之间的一致性较强，预测效果较好。业扩项目只包含业扩报装配套工程，它的投资金额实际值为 13260 万美元，预测值为 15492 万美元。

GM(1,1) 模型适用于具有较强指数规律的序列，而对于非单调或有饱和的 S 形序列，考虑建立 GM(2,1) 模型。在本书中，如果投资金额变化规律明显呈指数型增长，选择 GM(1,1) 模型；如果投资金额变化规律没有明显的指数型增长趋势，选择 GM(2,1) 模型。

（3）项目数量预测　根据计划投资总额与 A 类工程项目总项目数量数据，建立回归模型（见图 5-11）。通过年计划投资总额，预测 A 类工程项目总项目数量。

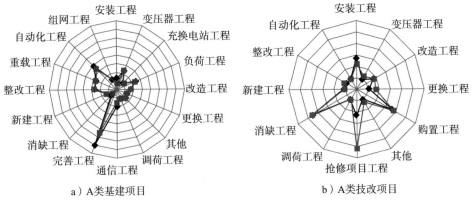
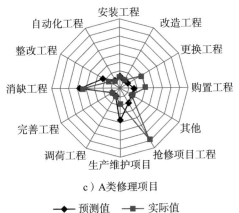

──◆── 预测值 ──■── 实际值

图 5-10 各项目类型投资金额预测值与实际值对比

计算 3 年内各项目类型和工程类型项目数量占比的加权平均值，其中权重分别为 0.2，0.3 和 0.5。然后，将加权平均值作为项目数量占比预测值。最后，将 A 类工程项目总项目数量预测值与各项目类型和工程类型项目数量占比预测值相乘，得到对应的项目数量预测值（见表 5-6 和图 5-12）。结果表明，预测值与实际值重合性较高，预测效果较好。业扩项目只包含业扩报装配套工程，它的项目数量实际值为 1748 个，预测值为 1222 个。

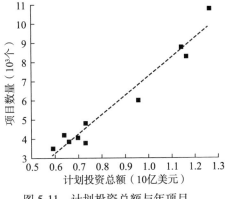

图 5-11 计划投资总额与年项目数量回归

表 5-6　各项目类型项目数量实际值和预测值　　　　　（单位：个）

类型	A类基建项目	A类技改项目	A类修理项目	A类业扩项目
实际值	3885	1014	1669	1750
预测值	3755	1420	1728	1223

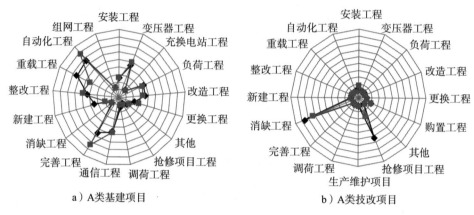

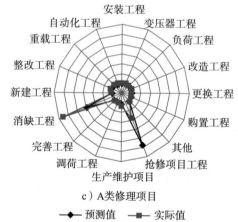

图 5-12　各工程类型项目数量预测值与实际值对比图

（4）文本型变量编码　上述提取的"项目类型""地区""站点""工程类型"都属于分类变量，不可被排序和直接计算。因此，需要将各类特征值进行标签化，将非数值型转换为数值型。本书采取 Label Encoder 方法对特征进行编码。某 5 个项目的特征属性见表 5-7。

表 5-7　某 5 个项目的特征属性

项目类型	地区	站点	工程类型	项目类型编码	地区编码	站点编码	工程类型编码
修理项目	A-5	S-133	抢修工程	3	2	0	2
修理项目	A-2	S-293	抢修工程	3	1	1	2
技改项目	A-8	S-293	改造工程	2	4	1	3
基建项目	A-4	S-293	消缺工程	1	0	1	4
基建项目	A-5	S-293	通道工程	1	2	1	6

3. 结果分析

由于电力工程项目物资的多样性和需求分布不均匀，我们选择了需求频率和价值占比相对较大的 26 种典型物资进行研究。利用 AdaBoost、GBDT、RF、XGBoost 4 种树模型及常用的 SVR 和 BP 模型来预测 26 种物资的需求量（见图 5-13）。结果表明，在 4 种树模型中，RF 和 GBDT 的预测值和真实值的偏离程度小，误差较小，而 SVR 和 BP 的预测值和真实值的偏离程度较大，误差较大。

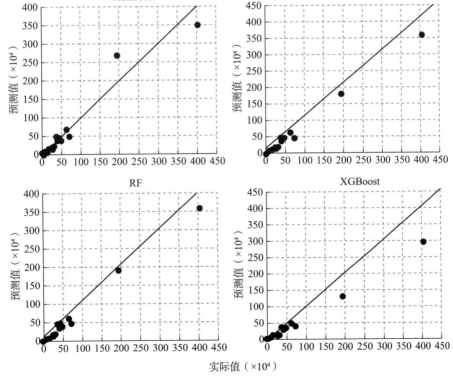

图 5-13　26 种常用物资实际值与预测值对比图

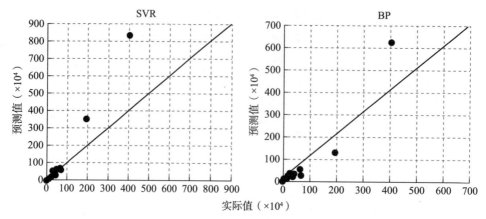

图 5-13 26 种常用物资实际值与预测值对比图（续）

我们绘制了 6 种模型的精度分布图（见图 5-14）。相较于 SVR 和 BP，树模型预测效果更好，其中，AdaBoost、GBDT 及 RF 比 XGBoost 表现更佳。AdaBoost、GBDT 及 RF 的精度普遍分布在 50%~100%，XGBoost 的预测精度分布在 40%~90%，而 SVR 和 BP 的精度普遍分布在 0~60%。AdaBoost、GBDT 及 RF 有 17 种物资的精度可达 70%，XGBoost 有 12 种物资的精度可达 70%，相较于树模型，SVR 和 BP 精度普遍低于 60%。

6 种模型预测精度对比如图 5-15 所示。可以看出，SVR 和 BP 的预测精度低于树模型和人工经验预测精度。树模型的准确率高于人工经验预测精度。我们用 3 个评价指标反映了 6 种模型的预测精度，6 种模型预测精度评价指标见表 5-8。其中，均值代表模型预测精度的平均水平，它的值越高越好；方差代表模型的稳定性，它的值越低越好；MAPE 代表模型的误差水平，它的值越低越好。虽然 XGBoost 表现出最好的稳定性，方差最低，为 0.12，但其他两个指标表现不佳，在 4 个树模型中平均数最低，为 0.66，MAPE 最高，为 30.30。RF 的方差仅次于 XGBoost，但平均数和 MAPE 最低，分别为 0.14、0.79 和 20.70。因此，可以认为 RF 模型显示了最好的预测精度。

试验结果表明，构建物资需求数据空间可以有效整合不同部门的数据信息。此外，树模型能够有效挖掘数据空间中的低价值密度数据的潜在联系，在处理非线性数据方面表现出良好的性能。

随着大数据技术的迅速发展，制造业也在开拓新的发展格局。物资需求预测作为供应链的重要环节，从源头上影响着供应链管理效率。如果需求预测量与实际需求量之间存在较大差异,将导致制造业供应链管理长期处于被动状态。过多或过少的需求预测会影响采购规模效益,并增加库存积压、采购成本和仓储运营成本,无法实现降本增效。

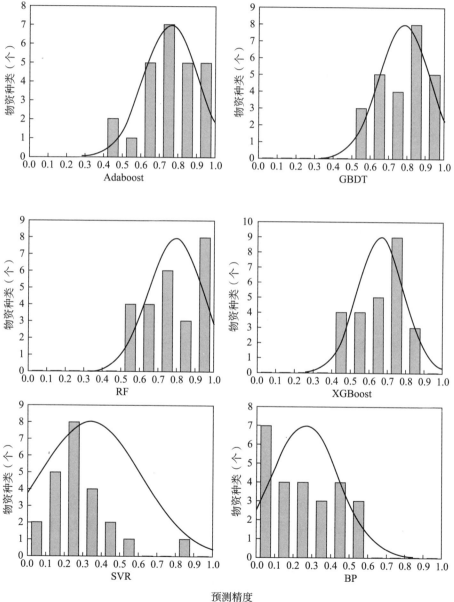

图 5-14 6 种模型的预测精度分布图

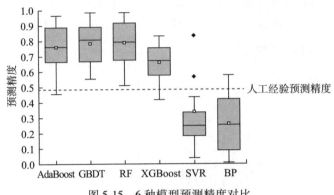

图 5-15　6 种模型预测精度对比

表 5-8　6 种模型预测精度评价指标　　　　　　　　　　　（单位：%）

模型	AdaBoost	GBDT	RF	XGBoost	SVR	BP
Mean	0.76	0.78	0.79	0.66	0.66	0.64
Var	0.15	0.14	0.14	0.12	0.27	0.19
MAPE	23.60	21.60	20.70	30.30	33.62	25.91

制造业物资需求预测的影响因素复杂多变，且多呈非线性。同时，企业运营过程中各部门产生数据样本量较大，很难被企业协同利用，形成了数据壁垒。现有研究未能打破"数据孤岛"这一现象，使得模型对物资需求趋势感知力度较弱。

为解决这一问题，我们引入了"数据空间"这一概念，并构建了制造业物资需求数据空间。通过挖掘数据间的联系，解决了需求预测中存在的数据孤岛等问题，进而提高了多源异构数据在需求预测中的优势。以电力物资需求为例，我们采用 NLP、回归模型以及灰色模型等方法对相关数据进行处理，并最终构建树模型，对电力物资需求进行预测。

我们提出的制造业物资需求预测方法解决了人工经验预测方法的局限性。这种方法能够更有效地帮助物资管理人员进行决策，提高物资管理水平。在劳动生产率方面，通过应用计算机技术和数据挖掘技术，代替人工经验对物资需求进行分析及预测，大幅降低运算时间和人工成本，并提升处理效率。我们希望提出的构建制造业物资数据空间的思路和预测方法，能够为后续相关学术研究和工程应用提供借鉴。

5.2 制造业多级库存协同优化

5.2.1 多级库存管理概述

库存的定义是企业或个人拥有的商品数量。库存的产生原因主要包括市场需求的不确定性、生产规模经济、采购和生产周期的差异及季节性需求波动等。企业应该合理控制库存水平，降低库存成本，并根据实际情况定期进行库存盘点和管理。

库存管理是企业生产经营中的重要一环。库存可以有效调节企业生产和销售的关系，保持生产和销售的平衡，从而提高企业应对市场需求的能力；此外企业还可通过大批量采购存储原材料，平抑企业采购成本。

1. 库存的形式

库存有不同的形式，下面是一些常见的例子。

（1）原材料库存　这是指企业持有的用于生产的物料和原材料的数量。这种库存可以是原材料和部件的原始形式，也可以是半成品和组装件。

（2）在制品库存　这是指正在生产过程中的物品的数量。这种库存包括正在生产流程中制造，但尚未完全制成成品的半成品和组装件。

（3）成品库存　这是指企业已经制造好的、等待出售产品的数量。这种库存包括企业已经完成生产，但尚未销售的库存。

（4）完工库存　这是指已经生产完成，但尚未交付或出售的产品的数量。这种库存包括已经制成，但还没有交付或销售给客户的库存。

（5）备件库存　这是指企业为了保障设备和生产线顺利运行而备有的零部件和工具的数量。这种库存包括备用件、维修件和维护工具等。

库存的表现方式可以是数量、金额或其他指标。在数量方面，库存可以表示为具体的数量，如原材料的重量、在制品的数量、成品的数量等。在金额方面，库存可以表示为货物的成本或市场价值。其他指标包括库存周转率、库存占用成本等。企业可以根据需要选择最适合自己的库存表现方式，以更好地管理和控制库存。

然而，库存也可能带来一些弊端。首先，库存占用企业资金，可能增加财务成本。其次，长期库存可能会导致商品过期或变质等问题，增加企业运营成本。最后，库存也存在损失和损坏的风险，例如在运输、储存和操作过程中的损失。

多级库存相较于普通库存具有一定的优点。它可以提高供应链稳定性、提高生产效率、优化库存管理,在企业生产和销售中起到重要的作用。多级库存系统是一种复杂的仓库系统模型,通常由多个级别仓库构成,每个级别仓库都有不同的功能和任务。其中,制造企业销售仓库的最高级别是货源点,即中心仓库,它负责向第二级别的仓库点(如批发仓库或者中转仓库)提供货物,第二级别的仓库点则负责向最低级别的库存点(如零售仓库或者终端销售仓库)提供货物,最低级别的库存点则满足顾客的需求。

多级库存在企业库存管理中扮演着重要的角色。中心仓库作为货源点,可以统一存储产品,统一采购、调配和储备原材料,从而降低采购成本和库存风险;批发仓库可以更加灵活地根据市场需求和供应情况进行货物调配和供应,从而提高供应链的响应速度和灵活性,零售仓库则可以根据销售情况进行库存管理和订单处理,提供及时、准确的服务,从而减少库存积压和浪费,降低供应链断裂的风险。多级库存系统可以将整个供应链分为不同的层次,使得供应链管理更加高效。多级库存系统可以实现更加精细的库存管理,从而降低库存成本。多级库存系统可以提高服务水平,满足不同层次的顾客需求。最后,多级库存系统可以降低供应链风险,提高供应链的稳定性和可靠性。

多级库存管理是一项复杂的任务,需要企业根据不同的行业特点和供应链情况,采取适当的管理策略和技术手段,以提高库存管理效率和准确性,降低成本和风险。

2. 多级库存的管理方法

多级库存的管理方法可以帮助企业高效管理库存,多级库存的管理方法有很多,常见的有以下几种。

(1) ABC 分类法 根据商品的销售额、库存周转率等指标将库存划分成三个等级:A 类商品是销售额高、库存周转率高的商品;B 类商品是销售额一般、库存周转率一般的商品;C 类商品是销售额低、库存周转率低的商品。根据不同等级的商品,采取不同的库存管理策略,如 A 类商品的库存可以保持较低的水平,而 C 类商品的库存则可以保持较高的水平。A 类商品主要储存于批发仓库和零售端仓库,B 类主要储存于批发仓库和中心库,C 类商品只储存于中心库。

(2) JIT 库存管理 准时制生产方式(Just-in-Time, JIT)是一种基于需求驱动的库存管理方式，它通过精确计算生产或采购商品所需的时间，并在订单到来之前恰好完成生产或采购，以避免库存积压。这种方法能够显著减少库存成本，但需要高度协调的供应链和生产计划。JIT 库存管理主要配合下游客户，以下游客户为工作导向来确定其不同级别的库存水平。

（3）安全库存管理　在多级库存管理中，安全库存是为了应对意外需求的库存储备。当销售量不稳定时，采用安全库存管理能够保证产品的供应。安全库存一般是根据历史销售数据和预测数据计算得出的，一旦库存量降至安全库存以下，就需要采取行动来重新补充库存。在多级库存管理中，不同级别的安全库存需要采取联动模式，即不同级别的仓库要相互补充、相互协调，确保整体的库存水平最优。

5.2.2　制造业的多级库存协同优化与控制

制造业的库存是制造业经营管理的核心业务环节之一。多级库存是常见的制造业库存形式。制造企业往往将原材料、半成品和成品存放在不同的库存级别中，以便在生产过程中保持供应的连续性和效率，确保生产不会因为单一的供应源或原材料短缺而受到影响，确保制造商有足够的库存来及时满足客户需求。

制造业的库存相较于其他行业的库存具有以下几个特点。第一是存在大量的原材料库存：制造业通常需要大量的原材料进行生产，因此其库存中通常会有相当一部分的原材料库存，以确保生产能够连续进行。第二是成品库存水平较高：制造业的成品库存通常也比较高。生产成品的周期通常比较长，同时生产周期还受到供应链、需求波动等多种因素的影响，因此需要保持较高的成品库存水平以满足市场需求。第三是制造业的库存周转速度较低：由于制造业库存的大量积累以及成品生产周期较长，因此库存周转速度相对较低。第四是制造业的库存管理难度比较大：制造业库存的种类比较多，品类较为复杂，库存量也相对较大，需要采用科学的管理方法和工具来进行管理。最后是制造业的库存价值普遍较高：制造业的库存通常都是高价值的，尤其是原材料和成品库存，因此需要加强风险控制，防止库存过多或库存损失等情况发生。

制造业的多级库存支撑着企业的多个环节的供应链，彼此之间相互影响。首先，供应链的稳定性和可靠性直接影响到生产周期和生产计划的制订。如果供应链不稳定或不可靠，则制造商需要储备更多的原材料和半成品库存，以应对供应短缺或延误的风险。其次，生产流程的复杂度和可靠性是制造业多级库存的重要影响因素。生产流程越复杂,生产周期越长,需要储存的库存也就越多。同时,生产流程的可靠性也会影响库存的大小,如果生产流程中出现了故障或品质问题,则可能导致库存的积压。再次,市场需求和订单波动的变化是制造业多级库存的重要影响因素。如果市场需求增长迅速,制造商需要提前储备更多的备货库存,订单波动的增加会导致制造商需要储备更多的成品库存,以应对订单的不确定性。最后,成本控制和资金流动会影响制造业多级库存的大小。制造商想要控制成本,可能会减少库存的储备量,这也可能会影响生产效率和客户满意度。此外,如果资金流动受到限制,制造商可能无法储备足够的库存,这也会影响生产计划和客户满意度。

制造业的多级库存涉及原材料、半成品和成品等不同级别的库存。对这些库存的管理对于制造业的运营和效率至关重要,因此需要进行协调优化和控制。以下是一些协调优化和控制多级库存的常用方法:

(1) 使用精益生产方法　精益生产方法是一种优化供应链的方法,它的目的是减少浪费和库存。这种方法通过实时跟踪库存并根据需求进行生产,可以最大限度地减少库存量。

(2) 实施 MRP 计划　MRP 计划是一种生产计划,它可以帮助制造商在准确预测需求的情况下调整生产。这种计划可以通过合理规划生产,减少库存数量,并确保所需的物料和零件及时供应。

(3) 应用 JIT 方法　JIT 是一种基于需求的生产方式,它的核心是在所需物料的到达和生产需要之间实现零库存。这种方法可以帮助减少库存和成本,并提高生产效率。

(4) 使用自动化控制系统　自动化控制系统可以通过实时监控库存和生产数据来自动调整生产,以确保库存保持在适当的水平。这种方法可以减少库存和降低人工成本,同时提高生产效率和质量。

(5) 采用供应链协作　供应链协作可以帮助制造商与供应商、承运商和分销商建立紧密的联系,以更好地协调供应链,从而减少库存和降低成本。

协调优化和控制多级库存需要综合考虑供应链的各个方面,从而提高生产效率和质量,减少库存和降低成本。制造业的多级库存也可以为企业生产的其他环节带来其他方面的优势。首先,多级库存可以确保生产线不会因为原材料缺乏而中断,从而提高了生产效率。当生产线上游的库存用尽时,下游库存的备货可以支持生产线持续运转,减少了等待时间和停机时间,提高了生产效率。其次,多级库存可以实现供需平衡,减少了供应链中的不确定性,从而降低成本。生产商可以以更低的成本采购原材料，并在需要时从多个库存中选择最佳的供应商，从而降低了成本。此外，多级库存可以缩短交货时间，提高客户服务质量，还可以提高企业的资金周转率和现金流量，改善企业的财务状况。多级库存可以提高企业的生产效率、降低成本和提高产品质量，从而提高企业的竞争力和市场占有率。

5.2.3　制造业多级库存优化控制模型

1. 制造业多级库存优化模型优化目标

制造业多级库存的优化模型主要是为了最小的库存成本，制造业多级库存涉及原材料、半成品、成品等多种库存类型，需要考虑到仓储、管理、运输等方面的成本。在控制库存时，需要根据企业的具体情况制定出最小化库存成本的目标。

2. 制造业多级库存优化模型主要组成部分

本书的制造业多级库存优化控制模型涉及制造业库存生产过程中的很多部分。首先是库存管理部分。这一部分包括原材料库存、半成品库存和成品库存。每个库存都有一个最小库存量和最大库存量，以确保生产的顺利进行。库存的管理还需要考虑到物料到货时间、物料使用率、物料价格等因素。其次是订单管理部分。订单管理是生产计划的核心部分。该模型需要考虑到不同订单的数量、截止日期、优先级等因素。此外，模型还需要考虑到生产周期、物料需求量、生产效率等因素，以确保订单能够在规定时间内完成。再次是生产计划部分。该部分负责确定生产计划，包括生产数量、生产周期、生产设备等方面。生产计划需要考虑到订单需求、库存水平和生产效率等因素。最后是成本控制部分。成本控制是优化库存控制的关键。该模型需要考虑到生产成本、库存成本、运输成本等因素。通过最小化成本，可以使生产效率最大化，从而提高企业的盈利能力。

3. 制造业多级库存优化模型介绍

为了建立以最小成本为目标的制造业多级库存优化数学模型，需要考虑以下因素。

多级库存：制造业通常有多级库存，包括原材料库存、半成品库存和成品库存。这些库存之间存在着复杂的关系，例如原材料库存的水平会影响到半成品和成品库存的水平。

成本：制造业的成本包括原材料成本、库存成本、生产成本等，因此需要考虑这些成本对决策的影响。

供应链：制造业通常有供应链的结构，包括供应商、制造商、分销商等，因此需要考虑供应链中各个环节之间的影响。

基于以上因素，可以建立如下的数学模型。

首先定义变量：

$x_{i,j}$ 表示第 i 级库存中第 j 种物品的库存水平。

D_i 表示第 i 级库存中第 j 种物品的需求量。

$Q_{i,j}$ 表示从第 i 级库存到第 $i+1$ 级库存中第 j 种物品的运输数量。

C_i 表示第 i 级库存中第 j 种物品的单位库存成本。

H_i 表示第 i 级库存中第 j 种物品的单位持有成本。

F_i 表示第 i 级库存中第 j 种物品的单位缺货成本。

R_i 表示第 i 级库存中第 j 种物品的单位订货成本。

目标函数为最小化总成本，即

$$\min \sum i \sum j (C_i x_{i,j} + H_i x_{i,j} + F_i (D_i - x_{i,j}) + R_i (Q_{i+1,j} - Q_{i,j})) \qquad (5\text{-}5)$$

其中，$Q_{i+1,j}$ 表示第 $i+1$ 级库存中第 j 种物品的库存水平。在优化多级库存的过程中，需要最小化各级库存和运输的总成本。该目标函数由四部分组成，分别是：

$C_i x_{i,j}$：表示第 i 级库存中第 j 种物品的单位库存成本和库存水平的乘积，它反映库存水平对库存成本的影响。

$H_i x_{i,j}$：表示第 i 级库存中第 j 种物品的单位持有成本和库存水平的乘积，它反映库存水平对持有成本的影响。

$F_i (D_i - x_{i,j})$：表示第 i 级库存中第 j 种物品位缺货成本和缺货量的乘积，它反映缺货对成本的影响。

$R_i (Q_{i+1,j} - Q_{i,j})$：表示从第 i 级库存到第 $i+1$ 级库存中第 j 种物品的单位订货成本和订货量的差，它反映订货量对成本的影响。

约束条件如下：

（1）初期库存水平　第一级库存的初期水平为原材料的库存水平，即 $xL_j = ML_j$，其中 ML_j 表示第 j 种原材料的库存水平。

（2）需求量　每一级库存中物品的需求量不能大于库存水平，即 $D_i \leqslant x_{i,j}$。

（3）运输数量　从第 i 级库存到第 $i+1$ 级库存中第 j 种物品的运输数量不能

超过第 i 级库存中该物品的库存水平，即 $Q_{i,j} \leq x_{i,j}$。

（4）最终库存水平　最后一级库存的库存水平等于所需求量，即 $xL_j = D_j$。

（5）运输数量的限制　从第 i 级库存到第 $i+1$ 级库存中第 j 种物品的运输数量不能小于 0，即 $Q_{i,j} \geq 0$。

（6）库存水平的限制　每一级库存中第 j 种物品的库存水平不能小于 0，即 $x_{i,j} \geq 0$。

（7）供应商限制　每个供应商提供的原材料数量不能超过其可供应的最大数量，即 $\sum j Q_{1,j} \leq S_i$，其中 S_i 表示第 i 个供应商的最大供应量。

（8）销售渠道限制　每个销售渠道的销售量不能超过其可销售的最大数量，即 $\sum j x_{n,j} \leq M_n$，其中 M_n 表示第 n 个销售渠道的最大销售量。

通过建立以上的数学模型，制造企业可以根据实际情况进行参数设置和优化求解，从而实现最小化成本的目标，并优化多级库存管理。

5.3　大数据下的制造业招标采购优化

采购是制造企业生产经营中十分重要的一环。根据亿邦智库联合中国物流与采购联合会共同发布的《2022 数字化采购发展报告》，采购费用在企业的开支中所占比例较大，一些大型生产企业的采购费用甚至占总成本的三分之二。采购成本的高占比对企业而言既是机遇，又是挑战。如果企业能科学合理地采购，降低采购环节的成本费用，无疑有助于其获得成本优势，提高自身竞争力。而不合理的采购则可能使企业的财务变得僵硬，从而引发资金链的危机。此外，采购环节中还存在明显的利润杠杆效应，当企业降低一个百分点的采购成本，利润率将会上升更高的比例。因此，对采购环节的控制与优化是企业提高盈利能力的关键举措之一。本章节将聚焦于制造企业生产经营中的采购环节，分析大数据分析技术在招标采购活动中的优势，并通过案例的形式展示大数据技术在招标采购活动中的应用。

5.3.1　制造业采购方式介绍及问题剖析

1. 制造业采购方式介绍

采购是制造企业进行商业活动的出发点。根据北京交通大学徐杰、卞文良编著的《采购与供应管理》，从采购活动的定义来看，狭义上的采购是指企业根据需要制定采购方案，审查计划，选定供应商，通过谈判确定价格、交货和相关条款，最后签署合同，接受和支付的一系列过程。广义上的采购是指在获得商品时，除了以购买的形式获得商品以外，还可以通过租赁、借贷、交换等其他方式来获得商品的所有权。总之，采购是指为保障企业的生产和运营活动，从供给市场获得商品和服务。

从制造业的采购范围来看，制造企业采购对象往往包括货物采购、工程项目采购和服务采购三种类型。其中，货物采购是指对各种各样的物品（包括原材料、产品、设备）等的采购过程。对于制造企业来说，生产环节即是将配件、半成品、原材料通过加工与组装转化为成品的过程。制造企业主要采购对象为原材料、部件及加工设备等。因此，货物采购在制造企业采购环节中占有较大比重。工程采购是指对各类工程建设项目及其相关附带服务的采购。与货物或服务采购相比，工程项目采购过程比较复杂，不同类型的工程项目对技术、设备、施工组织的资质及管理经验的要求往往存在较大差异。服务采购是指除货物和工程以外的咨询评估、劳务、广告等服务的采购过程。与货物、工程采购相比，服务采购具有无形性、无法存储性、易变性等属性，评审更为侧重质量而非价格。

按照制造业的采购方式来看，招标采购、议价采购、比价采购是制造企业常见的采购方法。招标采购是一种以公开或邀请招标的形式进行物资和服务购的采购方式。相较于其他采购方式，招标采购公开性强、应用广泛，是政府和企业采购的基本方式之一，但它的招标采购程序较为复杂，组织周期较长。议价采购是一种通过买方和卖方之间的谈判来达成协议的采购方法。议价采购通常不采用公开竞标的方式，而是对特定的供货商直接采购。因此，这种采购方式灵活度强，可以及时调整采购量与采购价格，并且程序简单，能够节省时间，但这种采购方式公开性差，容易形成不正当竞争。比价采购是指在买方市场条件下，在选定两家以上供应商的基础上，由供应商公开报价，最后选择报价最低的供应商的采购方式。这种采购方式同样能够节省时间与组织费用，并且具有一定的公开性，但由于供应商数量有限，容易形成供应商串通的局面。

在三种不同的采购方式中，招标采购的应用范围最广。通过招标方式选择供应商，不仅可以降低企业的采购成本，还可以提高采购的项目、产品或服务的质量。按照我国有关规定，国家出资或与公益有关的项目，在采购金额达到一定规模的情况下，必须采取招标方式采购。此外，一些大型民营制造企业常常采用招标采购的方式保障采购质量。"应招尽招"是绝大多数的制造企业都遵循的采购原则。接下来以招标采购为例,剖析招标采购中存在的问题,并提出应对策略。

2. 制造业招标采购过程中的问题分析

招标和投标交易方式是国际上普遍采用的一种程序相对规范、兼顾效益与公平的交易方式。经过多年的大力推行,招标和投标交易已成为我国各领域竞争性交易活动的主要方式。然而,招标和投标方利益纷杂,相关机制有待进一步健全,致使我国招标和投标现状仍存在一些不可忽视的问题。

1)招标采购计划"编制难",采购价格不确定性大。原材料采购是企业经营活动的重要一环。在国际供求关系及国际经济、政治、贸易方式等多种因素的影响下,原材料及备件的价格变化范围较大且十分频繁。剧烈的价格波动不仅会对企业的生产决策造成极大影响,甚至影响其最终的利润走向。例如,电动汽车制造原材料电解钴与碳酸锂的价格持续走高,2021 年初电解钴现货均价在 27 万元/t 左右,2022 年末已突破 54 万元/t,涨幅接近一倍,同样,2021 年初碳酸锂价格为 5 万元/t 左右,但 2022 年 3 月其平均价格上涨到 50.04 万元/t,增长近 10 倍。原料价格的急剧波动为新能源汽车的采购经营决策带来了压力,也考验着其采购人员的预见水平。

制造型企业的采购成本控制水平是影响其利润的重要因素,原材料采购在企业的生产经营中扮演了重要角色。而原材料价格的波动是采购主管在采购过程中面临的几大挑战之一。就多数制造企业的采购情况来看,多数制造企业的采购计划都是由采购员依据经验编制,主观性强。缺少对外界因素的有效分析手段,对价格感知度低,容易导致制定出的采购价格偏高,不利于企业在竞争中获得成本优势,增加自身竞争力。

2)招标采购制度"执行难",不正当竞争行为难以根治。招标和投标作为市场经济里比较成熟和公平的交易方式,在我国各领域广泛应用和推广。但是,在实践中,招标和投标领域的违法乱纪行为时有发生。某些投标人利用监管过程中的疏漏,通过围标、串标、陪标和弄虚作假等违反相关法律法规方式来骗取中标,严重破坏了市场竞争的公平性。部分招标人与投标人相互串通,以不合理条件限制、排斥其他投标人。这些行为扰乱了市场,违背了招标和投标的法律秩序,侵害了其他投标人的正当权益。

为了杜绝这种违规现象,招标过程经过了多次的改进和优化,但投机者总是会有一些新的办法来规避防范措施。虽然《招标投标法》规定了有关的法律、法规对投标者进行监督,但是由于众多利益主体关系错综复杂,一些违规行为隐蔽性强,不易收集证据,致使一些管理工作难以落实。因此,通过招标方式采购的物资或服务有时候并不理想。

3) 招标采购规则"制定难",评审规则合理性有待提高。从我国的招标采购现状来看,质量低劣产品凭低价中标的现象在企业中时有发生。剖析其原因,当评审规则不够科学、合理时,采购人员无法借助的采购规则选择性价比高的产品,只能采用以价格为单一的评价标准的采购模式。一些采购人员无法量化需求,分解采购目标,导致招标文件质量参差不齐,还有一些采购人员缺乏必要的市场调研,也无法衡量产品差异对需求者产生的影响。在评审规则不够明确、清晰的情况下,投标报价就被视为了评标的主要依据。一些供应商抓住这一特点,低价抢标,导致质量不高的设备中标,而一些性能优秀、质量过硬的产品设备供应商因其较高的报价而被放弃。从表面上看,企业节约了采购成本,但劣质设备或物料出现问题,导致后期维护成本较高,变相增加了采购成本。

此外,采购规则的制定本身就存在一定难度。即使招标方对技术标部分足够重视,一些技术参数也难以直接映射到产品质量上。简而言之,某些参数的高低对产品造成的影响并不易于衡量,即使采购人员有着足够的积极性,但其凭经验和调研了解的情况未必是客观的,导致科学采购的难度进一步增加。

5.3.2 大数据下的制造企业采购价格分析

从上述内容可以看出,近些年我国企业的招标采购管理体系不断完善,管理水平不断提升,但是也存在一定的问题和不足。如何应用大数据和信息技术方法来提高招标采购管理水平,是近年来的研究热点。企业在生产经营中积累了大量的数据,但是大多数企业都没有明确的企业级数据策略,企业的数字化水平低,未能发挥大数据带来的红利。采购部门的工作人员也并未重视数据带来的机遇,没能利用大数据技术来提高采购管理水平。

随着数据科学的快速发展,大数据已经成为企业和社会关注的重要战略资源,并逐渐深入到企业的各个生产经营环节。结合人工智能、统计模型等数据分析方法,企业可以借助存储的海量数据发现模式和趋势,辅助经营决策。例如,对消费者提供产品或服务的企业可以利用大数据进行精准营销,银行则可以使用点击流分析和数据挖掘来规避欺诈行为。可以说,大数据的到来彻底改变了传统的思维方式,越来越多的企业开始"与数据对话"。

大数据及其分析手段同样可以赋能到招标采购环节中。通过收集和整理投标采购电子化过程累积的海量数据信息，运用数据挖掘和智能分析等方法，剖析影响采购成本的关键因素，对比不同采购策略下的采购成本，发现其中的内在规律，并预测其发展趋势，改善采购策略。一方面，对未来走势的分析可以辅助采购人员在恰当的时间，以恰当的方式采购，有助于企业降低采购成本。另一方面，合理的数据分析有助于制造企业优化招标流程，规范评标秩序，预防和监控不公平的竞争行为。因此，本部分选择两个真实制造企业的采购活动为研究对象，结合其历史采购价格数据，运用大数据及大数据分析手段来辅助企业开展招标采购活动，提高采购管理水平。

1. 借助大数据与机器学习预测电力物资供应商投标价格

对大数据的利用往往需要结合适当的数据挖掘技术。其中，机器学习等人工智能技术是重要的大数据分析手段，被应用于越来越多的数据分析场景中。机器学习从大量数据集中的结构化和非结构化数据中提取数据，然后将其作为输入，用于训练机器学习模型，并运用该模型预测未来可能发生的结果。除了机器学习，一些其他统计方法和数学算法也可以作为数据挖掘、数学分析的工具，如空间计量模型等。

本案例以某电力企业的真实数据为例，基于机器学习与大数据的方法，结合 Copula 函数特征筛选方法及多元线性、随机森林和支持向量机等，预测电力企业招标采购时供应商的投标价格，并给出了调整招标采购策略的建议。

（1）理论简介　本部分主要介绍在研究中使用到的 Copula 函数特征筛选方法及多元线性模型、随机森林模型、支持向量机模型等预测方法。

1）Copula 函数。Copula 函数是联合分布函数的一种转换形式。假设常见的双变量联合分布函数写作 $F(X,Y)$，当把 X 和 Y 根据其分布函数概率积分转换成 u 和 v 之后，原来的函数 F 就可以写作 u 和 v 的函数 C，即

$$F(X,Y)=C[F_1(X),F_2(Y)] \tag{5-6}$$

$$C(u,v)=F[F_1^{-1}(u),F_1^{-2}(v)] \tag{5-7}$$

这个 C 就是 Copula 函数。常见的 Copula 函数有许多，阿基米德 Copula 函数由于构造方便，计算简单而被广泛研究和讨论。阿基米德 Copula 函数模型有许多种，常用的有三种，阿基米德 Copula 函数一般通过尾部系数度量相关性。

而对于不同的 Copula 函数，由于参数的含义和取值范围不同，不能直接进行比较，可以使用 Spearman 秩相关系数来进行相关性的度量。Spearman 秩相关

系数反映了变量之间联系的强弱,计算公式见式(5-8)。

$$\rho = \frac{\sum_{i=1}^{n}(R_i - \bar{R})(Q_i - \bar{Q})}{\sqrt{\sum_{i=1}^{n}(R_i - \bar{R})^2 \sum_{i=1}^{n}(Q_i - \bar{Q})^2}} \tag{5-8}$$

在引入 Copula 函数后,可假设随机变量 X,Y 的边缘分布分别为 $F(X)$ 和 $G(Y)$,设 $u=F(X)$ 和 $v=G(Y)$,对应的 Copula 函数为 $C(u,v)$,其中 $u,v \in [0,1]$,则 Spearman 秩相关系数(ρ)计算公式见式(5-9)。

$$\rho = 12\int_0^1\int_0^1 uv\,dC(u,v) - 3 = 12\int_0^1\int_0^1 C(u,v)\,du\,dv - 3 \tag{5-9}$$

根据相关性系数 ρ 可以确定两者间的相关程度,相关性系数 ρ 越大,变量间相关性越强。ρ 值用来评估相关程度计算结果的显著程度,如果计算出的 ρ 值比较小,则可说明两变量间存在显著的线性关联。一般情况下,选择 0.05 作为阈值,$\rho < 0.05$ 则说明存在显著的线性关联。

为了评价 Copula 模型的优劣,可以将原始数据观察得到的经验 Copula 函数和计算得到的 Copula 函数进行比较,计算两个函数的欧氏距离。欧式距离越小,表明构建的模型拟合原始数据的效果越好,模型越佳。假设经验 Copula 函数为 $\hat{C}(u,v)$,计算得到的各个因素的 Copula 函数为 $\hat{C}_n(u,v)$,那么欧氏距离 d^2 的计算公式见式(5-10)。

$$d^2 = \sum_{i=1}^{n} \left| \hat{C}_n(u_i, v_i) - \hat{C}(u_i, v_i) \right|^2 \tag{5-10}$$

2)多元线性回归模型。多元线性回归模型是指用两个或两个以上的影响因素作为自变量来解释因变量的变化。当多个自变量与因变量之间是线性关系时,所进行的预测分析就是多元线性预测。

设 y 为因变量,$x_1, x_2, \cdots, x_k$ 为自变量,则多元线性预测模型见式(5-11)。

$$y = b_0 + b_1 x_1 + b_2 x_2 + \cdots + b_k x_k + e \tag{5-11}$$

式中 b_0 为常数项;$b_1, b_2, \cdots, b_k$ 为系数;e 为随机误差项。

3)随机森林模型。随机森林模型是一种利用集成学习思想建立多个互不影响的决策树集合来解决预测问题的机器学习方法。该方法可以减少预测结果的方差。该算法训练速度快,能够处理高维度的数据,对数据的适应能力强,且不容易出现过拟合的现象。该模型的计算公式见式(5-12)。

$$G(x_i,v_{i,j})=\frac{n_{\text{left}}}{N_s}H(X_{\text{left}})+\frac{n_{\text{right}}}{N_s}H(X_{\text{right}}) \quad (5\text{-}12)$$

式中 x_i 为某一个切分变量;$v_{i,j}$ 为切分变量的一个切分值;n_{left} 和 n_{right} 分别为切分后左子节点的训练样本个数和右子节点的训练样本个数;N_s 为当前节点所有训练样本个数;X_{left} 和 X_{right} 分别为左右子节点的训练样本集合;$G(x_i,v_{i,j})$ 为衡量节点不纯度的函数。

预测时一般采用不同的不纯度函数为均方误差(MSE),即针对某一切分点,计算公式见式(5-13)。

$$(x,v)=\frac{1}{N_s}\left[\sum_{y_i\in X_{\text{left}}}(y_i-\bar{y}_{\text{left}})^2+\sum_{y_j\in X_{\text{right}}}(y_j-\bar{y}_{\text{right}})^2\right] \quad (5\text{-}13)$$

4)支持向量机模型。支持向量机预测是人工智能领域中一种基于统计学习的机器学习方法,核心的思想是找到一个回归平面,让一个集合的所有数据到该平面的距离最近。给定训练数据 $D=\{(x_1,y_1),(x_2,y_2),\cdots,(x_m,y_m)\}$,希望得到一个回归模型 $f(x)=\boldsymbol{w}^{\text{T}}x+b$ 使得 $f(x)$ 与 y 尽可能接近,$\boldsymbol{w}$ 和 b 是模型参数。SVR 问题可以写成:

$$\min_{w,b}\frac{1}{2}w^2+C\sum_{i=1}^{m}l_\delta(f(x_i)-y_i) \quad (5\text{-}14)$$

C 为正则化常数,l_δ 为

$$l_\delta(z)=\begin{cases}0 & |z|<\delta \\ |z|-\delta & \text{其他}\end{cases} \quad (5\text{-}15)$$

引入松弛变量和拉格朗日乘子后求偏导,得到的 SVR 模型见式(5-16)。

$$f(x)=\sum_{i=1}^{m}(\widehat{\alpha}_i-\alpha_i)x_i^{\text{T}}x+b \quad (5\text{-}16)$$

5)均方误差。均方误差(MSE)是常用的误差衡量指标,计算方法见式(5-17)。

$$\text{MSE}=\frac{1}{m}\sum_{i=1}^{m}(y_i-\hat{y}_i)^2 \quad (5\text{-}17)$$

MSE 的值越小，说明预测模型描述试验数据具有更好的精度。

（2）投标价格特征筛选及预测　根据上述理论构建基于 Copula 函数的投标价格特征筛选模型。首先确定变量的边缘分布；然后进行 Copula 参数估计，并结合经验 Copula 函数计算出欧氏距离，选取欧氏距离最小的函数进行相关系数的计算；接着选取强相关因素作为筛选出的特征变量；最后使用多种预测方法进行预测并对比预测精度。图 5-16 为技术路线图。

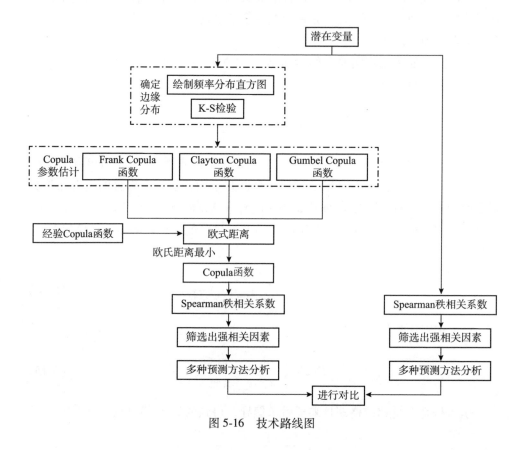

图 5-16　技术路线图

1）数据预处理。在计算过程中涉及的投标价格数据来自某电力企业 2015—2020 年上半年共 37 次招标采购活动的记录。整理后绘制了各年份投标价格及其变化情况（见图 5-17）。总体来说，投标价格均值处于上升趋势，但是不平稳，投标价格均值不稳定，企业在进行招标采购活动时难以预测价格变化，所以通过对投标价格进行特征筛选并进行合理预测是至关重要的。

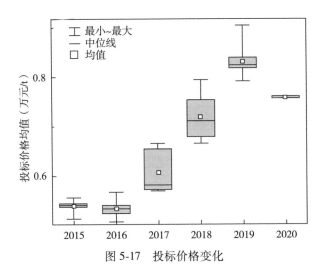

图 5-17 投标价格变化

由于收集到的原始数据的量纲不同，数值数量级也有较大的差别，需要对数据进行预处理。因此，通过式（5-18）对所有数据采用极差归一化变换。

$$t' = \frac{t - \min(t)}{\max(t) - \min(t)} \quad (5\text{-}18)$$

2）影响因素分析。供应商在报价时主要考虑的是生产成本，所以在选择价格的潜在变量时，要聚焦于钢材和锌锭价格等原材料产业链相关因素。选取了5个与原材料相关的因素，此外还选取了5个与经济等相关的其他因素。选择的潜在影响因素见表5-9。

表5-9 选择的潜在影响因素

变量	变量含义	变量	变量含义
x_1	角钢价格	x_6	制造业采购经理指数
x_2	锌锭价格	x_7	在手订单指数
x_3	粗钢产量当期值	x_8	主要原材料购进价格指数
x_4	钢材产量当期值	x_9	原材料库存指数
x_5	钢筋产量当期值	x_{10}	供应商配送时间指数

数据来源：国家统计局网站、我的钢铁网、上海有色网和金投网。

3）特征筛选。在数据归一化的基础上，运用Copula模型计算变量之间的相关性，以投标价格均值（y）与粗钢产量当期值（x_3）为例，分析步骤如下。

首先确定两变量的边缘分布。对y与x_3分别采用K-S检验进行正态性检验,零假设(Null Hypothesis,H0)为变量的分布情况满足正态分布,备择假设(Alternative Hypothesis,H1)为变量分布情况是非标准正态分布,K-S 检验结果见表 5-10。

表 5-10 K-S 检验结果

	投标价格均值（y）	粗钢产量当期值（x_3）
h	1	1
p 值	7.85×10^{-9}	2.28×10^{-9}

根据表中的结果可以看出,两变量的精确 p 值均小于 0.01,均拒绝原假设,即分布都非标准正态分布。这时,可以采用近似总体分布函数和核光滑方法估计总体分布。y 和 x_3 的经验分布函数和核分布估计图分别如图 5-18 和图 5-19 所示。

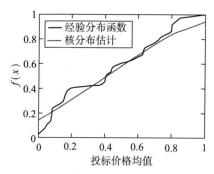

图 5-18 y 的经验分布函数和核分布估计图

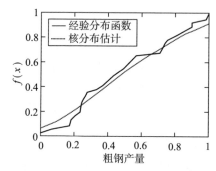

图 5-19 x_3 的经验分布函数和核分布估计图

进一步,选择适当的 Copula 函数并计算相关系数。模型估计结果见表 5-11。

表 5-11 模型估计结果

模型	参数	函数
Frank	11.1695	$\dfrac{1}{11.1695}\ln\left(1+\dfrac{(e^{-11.1695u}-1)(e^{-11.1695v}-1)}{e^{-11.1695}-1}\right)$
Clayton	3.9425	$\max\left[(u^{-3.9425}+v^{-3.9425}-1)^{-1/3.9425},0\right]$
Gumbel	3.4805	$\exp\left\{-\left[(-\ln u)^{1/3.4805}+(-\ln v)^{1/3.4805}\right]^{3.4805}\right\}$

为了选择出较为合适的函数类型,接下来对三种函数的估计结果进行检验。根据原始数据观察得到的经验 Copula 分布函数（见图 5-20）,计算经验

Copula 函数与上文参数估计计算出的 Copula 函数的欧式距离,结果见表 5-12。

表 5-12 各个模型欧氏距离

模型	Frank	Clayton	Gumbel
欧氏距离	0.0146	0.0221	0.0136

从结果中可以看出,Gumbel Copula 函数条件下的欧氏距离最小,说明该函数在三种函数中可以较好地描述变量 y 和 x_3 之间的相关结构。根据该变量的 Gumbel Copula 函数,计算 Spearman 秩相关系数,结果为 0.8856,大于 0.85,说明 x_3 和 y 之间具有很强的相关性。

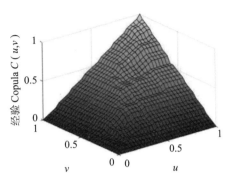

图 5-20 经验 Copula 分布函数

根据本书设计的分析模型和上述计算过程,对剩下的变量分别进行计算,得到投标价格均值(y)与 10 个外部因素的潜在变量 Copula 函数计算结果,见表 5-13。

表 5-13 潜在变量 Copula 函数计算结果

变量	模型	参数	欧氏距离	尾部系数	p 值	引入后相关系数	变量筛选
x_1	Clayton	2.44	0.09	0.75	0.00	0.74	√
x_2	Clayton	1.31	0.13	0.59	0.03	0.56	√
x_3	Gumbel	3.48	0.01	0.78	0.00	0.89	√
x_4	Frank	2.62	0.01	—	0.05	0.40	
x_5	Frank	5.34	0.03	—	0.00	0.67	√
x_6	Clayton	0.00	0.11	0	0.08	10^{-6}	
x_7	Frank	-1.49	0.07	—	0.42	-0.24	
x_8	Frank	-0.92	0.05	—	0.69	-0.15	
x_9	Clayton	0.00	0.05	0	0.30	10^{-6}	
x_{10}	Frank	-1.29	0.05	—	0.20	-0.21	

针对所有的因素都选择出了最适合的 Copula 函数模型。从结果中可以看出,投标价格均值(y)与角钢价格(x_1)、锌锭价格(x_2)、粗钢产量当期值(x_3)和钢筋产量当期值(x_5)的相关系数大于 0.5,具有较强的相关性。这 4 个因素与原材料相关,且为正相关,说明供应商的投标价格高低主要由成本决定,生产成本越高,投标价格越高。与采购经理指数(PMI)相关的 5 个因素

与投标价格均值相关性则较小。

4) 预测结果分析。使用多元线性预测、随机森林预测和支持向量机预测方法，利用归一化后的投标价格均值（y）和引入 Copula 函数前后筛选的因素分别进行预测计算。在 37 组数据中，使用 30 组数据作为训练集，剩余 7 组数据作为预测集。为了更直观地进行比较，三种预测方法使用相同的训练集和预测集，总共进行了 5 次随机抽样。图 5-21 展示的是引入 Copula 函数前后，三种预测方法的预测情况。根据结果可以看出，引入 Copula 函数后，三种预测方法的预测值均与实际值更加接近。

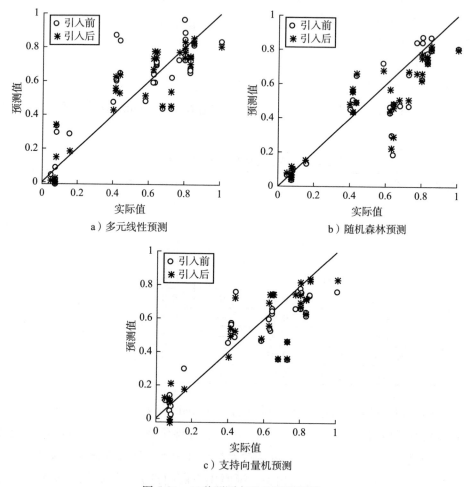

图 5-21　三种预测方法的预测情况

此外，还利用 MSE 计算公式，根据预测结果计算了三种预测方法的预测值与实际值的误差情况（见图 5-22）。从图 5-22 中可以看出，在引入 Copula 函数进行特征筛选后，三种预测方法的 MSE 整体上均有降低，5 次抽样的 MSE 平均值也均有降低。说明引入 Copula 函数进行特征筛选后，三种预测方法的预测精度均变高，三种预测方法均可以更好地预测投标价格。

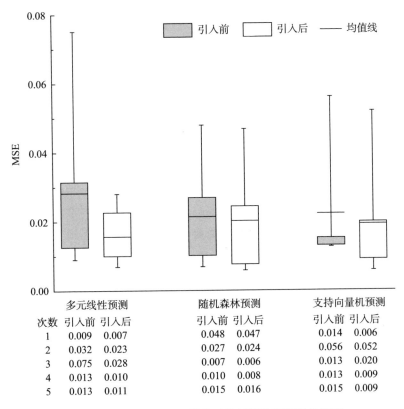

图 5-22　引入 Copula 函数前后特征筛选预测误差情况

（3）根据模型结果给出建议　筛选电力物资供应商投标价格影响因素是预测投标价格及制定采购策略的基础。本案例主要针对电力物资采购中的投标价格影响因素筛选进行研究，以期深入探究价格的驱动因素和更好地对投标价格进行预测。引入了 Copula 函数并计算相关系数，对投标价格的影响因素进行特征筛选。筛选出角钢价格（x_1）、锌锭价格（x_2）、粗钢产量当期值（x_3）和钢筋产量当期值（x_5）这 4 个变量。这 4 个变量均为与原材料相关的因素，所以与投标价格与原材料的相关性较高。多次随机选取相同的训练集和预测集，使用多元线性预测、随机森林预测和支持向量机预测 3 种预测方法，分别计算了引入 Copula 函数进行特征筛选前后的预测结果，并计算了误差。结果显示，引入 Copula 函数进行特征筛选后，3 种预测方法的 MSE 有不同程度的减小，预测精度更高。这说明通过引入 Copula 函数可以更好地进行特征筛选，提高投标预测的准确性，可以为电力物资招标策略的优化提供依据。

根据本案例的研究结论，电力企业在进行电力物资采购时可以事先收集与原材料产业链相关的关键指标的资料与数据，根据历史数据提前分析影响因素在围投标期中的变化趋势，来预测招标采购时供应商的投标价格及投标价格的变化。根据预测结果，可以预估供应商投标情况，有助于及时调整招标采购策略。此外，合理运用本研究提出的模型和思路对供应商投标价格进行特征筛选与预测，可以帮助电力企业制定合理有效的招标采购策略。

2. 借助空间计量分析方法剖析采购成本差异

上一案例展示了企业是如何通过过去的采购数据预测将来的数据的，本案例将展示企业是如何借助数据识别出影响采购成本的关键因素的。通过挖掘影响采购价格差异性的主要驱动因素，企业可以对症下药，提出管理对策，从而降低采购成本。

本案例基于某大型电力制造企业集团 2015—2019 年某类物资集中招标采购，从价值构成的角度分析了企业的采购成本差异。由于公司集团的项目使用单位分散在各省，本文采用空间数据分析方法分析了各地区采购成本在空间上的差别。进一步，依据采购货物的价值构成，并结合集中招标方式和地区特征，建立了影响因子集合，分析了影响采购价格差异性的关键因素。最后，针对我国大型制造企业集中招标，在上述分析的基础上进一步给出了成本管理对策。

（1）步骤一　采购价格空间特性分析。该企业集团每年共计 27 家项目单位参与集中采购，且由独立的物资采购部门负责企业集团的集中招标。在每年各批次的集中采购中，每个标包内包括多家投标供应商的投标竞价，为研究该企业集团 27 家项目单位采购价格的差异性，选取项目单位每年各批次投标供应商的投标竞价均值为因变量，它们的关系表达式见式（5-19）。

$$F_v^t = \frac{1}{R_v^t} \sum_{v=1} P_{i,j,k,v}^t \qquad (5\text{-}19)$$

式中 F_v^t 表示企业集团在第 t 年中下属第 v 家项目单位的采购价格；R_v^t 表示第 t 年第 v 家项目单位的总投标供应商数量；$P_{i,j,k,v}^t$ 表示第 t 年第 i 个批次中、第 j 个标包内的第 k 家投标供应商对第 v 家项目单位的投标价格。

将企业集团参与集中招标采购的项目单位所属区域作为面要素，其中河北省分为冀北区域和河北区域，运用 ArcGIS 软件将各区域 2015—2019 年的采购价格均值按自然间断点分级法分为 4 类，可以发现各区域采购价格存在显著的空间差异性。为进一步验证这种空间差异性，采用全局莫兰指数对各区域采购价格的空间特性进行检验。

全局莫兰指数可以检验数据的空间自相关性，计算公式见式（5-20）：

$$\text{Moran's}I = \frac{\sum_{i=1}^{n}\sum_{j=1}^{n}w_{i,j}(x_i-\bar{x})(x_j-\bar{x})}{S^2\sum_{i=1}^{n}\sum_{j=1}^{n}w_{i,j}} \tag{5-20}$$

方差 $S^2 = \dfrac{1}{n}\sum_{i=1}^{n}(x_i-\bar{x})^2$

$$\bar{x} = \frac{1}{n}\sum_{i=1}^{n}x_i$$

式中 x_i 为第 i 个区域的观测值；n 为区域总数；$w_{i,j}$ 表示空间权重矩阵；$\sum_{i=1}^{n}\sum_{j=1}^{n}w_{i,j}$ 代表所有区域的空间权重之和。

全局莫兰指数取值在 [-1,1]，绝对值越接近 0，表示各项目单位的采购价格差异性越大或分布越不集中；反之则在空间上具有显著的相关性。构建 27 家项目单位所属区域的一阶 Queen 邻接空间矩阵，借助 GeoDa 软件分析 2015—2019 年 27 个区域采购价格的全局莫兰指数。莫兰指数检验结果显示，各区域采购价格的全局莫兰指数均显著，且均大于零，表明在观测期内各区域采购价格在空间上并不是完全随机分布的，而是呈现一定的规律性，说明采购价格在空间分布中呈显著的正相关，具有空间集聚的趋势。

（2）步骤二 各区域采购价格的影响因子分析。基于价值链视角，将标的物资的生产到使用看作一个价值增值过程，并将标的物资的价值增值过程分为价值链上游、中游、下游三个环节，由此研究企业集团各项目单位采购价格的差异性，并构建各区域采购价格影响因子集，见表 5-14。

表 5-14　区域采购价格影响因子集

维度		影响因子
价值链上游	原材料产量	铁矿石储量（IOR） 粗钢储量（CSR） 钢材产量（SR） 生铁产量（PIR）
	原材料价格	50×5 角钢均价（ASP） Q235 方坯均价（BP） 铸造生铁均价（CIP）
价值链中游		制造业新增固定资产投资（IR） 大中型工业企业单位个数（Num）
价值链下游		电力消费量（EC）
交通运输		公路里程（RM） 公路货运量（RF）
分包策略		物资需求量（D） 包数（P） 竞争强度（C）

通过逐步回归法对采购价格影响因子集中的 15 个变量进行筛选，根据逐步回归的结果，筛选对被解释变量采购价格影响较大的 6 个变量作为实证研究的解释变量，数据均来源于该企业集团的电子商务平台及 Wind 数据库。具体变量设定为：①被解释变量，如采购价格（PP）；②解释变量，如粗钢储量（CSR）、生铁产量（PIR）、铸造生铁均价（CIP）、公路里程（RM）、物资需求量（D）、包数（P）。

选择空间杜宾模型（Spatial Durbin Model，SDM）进行空间计量分析。空间杜宾模型公式见式（5-21）：

$$\begin{aligned} \text{LPP} = & c + \rho W \text{LPP} + \beta_1 \text{LCSR} + \beta_2 \text{LPIR} + \beta_3 \text{LCIP} + \beta_4 \text{LRM} + \\ & \beta_5 \text{LD} + \beta_6 \text{LP} + \theta_1 W \text{LCSR} + \theta_2 W \text{LPIR} + \theta_3 W \text{LCIP} + \\ & \theta_4 W \text{LRM} + \theta_5 W \text{LD} + \theta_6 W \text{LP} + \delta_i + \mu_t + \varepsilon_{i,t} \end{aligned} \quad (5\text{-}21)$$

式中　LPP，LCSR，LPIR，LCIP，LRM，LD，LP 为对数处理后的被解释变量和解释变量；c 为常数项；β 为解释变量回归系数；W 为空间权重矩阵；ρ，θ 分别为被解释变量、解释变量的空间滞后项系数；δ_i 为空间固定效应；μ_t 为时间固定效应；$\varepsilon_{i,t}$ 为满足正态分布的随机误差项。其中，空间权重矩阵采用

0-1 邻接矩阵。

回归结果及相关检验结果显示，存在 4 个解释变量通过 5% 的显著性检验。其中，粗钢储量和物资需求量均与采购价格呈现出负相关关系，生铁产量和包数均与采购价格呈现出正相关关系。铸造生铁均价和公路里程没有通过显著性检验，说明对本地区采购价格的影响不显著。

（3）根据数据分析结果给出招标采购的成本控制策略　依据该企业集团各地区项目单位采购价格空间杜宾模型的研究结果，可以提出关于企业集团集中招标采购方面的成本控制策略。

1）粗钢储量、生铁产量、生铁价格对交易价格有明显影响，说明公司应该密切注意标的商品的材质特征，并了解各区域原料供求情况。粗钢储量、生铁产量及生铁的生产成本都是价值链上游影响因素，所以建议采购人员深入原材料供应地进行市场调研，洞悉哪些材料价格变化对标的物资存在较强影响，提前研判市场的供求前景与原材料的行情走势，科学合理地编制采购计划，提高采购计划的准确性，降低原材料不确定性给采购环节带来的冲击。

2）物资需求量和包数显著表明，企业在进行招标时应重视分包策略。在进行标包分解时，如果材料的需求较大，那么各个区域的采购价格将相应下降；如果包数量增加，则全部区域的采购价格将相应提高，这表明在招标采购过程中，物资需求量的标包划分会直接影响货物的采购价格。因此，要找到物资需求量和标包包数划分的均衡点，尽可能降低采购成本，结合各项目单位的交通优势及价值链上游的原材料地理优势，建立集团内部成本控制体系，进一步优化集中招标采购策略，做到内部与外部的协同管理。

5.3.3　大数据下的制造企业采购策略优化

通过两个真实案例，上一小节展示了企业如何利用数据预测价格走势和分析价格差异性。其实，借助历史海量的采购数据，采购人员不仅可以预测采购价格的未来走势、探究决定采购价格的关键因素，还可以优化招标采购策略、防范不正当竞争，如通过数据分析如何更好地开展集中采购，通过数据开展全生命周期采购替代传统采购方式。因此，与上一小节相似，本部分同样选择两个真实制造企业的采购活动为研究对象，展示运用大数据手段辅助企业改进招标策略的流程。

1. 借助历史采购数据改进集中招标策略

集中招标采购是现代大型企业集团最为重要的一种采购组织模式，其通过对企业集团下属各成员单位分散的物资需求等进行整合,实现采购需求、采购地点及投标供应商的适度集中,形成规模采购优势和效益。在这种采购模式下,企业集团作为招标方需要充分发挥统筹规划能力和资源配置优势,根据下属各成员单位的实际需求,科学、系统地划分标包。利用合理的标包划分策略,可以激励更多优质供应商依据标包特征参与竞标,从而获得较低的投标报价,降低采购成本。

关于标包划分对集中招标采购经济性的影响方面,目前研究主要停留在现象的定性分析上,缺乏定量化的分析方法和理论支持。面对繁杂的物资种类和分散的下属成员单位,大多数企业集团仍然依靠传统经验主观地进行标包划分,没有通过对既有招标和投标数据的分析建立一种科学、全面、与企业自身特点相适应的标包划分策略。

因此,本案例在国内某大型企业集团利用集中招标方式采购物资的背景下,收集整理了某年度钢材类物资的所有招标、投标、中标数据信息。以参与投标企业的中标报价为研究对象,通过聚类分析、非参数检验等方法对标包划分策略与中标价格之间的关系进行了数据统计分析,探究了不同标包划分策略下标包中标价格的差异性,可为集中招标采购模式下科学地进行标包划分提供策略建议。

(1) 获取数据,提出假设 本案例样本来源于国内某大型企业集团2017年度的钢材类物资集中招标采购,包括6个批次的招标、投标、中标数据,共计1000多个标包,每一批次共计100多家投标企业对一个或多个标包进行投标报价,涉及230万条有效报价数据。

爱尔兰经济学家埃奇沃斯以交易者数量反映市场的竞争性,指出了竞争效应对市场价格的影响。众多学者的研究也表明,需求方唯一、供给侧众多带来竞争效应,随着潜在投标人数的增加,期望成交价格下降。在集中招标采购模式下,每一批次的招标采购都会包括上百个标包,物资供应商根据自身的实际情况购买适合的标包并进行投标竞价,参与竞标的供应商数量越多,意味着竞争越激烈。为此,提出研究假设 H_1:参与投标竞价的物资供应商数量显著影响标包中标价格。

在微观经济学理论中,规模经济效应说明适度的规模能够产生最佳的经济效益,即在一定产量范围内,由于生产规模的扩大而导致平均成本下降。集中招标采购的最大优势就是通过整合采购资源,实现规模采购效益,以降低采购成本。为此,提出研究假设 H_2:标包的物资规模显著影响中标价格。

集中招标采购的评标普遍采用综合评估法，企业在招标时会设定评标因素，也就是供应商投标竞价时的竞争因素，包括价格因素和非价格因素两类，其中非价格因素主要有商务因素、技术因素、服务因素。评标因素及权重的设置在评标过程中发挥着重要的客观作用，通常投标价格的高低与价格因素的权重密切相关。为此，提出研究假设 H_3：评标时标包的价格因素所占权重显著影响中标价格。

标包一般是按照"以小组大"、物资规模合理的原则进行划分的，实际上各成员单位物资需求量的差异性很大，部分物资需求量小的成员单位单独组包招标成本较高，无法吸引供应商投标，只能安排协调与其他成员单位合包招标，因此标包内会出现多个收货地址。由于成员单位地理位置（收货地址）分散导致的运输问题对供应商投标报价的影响是显而易见的，为此，提出研究假设 H_4：标包内所包含收货地址的数量显著影响中标价格。

（2）变量选取与说明　为了定量分析研究不同标包划分策略下标包中标价格的差异性，本例的因变量为每个标包的中标价格，即招标采购物资的中标单价。根据假设自变量选择的是标包划分策略中与因变量密切相关的 4 个因素：①竞争强度，用参与投标竞价的供应商数量表征；②物资规模，用每个标包所采购物资的数量表征；③价格权重，用评标时标包的价格因素所占权重表征；④收货地址数量，用每个标包内所包含企业集团下属成员单位的数量表征。表 5-15 为变量描述性统计。

表 5-15　变量描述性统计

变量名称	平均值	标准差	最大值	最小值
中标价格（万元）	0.600	0.051	0.798	0.530
竞争强度（个）	48	12.780	86	9
物资规模/t	2210.150	646.222	3850.300	723.000
价格权重（%）	0.618	0.111	0.7	0.45
收货地址（个）	1.248	0.663	7	1

从表中可以看出，各标包参与投标竞价的供应商数量差异较大，竞争强度最大的标包有 86 家企业参与投标竞价，竞争强度最小的标包只有 9 家企业参与投标竞价，即各标包之间的竞争性差异较大；物资规模方面，平均值为 2210.150，标准差为 646.222，数据离散程度较大，说明各标包内的物资数量规模参差不齐；收货地址数量方面，因该企业集团 2017 年共计 27 家下属成员单

位参与集中招标采购,且收货地址以省为单位相隔较远,所以多数标包内只含一家成员单位的物资需求,少数标包内包含了多家成员单位的物资需求,这说明实际的标包划分不仅考虑各成员单位的地理区域位置,缩小同一标包内物资的供应范围,弱化运输配送问题,节约物流成本,还强调合理控制标包的物资数量,充分发挥规模采购优势。确定了自变量(控制变量)后,还需要对其进行分组、赋值,以便后续在分组的基础上进行实证分析。

聚类分析作为一种定量的数据统计分析方法,可以将所有样本按所属类别分组。本例中物资规模和竞争强度的标准差比较大,为避免主观随意的不合理分组,选择利用模糊 C 均值聚类对物资规模和竞争强度进行了归类划分,图 5-23 为用 Python 软件计算的物资规模聚类结果。

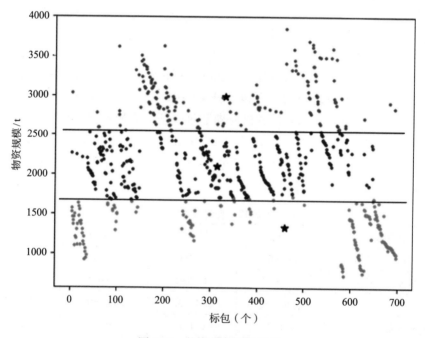

图 5-23 物资规模聚类结果

为自变量分类、赋值及定义说明,竞争强度和物资规模根据聚类结果分为了 3 组(见表 5-16)。价格权重的分组赋值依据 2017 年实际评标时标包价格因素所占的权重,分别为 0.7、0.65 和 0.45。由于样本中大多数标包只包含一家成员单位的物资需求,因此收货地址数量方面分成了一个和多个两组。

表 5-16 自变量分类、赋值及定义说明

自变量	赋值	定义说明
竞争强度	1，2，3	1=低强度，投标企业≤30家 2=中强度，30家<投标企业<60家 3=高强度，投标企业≥60家
物资规模	1，2，3	1=小规模，标包物资≤1650t 2=中规模，1650t<标包物资<2500t 3=大规模，标包物资≥2500t
价格权重	1，2，3	1=低权重，标包价格因素权重为0.45 2=中权重，标包价格因素权重为0.65 3=高权重，标包价格因素权重为0.7
收货地址数量	1，2	1=一家成员单位的物资需求 2=多家成员单位的物资需求

(3) 实证检验及结果分析

1) 正态分布假设检验。利用 SPSS 软件中的夏皮罗-威尔克检验和柯尔莫可洛夫-斯米洛夫检验对各标包的中标价格（因变量）是否服从正态分布进行了检验。正态分布假设检验结果见表 5-17，显著性概率值 Sig. 均为 0.000，这表明各标包的中标价格不服从正态分布。

表 5-17 正态分布假设检验结果

夏皮罗-威尔克检验			柯尔莫可洛夫-斯米洛夫检验		
统计量	自由度	显著性	统计量	自由度	显著性
0.189	698	0.000***	0.893	698	0.000***

注：*** 表示在 0.01 的水平上显著相关。

2) 多重共线性检验。本例研究的是标包划分策略中标包的竞争强度、物资规模等因素对标包中标价格的影响情况，在多个因素产生影响的过程中，需要考虑其相互之间是否存在影响，因此对 4 个自变量进行了多重共线性检验，检验结果见表 5-18。根据多重共线性的衡量标准，可认为自变量之间不存在相互影响的多重共线性问题。

3) 非参数检验。本例从标包的竞争强度、物资规模、价格权重、收货地址数量 4 个维度出发对标包进行了分组，由于各标包中标价格都是相互独立的，因此可以将不同分组的标包看作不同的独立样本，采用非参数检验法进行差异性检验，判断差异是否显著。

表 5-18　多重共线性检验结果

自变量	共线性诊断统计量	
	容差	VIF
竞争强度	0.924	1.082
物资规模	0.913	1.096
价格权重	0.999	1.001
收货地址数量	0.878	1.140

根据因变量中标价格的数据类型（连续变量）及各影响因素不同的分组数量，本例中采用的是 SPSS 软件中两个独立样本非参数检验（曼-惠特尼秩和检验）和多独立样本非参数检验（克鲁斯卡尔-沃利斯检验），当渐进显著性小于 0.05 时，则判断不同的独立样本存在显著性差异，认为该组别的自变量因素存在显著性影响，秩平均值等描述才具有统计学意义。非参数检验结果见表 5-19。

表 5-19　非参数检验结果

自变量		标包数量	秩平均值	渐进显著性
竞争强度	低强度	75	418.37	0.000 ***
	中强度	494	354.14	
	高强度	129	291.70	
物资规模	小规模	162	386.80	0.000 ***
	中规模	352	311.50	
	大规模	184	389.36	
价格权重	0.45	209	584.56	0.000 ***
	0.65	104	333.91	
	0.7	385	226.11	
收货地址数量	一个	581	342.41	0.038 **
	多个	117	384.73	

注：*** 表示在 0.01 的水平上显著相关；** 表示在 0.05 的水平上显著相关。

此外，在标包的竞争强度、物资规模、价格权重方面，由于分组数量大于 2 个，因此基于两独立样本曼-惠特尼秩和检验对两两组间的显著性差异也进行了检验（见表 5-20）。

上表的结果表明，标包的竞争强度对标包中标价格的影响在 1% 显著性水平上存在差异，故可以接受假设 H_1，认为不同竞争强度的标包在中标价格上存在显著差异。此外，从各组秩平均值的对比可以看出，低竞争强度标包的中标价格要高于高竞争强度标包的中标价格。由此说明，提高招标竞争性，吸引更多的供应商参与投标竞价，有利于形成充分的市场竞争，以获得供应商更低的标包报价，达到最大限度降低采购成本的目的。

表 5-20 组间非参数两两比较结果

自变量		秩平均值	渐进显著性
竞争强度	低强度	328.27	0.014**
	中强度	278.43	
	低强度	128.11	0.000***
	高强度	87.61	
	中强度	323.21	0.002***
	高强度	269.09	
物资规模	小规模	287.45	0.002***
	中规模	243.72	
	小规模	180.85	0.2
	大规模	167.03	
	中规模	244.28	0.000***
	大规模	314.84	
价格权重	0.45	207.19	0.000***
	0.65	56.13	
	0.45	482.37	0.000***
	0.7	197.14	
	0.65	330.27	0.000***
	0.7	221.96	

注：*** 表示在 0.01 的水平上显著相关；** 表示在 0.05 的水平上显著相关。

从标包物资规模的视角看，克鲁斯卡尔-沃利斯检验认为标包的物资规模对标包中标价格的影响在1%显著性水平上存在差异，可以接受假设 H_2，认为不同物资规模的标包在中标价格上存在显著差异。对于多组物资规模进行的两两比较结果表明，小规模和中规模间、中规模和大规模间在标包中标价格上存在显著性差异，小规模和大规模间在标包中标价格上的差异则无统计学意义。结合各组秩平均值的对比可以描述为中等物资规模的标包，其中标价格要低于小物资规模和大物资规模的标包。由此说明，相对于分散招标采购而言，集中招标采购通过扩大物资规模可以实现规模效益和增强议价能力，获得投标供应商更低的标包报价。但一味地扩大物资规模，由于满足产能要求的供应商数量有限，会造成投标竞价的竞争性不足，不利于获得低的标包报价。

在标包价格因素权重方面，克鲁斯卡尔-沃利斯检验结果表明可以接受假设 H_3，认为评标时标包的价格因素所占权重显著影响标包中标价格。从秩平均值可以发现，标包价格因素所占权重越低，标包的中标价格越高。究其原因，供应商投标一般都是通过平衡中标概率和利润率来进行竞价，标包价格因素权重低意味着标包在利润方面具有较大的浮动空间，物资供应商的报价会相对较高，因此反映在最终的中标价格上也会较高。

收货地址数量方面，曼-惠特尼秩和检验结果表明标包内所包含收货地址的数量对标包中标价格的影响在5%显著性水平上存在差异，故可以接受假设H_4，认为标包内所包含收货地址的数量显著影响标包中标价格。通过秩平均值可以看出，当标包内包含多个收货地址时，标包的中标价格更高。原因是投标供应商的报价都是包括物流运输费用的车板价格，当标包内存在多个物资交货地时，反映在最终的中标价格上也会较高。

(4) 结论与建议　集中招标采购是现代大型企业集团取得最大利益的战略选择和制度安排，具有广阔的应用前景。本案例以研究集中招标采购模式中的标包划分作为出发点，探讨了不同标包划分策略下标包中标价格的差异性，可为招标企业科学地进行标包划分，充分发挥规模性物资集中招标采购的优势，获得更低的供应商投标报价提供信息支持和决策建议。

1) 企业对自身的物资需求及相关市场实际行情信息要有客观、全面的了解，尽量通过合理的标包划分来控制投标准入门槛，吸引更多数量的优质、专业供应商参与投标竞价。参与投标的供应商越多，意味着标包的竞争强度越大，相应地可以获得更低的标包报价。

2) 集中招标采购最大的优势是将分散的成员单位的采购资源进行整合，形成规模采购优势，提高采购效率，降低采购成本。但采购资源的整合并不是意味着简单的物资数量叠加，而应该是在更广泛的市场范围内控制采购资源渠道，调整供应商结构，保障物资供应。当标包内物资规模过大时，满足产能要求的供应商数量急剧减少，会导致投标的竞争性不足，反而容易造成投标报价增加。因此，标包的物资规模应与潜在供应商的数量、资质能力和企业实力相适应，以形成有效的竞争。只有合理控制标包的物资规模，才能在提高物资资源保障度的同时获得更低的标包报价。

3) 企业要根据所需物资的技术复杂度、对投标企业的商务要求、服务要求等具体实际情况，在满足自身物资采购需求的前提下，科学合理地制定标包价格因素在评标时所占的权重。价格因素权重越高，供应商的竞争性就会越强，看重通过低报价达到中标的目的，相应地标包中标价格会比较低，有利于节约采购成本。但过高的价格因素权重可能导致供应商在非价格因素上无法提供优质的保障，还会使具有技术优势或其他优势的供应商无法体现自身的软实力和价值。因此，评标时需要定性分析与定量分析相结合确定标包价格因素所占权重，需要科学地统筹考虑实际物资采购需求和采购成本，兼顾价格竞争与价值竞争，避免供应商为中标过分追求低报价，而忽视物资质量、服务质量。

4) 分散的成员单位，显然当标包内只包含一个收货地址时，物流运输成本会比较低。但很多情况下，单个成员单位的物资需求比较小，它的标包对供应商没有足够的吸引力，容易造成投标竞争性不足或者流标。为了发挥规模优势，通常是打破行政区域的界限，使同一标包中物资的供应范围覆盖较大的地理区域，这就会相应增加供应商的物流运输成本，导致投标报价增高。因此，如何兼顾实现规模采购优势和控制物资供应范围，节约运输成本，是标包划分时必须重点关注的问题。集中招标采购模式下的标包划分需要做好协调工作，系统考虑招标物资规模和成员单位所处的地理位置，可以通过规划配送流程，将相邻的供货地区划分成一个标包，利用区域集中化的手段降低多地供货的物流成本。

2. 借助全生命周期评价替代传统人工评分

全生命周期管理是从系统或项目的长远经济效益角度，采用各种技术经济组织措施，对整个系统的设计规划、采购、安装、运行维护、技术更新和报废处理等全过程进行管理，以保证系统的稳定运行，并对整个生命周期中的各种费用进行控制，从而降低系统的成本。基于此，生命周期成本理论从系统化的视角，突破了传统的分阶段管理的边界，综合考虑各阶段的成本，以系统最佳效益为依据，考虑到未来的各种成本，寻找最佳的效率-成本平衡，确定成本最低的方案。

无论是设备制造企业，还是设备最终使用企业，它们的业务运营过程中都会产生海量的设备数据，如电力设备使用企业（电网公司）会产生大量关于设备维护、检修、报废的数据，电力设备制造企业会产生因备件、材料等原因导致设备检修、退役的数据。而隐藏在这些数据背后的未知有价值信息可以指导采购活动。例如，通过建立设备技术参数与费用间的对应关系，企业可以识别出影响使用功能的关键参数，在总成本最优的目标下选择最为理想的设备。

将全生命周期（LCC）理论应用到采购环节，它的实现思路可以分为两步。第一步，建立 LCC 成本归集计算方法体系。首先，分析不同设备的全生命周期成本结构，研究不同类型费用分解结构，建立费用模型。其次，规范设备全生命周期费用归集、分摊流程，优化完善设备全生命周期费用构成。最后，通过完善归集分摊方法，统计设备全生命周期的成本，实现成本归集至设备。

第二步，在第一步的基础上改进、完善招标方案。首先，基于设备选型决策方法，建立不同设备的 LCC 招标标准，明确设备基本要求及需投标方提供的 LCC 计算参数。其次，研究招标和投标流程优化办法，建立基于 LCC 理论的评标体系，统一供应商报价与技术质量存在的效益背反关系，明确理论验证条件和验证方法要求，明确扣分或废标的相关条件。最后，对该招标供应商评价体系进行试点应用，进一步完善试点批次招标的招标方案及配套文件，提出设备招标制度优化管理建议。

按照以上思路，具体应用过程如下：

1) 获取待选型的设备，确定其全生命周期成本结构。设备的全生命周期阶段可以分为概念和定义阶段、设计与研制阶段、制造阶段、安装阶段、运营和维护阶段和退役处置阶段，全生命周期成本为以上各阶段所发生的所有成本的和，可用式（5-22）表示：

$$C_{LCC} = C_1 + C_2 + C_3 + C_4 + C_5 \tag{5-22}$$

式中 C_{LCC} 表示全生命周期成本；C_1 表示初始投资成本；C_2 表示运维成本；C_3 表示检修成本；C_4 表示故障成本；C_5 表示报废成本。

由于不同设备或物料的特性存在差异，所以它们的全生命周期成本结构需要根据特定的设备或物料来确定。例如，对于电力设备终端使用者来说，它的采购对象为电力设备，因此它需要根据电力设备的使用特性确定 LCC 成本结构。以 10kV 柱上变压器为例，初始投资成本由设备购置费和设备安装调试费构成，运维成本包括年运行损耗费、年巡视费、年常规运维成本，检修成本包括常规检修作业成本和装置性材料成本，故障成本主要考虑典型故障作业成本，报废成本则由报废处置成本和处置收益构成。对于电力设备制造企业来说，它的采购对象为电力设备部件，需要根据电力设备部件的使用特性确定 LCC 成本结构。初始投资成本由部件购置费和部件运输费用构成，故障成本主要考虑由于供应商原因导致的最终设备维修、售后成本，报废成本则考虑由于供应商原因导致的最终设备退役成本，而运维成本、检修成本往往不需要考虑。

2) 根据步骤一中确定的全生命周期成本结构，结合数据空间，收集待评价设备、部件全生命周期的相关计量数据。各要素成本资料的采集直接影响到整个生命周期成本的精确性，它是进行全生命周期成本分析与评估的基础。数据采集的来源与方式主要有设备档案、采购合同、运行记录、报表、检修台账、维护费用报表、故障报告、材料消耗报告、设备更新改造信息等。根据生命周期成本划分的分项成本，对成本数据进行收集。收集相关的设备基础信息，便于日后根据设备成本资料进行决策和计算。

3) 借助历史数据，结合估算、回归等方法建立 LCC 费用模型。根据相关研究和项目实践，存在两种建立 LCC 费用模型的办法。第一种方法是由投标人填报质量信心值，投标人根据自己的产品质量确定自己的产品是高于平均水平还是低于平均水平，同时借助承诺条款和惩罚机制约束供应商"言而有信"。第二种方法是建立参数与费用的关系式，把全生命周期费用同各个因素联系起来，根据参数与费用的统计关系选择回归模型的形式，运用回归分析法建立参数费用估算关系式。招标时，由投标人填报相关技术参数，招标人则根据技术参数评估设备或物料的全生命周期成本。两种方式都有自己的优势和劣势，从难度上来说，前者更容易实施，后者则比较困难。在精确性方面，采用后一种方法可以较好地判断出设备的主要参数，反映出设备的价格，从而使全生命周期的费用估计更加精确。

4) 根据企业的实际接受范围，调整评标方式，实现 LCC 招标落地应用。在企业实践中，LCC 招标方法往往对企业现有的招标流程改进过大，因此需要以渐进的方式试点应用。在应用前期，建议将 LCC 成本作为技术标部分的参考，或者代替其中一部分专家的意见。如果实行效果较好，可以考虑在后期用 LCC 成本作为评标的主要依据，将数据优势利用在招标和投标领域，解决人为因素缺陷。此外，值得注意的是，在应用 LCC 采购办法时，要合理运用承诺条款与惩罚机制，以防投标人在产品质量、LCC 验证方式等方面约束供应商，满足设备全生命周期内考核要求，将违约供应商纳入不良供应商考核，以此约束供应商如实填报。

传统模式下，对于招标采购活动中不正当竞争行为的监管具有片面性，存在"治标不治本"、缺乏长效管理机制的问题。用 LCC 评价办法替代人工打分，可以有效防止评标人与投标企业间串通，有效防范治理不正当竞争行为，促进市场公平、有序竞争。

5.4 大数据背景下制造业备品备件需求管理

5.4.1 大数据与备品备件管理

随着社会需求的多样化与生产技术的精细化,制造业的生产加工线越来越长。在环环相扣的生产流程中,一旦某个环节的设备出现故障,就有可能导致整条生产线停滞。为了应对这种突发情况,制造企业必须时刻准备相应的设备材料,即备品备件。

备品备件对制造企业的生产有重要的意义,备品备件的复杂的管理问题也是制造企业的难题:相较于一般生产资料的库存管理,备品备件种类过多,而且需求难以确定;同时,复杂的市场环境使得备品备件的供给时常存在较大的波动,采购风险增加——内外因素的共同作用使得库存管理人员不得不储备超额的备品备件以防止意外事故的发生。堆积的备品备件不仅妨碍了企业资金流的正常运转,还导致库存成本居高不下,影响企业生产利润的提高。传统的备品备件管理模式与技术已经难以跟上现代化生产的脚步,如何利用更少的时间和成本去管理更多、更复杂的备品备件——这样的难题迫使制造企业去追求更加高效的管理手段,而大数据正是一剂良药。

大数据技术作为辅助决策运营的重要工具,在备品备件的业务管理中提供了重要帮助。例如,收集备品备件过去的需求量、故障分布等数据,并进行处理、分析、挖掘,便能预测出未来某段时间内备品备件的需求量。合理地使用大数据技术,能解决备品备件因其种类繁多等特殊性质而产生的管理难题,大大降低制造企业的库存管理费用,增加企业的生产利润。

5.4.2 备品备件管理的基本介绍

1. 基本概念

备品备件是一个总称,是设备在正常生产运行的过程中,为应对日常磨损消耗、突发故障检修时所储备的设备材料及零部件。

备品备件管理的概念与库存管理类似,是指对备品备件需求、采购、库存进行管理的手段,目的是在维持较低的库存成本的同时,保障合理的备品备件库存储备,提高设备维护的可靠性与经济性。

相较于一般库存,备品备件主要特点为种类多:备品备件的设计、型号、材质、标准等各式各样,交叉组合后产生了大量备品备件,而这些备品备件往往不能替换使用。因此,在库存管理中,在同样大小的空间中,备品备件的种类会远远多于一般库存,产生了大量库存数据。这就导致库存管理人员难以根据备品备件的特点合理地安排空间布局、制订采购计划。

在不同领域中,备品备件的分类标准不一,整体上根据用途,备品备件一般可分为事故类备件、轮换类备件及消耗类备件。

事故类备件是指设备仍在有效生命期内,为避免因偶然因素而导致故障所储备的备件。该类备件往往涉及关键设备,难以预料它的使用时机,一旦出现问题便会严重影响生产;同时由于它做工复杂,修复难度较高,供应周期长,因此是备品备件库存管理中最为困难的一类。

轮换类备件是指经过修复后可以反复使用的备件。在检修过程中,部分备件的损伤一时很难发现,为了尽量缩短检修时间,便于生产线继续运转,通常直接更换轮换类备件,随后将换下的备件移至库房进行统一检修。

消耗类备件是指在使用过程中会受到较大损耗的备件,通常为一次性使用。

2. 备品备件管理的重要意义

(1) 备品备件管理能保障生产线正常运行 备品备件的及时采购与合理储存是企业正常生产运行的必要条件。一旦备品备件管理出现问题,生产线出现需求时无法及时得到相应的备品备件,就有可能延长生产线的维护时间。尤其是事故类备品备件,能帮助企业应对设备故障等突发情况,增强企业生产线的抗风险能力,最大限度地减少设备故障时间。

(2) 备品备件管理是帮助制造企业节约成本 备品备件的种类繁多,它们的需求周期与需求量存在很大的差异。传统制造企业不具备精细化管理的人力及技术,只能采取粗放式管理;然而这带来了库存积压、盘点困难、采购效率低下等问题。考虑到备品备件的使用涉及整个企业的生产流程,它的管理成本将会累计为相当大的数额,而这些都能通过大数据技术加以精细化管理以节约成本。

(3) 备品备件管理能促进供应链协同发展 备品备件管理除了涉及企业的生产运作之外,还与采购管理活动息息相关。现代化制造企业的正常生产运行依靠大量机器的协调操作,不同机器的备件在种类、型号上不尽相同,单个部件上的备件往往需要多家供应商提供,它们的采购信息更加复杂。因此,做好备品备件的采购管理,对于制造企业建立良好的供应链协同关系来说有很大的帮助。

3. 备品备件管理所面临的问题

由于备品备件具有种类繁多的特殊性，因而在传统的备品备件管理过程中往往会遇到以下五个问题。

（1）需求预测精度低　需求预测需要基于企业的生产能力、日常订单量、采购周期、运输时间、入库流程等诸多环节综合考虑。

在常规的库存管理中，需求预测就是最大的难题之一，而在备品备件的管理上，这个问题更加严重：由于备品备件本身的种类相对较多，不同备品备件的使用寿命、使用频率不尽相同，传统的需求预测方法对这种复杂的数据并不能达到很好的预测效果。管理者难以准确地预测所有备品备件的库存需求，但为了避免因出现备件不足而影响正常生产活动的问题，只能选择根据经验制订需求计划——而这很可能带来超出预期的库存积压，不利于企业资金的流动。

（2）采购管理难度大　一方面，备品备件的需求预测精度低增加了采购管理的难度；另一方面，信息传递慢、信息不透明给制造企业的备品备件采购带来了很大的风险。

在公司内部，仓库管理人员、生产人员、采购人员之间存在信息壁垒。仓库管理人员难以接触到生产设施的损耗情况，更无法把握每个材料、每个型号的使用需求；生产人员无法掌握现有的库存信息，只能根据生产需要或突发事件向仓库提出需求；采购人员无法掌握市场的货源情况，加上只能被动地等待采购计划，因此无法在第一时间找到能快速提供货源的供应商。

在公司外部，由于单个备件供应商所能供应的备品备件有限，制造企业的上游往往存在很多的备件供应商。传统的库存管理模式的数据流通效率低，上游供应商无法及时获取制造企业的备品备件需求，制造企业也无法了解供应商的生产能力变化，因而很容易出现供应商缺货的情况。

（3）仓储管理成本高　在入库验收方面，备品备件批量小，但在验收过程中执行的标准更加完备、严格。供应商需提供技术图样、产品说明书、质量检验合格报告等全面的资料，仓库管理人员应对名称、规格、质量与数量进行严格的核对。由于备品备件种类繁多，验收环节的资料票据不仅量大，而且内容复杂，即使是具有专业技术知识的管理人员，也不一定保证会严格核对所有资料。同样的情况还出现在货物的盘点中。由于备品备件种类较多，标记、辨识困难，很容易形成管理盲区，管理者不得不安排大量人力完成盘点工作。

（4）故障检测反应慢　传统备品备件的故障检测由技术人员负责，但受限于设备量多、参数复杂，人力无法实现实时地监测备件的健康状况。多数情况下，技术人员无法预测备件的损坏，只能在备件出现故障后进行更换。这不仅会错过最佳的更换时间，还可能会对备件及设施带来不可逆的损伤，减少设施的使用寿命，降低报废件的价值。

（5）备件报废效率低　部分公司很少充分利用报废件的价值。通过精益化处置，备品备件报废件依然能产生较大的价值；然而在实际的报废过程中，受到鉴定技术不成熟、信息不透明和报废数量不足额等问题的影响，备品备件的报废往往不了了之，影响了制造企业的利润。

4. 大数据下备品备件管理的基本流程

备品备件管理所面临的问题是由备品备件存在"种类繁多"的特性而造成的。备品备件的种类繁多，造成数据过多，标准不一，手续复杂，进一步造成管理困难。那么是否能根据这个原因来制定解决方案？答案是否定的，因为通过标准化，企业能在一定程度上控制备品备件种类的数量，但在买方作为主导的市场中，制造企业无法阻挡市场需求的多样化给备品备件带来的影响。因此，现阶段不存在解决备品备件种类繁多这一特性的方法。但换个角度，我们可以利用大数据技术，对因其种类繁多而产生的大量数据制定解决方案。

针对备品备件管理中可能面临的问题，结合大数据技术的应用方法，本书设计了大数据背景下备品备件管理的基本流程，如图 5-24 所示。

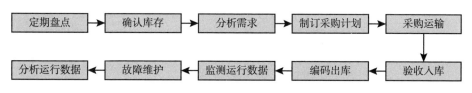

图 5-24　大数据背景下备品备件管理的基本流程

从基本的管理流程上来看，备品备件的整体管理流程与一般的生产物资管理并没有本质的差别，其中具备特殊性质的备品备件如易碎品、危险品等的需求管理流程也与相应的特殊物资基本相同。

这是否意味着备品备件的管理可以与一般物资相同？并非如此，在实际的管理过程中，需要合理关注备品备件的特殊性质。总体而言，相较一般的生产资料物资管理，备品备件的库存管理更加严格，需要与其供应周期、故障处理时间相结合；强调检查超储库存的重要性，避免造成库存积压；考虑备品备件的使用特点与技术要求，在编码和维修上也需要特殊管理。

以下是大数据背景下备品备件管理的5个具体流程。

（1）需求预测　通过大数据技术收集、处理仓库备品备件的各项数据，分析现阶段的生产需求、设备磨损情况，设置合理的安全库存与再订货点。当收到需求通知时，统计当前备品备件的库存，查看是否存在备件缺货；同时严格检查超额库存，避免造成库存积压。

（2）采购管理　利用大数据技术处理过去备品备件的安全库存、消耗速度、采购周期等数据，制订合理的采购计划，并交由上级部门审核。通过高效的数据共享平台，打破公司间的"数据孤岛"，及时了解公司合作关系及市场变动情况，将采购任务合理分配给各采购员，完成采购业务。

（3）仓储管理　当供应商完成备货作业后，根据采购计划及合同安排运输任务。随后组织验收、入库作业，利用射频技术快速录入所有单据的数据，对其中包含的结构化与非结构化数据实施智能化的处理，统一上传到大数据平台进行管理。以信息共享为基础，发展联储、联调、联备的库存管理模式，进一步提高库存管理效率。

（4）编码管理　对于需要使用的备品备件，将其从仓库中调出，并采用现代编码技术赋予唯一的身份识别码，以跟踪、监测、记录备品备件的使用情况，将其运行数据保留在公司的备品备件数据空间。

（5）报废管理　利用大数据处理过去的备件运行数据，预测设备的故障情况，并提前采取更换措施。备品备件的报废件本身依然存在较高的价值，但公司一般不具备精益化处置报废件的条件，因此需要联系供应商进行回收，或是开展报废件网上竞价拍卖，从而实现价值最大化。

5.4.3　备品备件需求管理方法

根据备品备件的基本管理流程可以发现，备品备件产生的主要成本为采购成本与库存成本。抛开外部市场环境的影响，合理的需求管理是控制采购成本与库存成本的关键：只有控制好需求，企业才能在保证生产线正常运作的同时，最大限度地降低库存量，合理地控制采购次数，实现采购与库存成本的平衡。因此，本书将对大数据背景下的备品备件需求管理方法进行更加深入的讨论。

需求管理是指企业为达成保证生产、降低成本等目的而对需求进行管理，不局限于预测何时会产生需求，而是要通过使用科学的管理手段控制需求出现的时机与构成。在大数据背景下,制造企业想要完成备品备件的需求管理,其数据管理技术需要两个关键能力:能够处理海量的数据,并将之共享给相应的对象。应这一需求诞生的产物就是数据空间。

数据空间是一种基于大数据的分布式多元标签数据存储的底层技术框架,面向全对象全生命周期中关联的所有业务数据,通过对数据进行标准化、加密处理,实现数据的高效、安全传输。

数据空间与传统数据仓库的区别在于,它的作用不局限于存储数据,而是能全面覆盖各种管理信息,包括数据的追踪、标准化与算法的管理、监控等,因此数据空间能打破"数据孤岛",加快异源异构数据的融合,帮助大数据技术更加迅速地挖掘数据中隐含的价值。

基于数据空间的使用,制造企业能更快、更安全地完成数据分析。备品备件的需求管理可以考虑两个方向如下。

1)预测库存需求:根据备品备件的各类历史库存、采购数据,需求预测模型,预测未来某一时期内备品备件的需求量。

2)控制采购风险:建立备品备件的协同数据空间,帮助企业与供应商完成信息连通,通过减少采购风险,减少需求的不确定因素。

1. 预测库存需求

(1)备品备件分类方法　由于备品备件种类较多,它们的需求周期与需求量差异较大,对不同种类的物资进行统一的需求预测显然是不合理的,因此对备品备件的需求预测应该从分类开始。

传统的 ABC 分类是根据物资的占有量及相应的价值来确定物资的等级。例如,A 类物资是合计库存占有量为 5%~10%,但平均金额占有量在 70%~75% 的物资。这种分类方式过于粗糙,没有全方位地考虑到备品备件的各种特性,因而需要考虑其他的方法。

聚类算法是一种无监督的机器学习技术,它无须指定需要分类的规则,能直接从大量的数据中挖掘出隐藏的相似性,并将数据集分为不同的簇。将聚类算法应用于备品备件的分类中,就可以根据采购周期将备品备件分为不同的类,读者还可以根据自身需求,综合考虑备品备件的历史消耗速度与采购价格等,通过更准确的分类实现更加有针对性的预测。

(2)需求预测方法　目前的库存需求预测定量分析方法一般可分为时间序列分析方法、因果序列分析方法,以及基于大数据的机器学习预测方法。

一方面，由于备品备件本身的用途，它的需求数据往往呈现间断性，甚至在很长一段时间内，某种类型的备品备件历史需求数据为 0，数据的起伏波动较大，所以时间序列分析方法不适用于备品备件的需求预测。另一方面，备品备件设备机理复杂，关于它的需求的因果关系的多样且不可预测，很容易在分析过程中出现遗漏因果关系的情况，所以因果序列分析方法同样不适用。

基于大数据的机器学习预测方法，可以绕开对复杂因果的分析，在大量的数据中挖掘相关的规律，即使是在供应周期不稳定、突发事件较多的情况下，也能实现较好的预测效果。因此，本书考虑使用基于大数据的机器学习预测方法来预测备品备件的需求。

基于大数据的机器学习预测方法的实现过程分为如下几步。

1）数据收集。从数据管理系统中收集与目标相关的各种数据。以备品备件的需求预测为例，需要收集的数据包括过去消耗量的分布，供应商的响应时间，安全库存、再订货点、再订货量的设置，以及设备的运行时间等。

2）数据处理。数据往往存在于不同的载体、结构，无法直接用于分析，因而需要对数据进行各种处理。例如，将数据转换成统一的指标，清洗异常值、缺失值，从而形成全新、可用的数据集。

3）数据分析。运用各种统计分析方法，初步分析数据集包含的特征，提取其中的有用信息，从而帮助后续数据挖掘过程选择更好、更有效的手段。

4）数据挖掘。数据挖掘是大数据分析的核心，它是指通过算法从大量数据中挖掘隐含的规律。根据不同的需求，可以设计不同的模型并进行优化。例如，在需求预测领域，刘伟提出一种 Prophet-LSTM 组合模型，针对不同类别备品备件的采购特征，预测相应的采购周期与采购量；荆浩建立了多变量的支持向量机模型，并使用遗传算法对其参数进行优化求解，大幅度提高了备品备件在供应链需求预测的准确性。实际上基于生存分析理论和大数据分析模型，可以有效建立备品备件的需求预测模型。

2. 控制采购风险

（1）采购管理　备品备件的需求管理之所以困难，不仅在于它本身的需求难以确定，还在于它涉及的供应商过多，相应的采购风险也更多。例如，供应商缺货导致备品备件采购提前期拉长，或是供应商利用自身优势地位加价等。由此可见，控制备品备件采购风险，能直接减少备品备件需求管理的不确定因素。

从制造企业的立场来看，想要控制采购风险，除了与供应商形成良好的合作关系之外，还可以运用大数据技术，打破部门间、企业间的"数据孤岛"，加快采购业务的数据流通。

通过大数据与云平台技术的结合，构建标准化的数据共享平台，一方面，可以打破企业内部库存管理人员、生产人员、采购人员与供应商之间的信息壁垒，及时响应采购需求，提高制造企业内部的部门协调效率；另一方面，在制造企业与供应商的业务合作中，供应商在获得企业一定的数据权限时，能更好地配合制造企业完成采购与报废工作，帮助企业维持较低的库存成本，并减少因信息传递慢而增加的响应时间。

除了加快采购的信息流通速度，大数据技术还能减少采购运输过程中的不确定性因素。由于天气变化、交通事故等因素的影响，物流系统面临着许多难以预料的问题，增加了采购提前期的不稳定性。大数据技术能够从气象数据、交通数据等角度对城市交通环境中的各种交通数据进行有效的预测，尽可能减少外界因素对采购运输流程的影响。

(2) 故障预测　故障预测是充分发挥备品备件职能，保障生产线正常运行的最有效手段。通过故障预测，提前对生产线设备进行维护，不仅能减少维护时间，还能最大限度地降低风险，帮助管理者取得备品备件需求管理的主动权。

基于大数据的备品备件故障预测方法主要有两种：一种是根据历史的故障分布，分析其中的规律，它的原理与需求预测类似；另一种是根据分析设备故障时的运行数据，归纳出备品备件即将发生故障时的特征。以下集中介绍第二种方法。

设备健康预测模型的步骤具体如下。

1) 数据收集。在数据库查找传感器收集到的设备数据，包括工作时间、温度、压力、转速等，同时记录当时的设备工作状况——正常或是故障，并注明具体的故障类别以进行区分。

2) 特征提取。通过传感器收集到的数据包含多个维度，即设备的健康状况由多个特征表征，具体来讲，影响健康指数 y 的影响因素包含温度 x_1、压力 x_2、转速 x_3 等，这些参数即是设备运行时产生的特征性信息，在每个时间点提取到的特征即是 (x_1,x_2,x_3) 这种样本点，随后进行降维操作，使数据能更好地反映源数据的特征。

3) 构建健康评分指标。设备的健康状况由多个影响因素共同作用，但各影响因素的参数无法直接用于计算设备的健康状况，因此管理人员需要整合设备运行过程中的数据，按 0~10 分的评分等级打分，分数越高，表明该因素的数据越趋向于设备正常运行时的标准，通过对设备的健康状态进行量化，能更好地把握设备的损耗状态，并管理相应的备品备件需求。

4）构建健康预测模型。在大数据的背景下，机器学习模型在数据多、预测精度需求高的故障监测领域表现突出。代杰杰利用变压器油中气体的相关数据对 LSTM 模型进行训练，比较准确地反映了未来一个月内变压器的运行健康状况。杨威构建包含日期、气象、生产工艺三个特征的故障预测集，并提出一种基于卷积神经网络和门控循环单元组合神经网络的模型，在短期的故障预测中表现出良好的性能。

（3）联储联调　联储联调是指在供应链管理中，各公司利用供应链管理中的信息与资源，建立联合储备仓库，高效利用制造企业与供应商先进的管理技术与设备，分散管理的成本与风险。

备品备件的联储联调能使制造企业与供应商在供应链管理中实现最优的资源配置，在降低成本的同时，省去不必要的交易时间，加快需求响应速度，进一步加强了企业与供应商的联系。

在备品备件的联储联调中，大数据技术能够在资源精准预测与风险管控等方面为制造企业和供应商提供有力支持。通过收集并整合海量的物流数据，如订单量、交通拥堵数据、运输距离等，对这些数据进行数据分析与挖掘，并据此制定出相应的物资储备方案，从而有效地降低不必要的资源浪费。除此之外，利用大数据技术，可以将备品备件的联储联调可视化。通过对备品备件的使用情况等信息进行实时监控，制造企业能够全面了解备品备件的分布与需求情况，并据此做出相应的调整与优化，进而提升备品备件的管理效率与质量。

5.5　本章小结

首先，本章介绍了物流需求的影响因素与预测建模，结合大数据处理、分析、储存等技术，并在传统数据管理的基础上，提出了融合宏观经济数据的物资需求数据空间的构想。考虑到现有研究在工程项目物资需求预测方面存在着一定的局限性，本章以电力工程项目物资需求为例，利用数据空间融合企业内部数据和外部宏观经济数据，基于大数据分析和挖掘技术，建立了精准的物资需求预测模型。其次，本章介绍了制造业多级库存协同优化的定义及库存不同的形式和表现方式，在此基础上分析了库存可能存在的弊端，引申出多级库存的定义、必要性及管理方法与理论；在此基础上，具体到制造业的多级库存，简述了制造业库存的特点及制造业具备多级库存的影响因素，并以成本最小为目标建立了制造业多级库存优化控制模型。再次，本章围绕制造企业生产经营中的采购环节，介绍了制造业中常见的采购方式及特点，并以招标采购为例了剖析制造企业采购中存在的问题，进一步分析了大数据技术在招标采购活动中的优势，并通过案例的形式展示了大数据技术在采购价格分析、采购策略调整中的应用，为制造业采购人员提供借鉴和参考。最后，本章介绍了大数据背景下备品备件管理对于制造企业的重要意义，以及备品备件管理所面临的问题。根据备品备件种类繁多、数据复杂的特性，引出利用大数据技术解决备品备件管理难题。针对需求管理方法，从需求库存预测与库存管理两个方向，介绍了诸如备品备件分类、需求预测、采购管理、故障预测、库存联储联调等多种方法，向读者展示了大数据技术在备品备件管理领域的广泛应用。数据空间的应用可以深化制造业物力集约化管理，洞察企业价值创造活动内在规律，为企业业务活动提供了有效支撑。

第 6 章

制造业生产营销价值链协同数据空间智能管理与优化建模

供应价值链作为企业的外部价值链，通过与外部供应商进行合作交易产生价值联结，满足企业的物资需求，解决了企业物料供应的问题。生产价值链与营销价值链全过程之间的协同联动可以将企业的实物资源转换为企业的实际利润，不断提高企业竞争力，实现企业的价值提升。

生产价值链与营销价值链属于企业的内部价值链。基于数据空间，生产价值链、营销价值链和服务价值链产生有效联结，通过对产、供、销、人、财、物等多源异构数据的综合集成与关联表示，将较为分散的数据整合为标准化、制度化、程式化的有效数据。这些有效数据包括了企业业务系统内部的结构化数据与非结构化数据，可以辅助企业在多维数据时空内制定出与生产和营销相关的决策，有效解决了目前企业在生产环节与营销环节中的难题。生产价值链、营销价值链与其他价值链之间的耦合，构成价值链协同机制，如图 6-1 所示。

基于生产价值链视角，企业的生产计划可带动企业的全价值链协同联动。企业调动内部价值链中的人力资源与实物资源，以高效完成计划期内的产品生产指标为目的，综合制订企业的生产计划。合理匹配与企业能力相关的工作量与开工率，保证合理的生产量、满足交货时间等，这些综合性的生产计划需要企业内部价值链与外部价值链协同联动与相互配合。

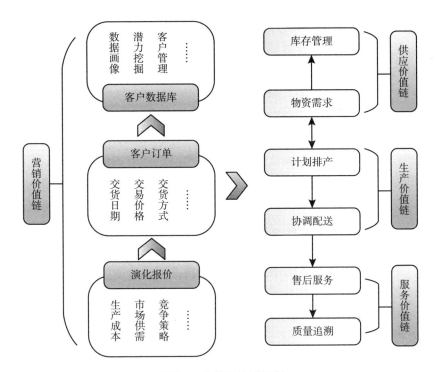

图 6-1　价值链协同机制

企业高级计划与排产（Advanced Planning and Scheduling，APS）系统是企业制订生产计划的关键系统。APS 系统基于对订单信息的目标分解，完成订单生产的综合布局。订单生产计划的制订不仅是生产价值链中的关键环节，还是内部价值链中连接上游外部供应价值链与下游营销价值链的关键环节。生产价值链基于 APS 系统所生成的订单生产方案实现企业的价值增值。APS 系统提取数据空间中的多模态数据信息（静态信息、动态信息、数值信息、视频信息等），结合企业生产策略规则，采用"正向"与"逆向"、"长期"与"短期"结合的优化模式，充分利用企业现有的资源信息，精益分割工序负荷，制订合理的机组排程，优化瓶颈工序，降低在制品产品库存，尽可能缩短订单生产周期。排产方案完成后，企业内部的生产部门或各个班组有条不紊地按照计划进行产品生产。若在生产过程中，突发紧急情况或意外事件，例如，重要客户的插单事件、客户撤单、机器故障等，会打破企业原有的排产规划，增加企业的生产成本，是目前制造企业在生产过程中较难解决的问题。在数据空间中，通过多价值链协同联动可以解决此类问题。生产价值链与供应价值链、营销价值链联结，可以明确紧急插单的客户信息和物料库存信息，确定产能的可得性，最后通过数据化的方式量化评估紧急插单的损失，并借助客户信息辅助提出应对插单时的谈判策略，最大限度地减少对原有排产方案的干扰，最终以实现企业利润最大化为目标，辅助企业生产决策。

基于营销价值链视角，企业签订的生产订单可带动企业的全价值链协同联动。营销人员基于数据空间内部的订单管理系统（Order Management System，OMS）完成新订单的签订与录入，形成订单追踪流程时间线，以数字化的方式完成订单的全链条追踪与监测。基于数据空间，OMS 通过管理订单全生命周期的数据来完成企业内的营销价值链服务增值过程。订单产生后，营销记录直接对接企业的财务系统，客户信息直接录入企业的客户数据库。财务系统动态更新营销人员的销售档案信息，按照企业制定的激励奖惩制度更新营销人员的工资清单，完成对企业内部人力资源的价值赞赏。客户数据库对客户信息进行全链搜索，集成外部数据平台与客户信息相关的所有公开数据，以结构化与非结构化的方式整合客户信息，完成对目标客户的大数据画像。订单信息一旦确认，便开始实行数字化全流程监控，将订单信息进行价值链全过程数据分解，将订单信息的分解目标与企业生产流程紧密结合，编排企业的采购管理、排产计划、离散调度、多级库存等关键环节的产品生产信息与物资调动信息。企业内数据空间的底层数据服务平台与外部公共系统服务平台进行对接，可让客户对产品的全流程环节进行监控，也可让企业内部管理人员把控订单的生产流程直至订单完成。完成后的订单数据信息进入服务价值链，继续为客户提供相应的售后服务，直至产品寿命的终结。

此外，在数据空间中，企业生产与营销环节最易引发全链条价值联动的决策包括调度优化、协同配送、演化报价等，本书将在本章逐一叙述。

6.1 不确定环境下制造业生产离散调度优化

6.1.1 制造业生产不确定环境概述

随着生活水平的不断提高、信息技术的不断发展，消费者对产品的需求日益多样化和个性化，新技术的出现大大加速了产品的更新换代。总体而言，传统的大批量生产正在向精益生产等现代生产方式转变。现代生产模式具有流程自动化、产品多样化、中小批量等特点。这些新现象增加了制造业生产调度的难度。生产调度可以在面对环境的不确定性时，做出更加快速、有效的反应，使企业在产品服务与客户需求方面取得更大的成功，使企业在市场中保持更强的竞争力。

生产调度在企业生产过程中扮演着重要角色。生产调度作为企业的核心业务环节，直接影响到企业的生产成本和生产效率，决定了一个企业能否有效、平稳地运转，并在市场上维持其竞争力。通过科学的生产调度，可以在有限资源下实现如下目标：加工成本最小、利润最大、消费者满意度最高或者机器利用率最高。Chen等的研究表明，实际加工时间只占产品制造整个周期的8%，其余部分属于等待加工、运输和存储。因此，通过对制造企业的生产调度进行优化，可以明显降低成本，提高利润，使整体体系可以有效地运行，确保产品及时地满足市场的需求。然而，在实际应用中，突发事件和不确定性的存在给生产调度增加了难度。如果不及时解决这些问题，可能会危及生产效率和顺畅性。

在生产调度研究中有两种趋势。第一种为忽略不确定事件造成的影响，利用约束条件设定固定范围，如加工工件数不变、生产条件不变、资源充裕等，从而导致生产调度方案与实际执行存在误差。第二种为考虑不确定性因素的影响。因为生产车间是一个动态、不确定的环境，生产过程中会面临诸多不确定事件的发生，如加工计划变更、资源供应短缺和操作失误等。忽略任何一个因素都会导致原定调度方案无效，无法达到最优效果。由此可见，不确定性事件在调度中不容忽视。

6.1.2 制造企业生产调度问题分析

企业要实现产品生产周期短、市场响应迅速等目标，必须采取有效的措施。刘明周等指出，随着现代生产制造模式的发展，生产调度过程中存在着不确定性，这些不确定性表现在信息获取的不完整性、工件到达时间的不确定性及制造过程中的频繁变动。调度问题是指在一定的时间跨度和顺序等约束条件下，通过合理安排加工时间和资源，按照时间、数量和质量要求完成生产任务，达到提高生产效率、缩短生产周期、降低生产成本和实现企业利润最大化的目标。

1. 一般生产调度问题

一般情况下，作业车间调度问题可以被描述为：有一批要被加工的工件，其中有 n 个不同的工件，每一个都含有 k 个工序，且需要在 m 台机器上进行处理。在加工这些工件的同时，必须要符合所有约束条件，将工件的加工次序和工序的开工时间进行合理的安排。在所有车间调度问题中，作业车间调度问题和柔性作业车间调度问题是两类典型的生产调度问题。

徐瑨提出了基于 JSP 的优化策略，通过改进调度问题达到提高产能的目的。他对变量、约束条件、目标函数及编码方式做出了详细说明。

（1）8 个变量　总工件数为 n；机器总数为 m；每个工件完工时间为 C_j；第 j 个工件的第 h 道工序为 $O_{j,h}$；第 j 个工件的第 h 道工序在机器"i"上加工表示为 $M_{i,j,h}$；第 j 个工件的第 h 道工序在机器"i"上加工的时间表示为 $P_{i,j,h}$；第 j 个工件的第 h 道工序完工时间为 $C_{j,h}$。

（2）约束条件　4 个工序约束条件。

（3）目标函数　目标函数为 $\min(\max C)$。

（4）编码方式　通过对比 MSOS 编码、表格编码、A/B 串编码、三元组编码和矩阵编码等方法，选用 MSOS 编码方式。

通过引入遗传算法建立了基于 JSP 的优化策略，解决了面临大量订单问题时出现的效率低下问题。为企业后续发展过程产生的问题提供了新的解决思路。

2. 离散生产调度

现有的生产调度研究主要针对单一资源进行分析，但在生产过程涉及多个生产要素。因此，仅依靠单一资源的调度很难适应整个企业的调度需求，必须对多个资源的调度进行研究。求解离散制造车间多资源的调度优化问题，能够将离散制造车间中的各类生产资源最大限度地发挥出来，从而提升企业的生产效率，减少在加工制造环节中出现浪费的现象，达到降低公司成本的目标，这对于提升离散制造企业的核心竞争力有着重要的作用。

离散制造是指多个零件在不同机器上经过一些不连续的工序，按照一定的约束条件加工完成，最后组装成成品，属于特殊的 NP-hard 问题。离散制造的特点是多品种和小批量，而且每个产品都有其特定的加工流程，可以选择多个机器来处理同一工序。因此，对零件的灵活调度可以显著提升工作效率并减低成本。

唐红涛等分别从决策变量、目标函数和约束条件对多品种小批量模式下离散制造车间调度问题进行了研究。

(1) 5个决策变量　工件 $p_{i,j}$ 第 k 个加工阶段的开始加工时间为 $S_k^{i,j}$；工件 $p_{i,j}$ 第 k 个加工阶段的结束加工时间为 $C_k^{i,j}$；3个0~1变量：$X_{i,j}^{k,l}$，$Y_{i,j}^{k,l,a}$；$Z_{i,j,s,t}^k$。

(2) 目标函数　目标函数为 min（max C）。

(3) 5个约束条件　约束条件包括加工阶段加工设备的选择、加工次数的限定、同种工件加工的先后顺序、不同工件加工的先后顺序、决策变量的取值范围。

通过改进候鸟算法，形成了一种新的调度模型，目的为最小化最大完工时间。将传统的 MBO 算法优化为 IMBO 算法，构建了 12 个算例进行对比，证明了 IMBO 算法具有高效性。

6.1.3　离散型生产调度问题的特点

离散型生产调度问题由于其复杂性被划分为 NP-hard 问题，陈保安指出它具有加工时间和加工顺序不确定、大批量定制生产、具有多约束条件、同时加工及组装的特点。

1. 加工时间和加工顺序不确定

在实际生产过程中，产品的加工顺序、加工时间具有很大的不确定性。因为产品的加工顺序不仅取决于其加工工艺，还取决于设备、场地、人员等因素，即受人为不可预见因素影响较大。因此，在实际生产过程中，对产品加工时间的确定是比较困难的，这极大地增加了问题的规模和复杂度。由于离散生产问题要将多个条件纳入约束范围，致使计算的步骤增多、难度加大。

2. 大批量定制生产

在大批量定制生产模式下，生产组织的基本形态是：在设计阶段，根据客户订单组织生产能力，将客户订单转化为面向各分厂的工序标准，并以此标准进行设计。为满足客户的特殊需要，每一次订货都必须重新设计，根据客户需要生产。在生产阶段，以客户订单为依据，采用标准化的生产工艺及设备。这样可以使制造成本降低，产品质量提高，还可以适应大规模定制生产模式的需求。

3. 具有多约束条件

离散型生产调度在给定的资源条件下，存在多个目标，其中既有目标约束，又有约束条件。例如，在给定资源条件下，生产调度可能有交货时间、装配时间及机器能力等问题。

4. 同时加工及组装

离散型制造通常会被分为多个任务，具有加工周期长、库存压力大的特点。因此，在零件的生产加工与组装方面比其他制造企业的要求要高。装配车间需要根据客户的订单要求完成零部件的组装，并将零部件信息和订单信息发送给生产车间，生产车间进行生产制造，并根据实际情况在生产过程中做出相应微调。离散型制造企业的生产无法独立于装配，装配也离不开生产，生产与装配需要集成调度考虑。

6.1.4 生产离散调度对制造业的影响

针对上述生产调度中的问题分析及特点，由于实际生产的各个环节存在大量的不确定性，特别是在多任务生产模式下，原有的调度计划可能无法顺利实施。因此，单一的调度策略不够灵活，难以满足实际生产的要求。目前，许多学者已经将反应型和主动型调度策略结合起来解决实际调度问题，但未能确定合适的调度时机。众所周知，过于频繁的重调度会损害调度稳定性，而不及时的重调度无法修复系统。基于敏捷生产离散调度进行探讨，可以有效优化内部和外部资源，使经济效益最大化，协调生产中的多个生产任务，克服不确定性和突发事件。

1. 提高供应链整体效益

通过敏捷调度可以有效解决下单模式不合理问题，减少等待加工、运输和存储所占用的成本，降低对下游生产部门的堵塞与空档，提高劳动生产力，减少停机时间，降低成本，为企业带来更高的利润。敏捷生产离散调度还可以更好地进行分工和合作，使价值链上下游企业之间有效地衔接，高效地营销及与客户有效沟通，减少不必要的冲突和内耗，进而提高整体效益。

2. 提升生产效率，降低成本

对各种基础运营活动进行协调，以解决工序过程周转不畅、库存和资金周转利用率低、生产系统组织效率不高等问题；使得供应链各个节点业务流整合更加流畅、对接更加紧密，一方面可以降低开发成本，有利于实现价值链和成员企业降本增效的战略目标；另一方面能够对外部市场做出迅速响应，进而提高市场竞争优势。例如，企业采用柔性生产方式时，可以通过离散调度优化来提高产能，从而使企业获得更大的盈利空间。

6.1.5 生产环境不确定性条件下生产调度优化的求解方法

在生产过程中存在一些不确定性事件可能导致调度方案失效，所以如何减少不确定性事件带来的影响是当务之急。按照当前对生产调度的研究，可将应对不确定性事件的方案分为三类：在制订调度方案的同时考虑可能出现的不确定性因素；当预先制订的调度方案无法处理不确定因素造成的问题时，根据不确定性因素重新修订初始方案；在生产调度的过程中，对不确定性因素造成的影响实时做出判定，并对调度方案做出调整。

对于生产调度问题，调度方法是重要的研究方向。随着数学理论和计算机算法的不断更新迭代，出现了越来越多的调度方法，主要分为以下三类。

1. 基于数学模型的生产调度

首先，确立生产调度的优化目标，并分析其影响因素。然后，建立目标与变量之间的函数关系，并确立变量的约束条件。最后，对模型进行求解和应用。其中，生产调度建模与求解的一般流程为：首先，对生产调度问题进行特点及难点分析；其次，选择合适的数学规划模型，确保全局的最优化；最后，确认所需解决的问题，构建相应的目标函数并求解。基于数学模型的生产调度方法需要研究者具备充分的业务知识储备和数学建模能力，这样就可以将不确定性因素考虑到约束条件中，在建模过程中同时进行调度优化。

2. 基于试验的生产调度方法

运用试验设计及对试验结果进行分析的方法，是一种解决调度问题的重要手段。试验设计可以避免盲目性和随意性，提高试验效率及试验数据的真实性，进而保证试验结果的准确性。研究人员对准确的结果进行详细的分析，并对各种调度方案做出客观评价，从而得到最优解。

3. 人工智能法

采用人工智能技术，可以编制生产调度服务软件，将目标函数、影响因素、约束条件输入到计算机中，运用智能算法来求解，使其可以完成基本的生产调度工作。在调度过程中，对出现的不确定性事件，实时修改代码和程序，使其不断更新，让机器模仿人类的智能行为，从而拓展人类大脑的潜能。随着人工智能的不断发展，可以通过遗传算法、粒子群优化算法、随机优化、网格优化及蒙特卡罗等算法求解。在不确定性因素的影响下，人工智能法可以更快速地解决问题。

6.2 不确定环境下的制造企业协同配送优化

随着制造业企业不断地发展壮大，供应链上下游企业之间的联系日益紧密。由于制造业供应链的各环节由不同的企业控制，企业间存在着信息壁垒、利益冲突等问题，从而导致企业间协同性较低。尤其是在物流配送活动中，上下游企业的商品需要进行频繁的物流配送活动。各企业缺乏合作的意识，易引起配送成本偏高、配送效率较低及配送过程中环境污染较大等问题，这严重影响了企业的整体效益，进而影响到营销服务价值链的效果。因此，制造企业的物流配送方式是否合理，很大程度上影响着企业的竞争力。

相对于航空、铁路、水路物流配送方式，公路配送更为便捷、成本更低、水平更高。制造企业配送物流大多具有短距离和短时间的特点，对时效性要求高，所以制造企业配送活动多采用公路运输方式。基于公路运输的货物配送形式，一种先进的配送方式——协同配送应运而生。协同配送由于能使各自独立的企业合作配送，从而降低运输成本、提升配送效率、减少碳排放，解决了公路运输配送成本偏高的问题，成为重要的配送方式。协同配送相关的概念、模式、收益等问题也成为众多从业者和学者关注的焦点。

下面将从协同配送的背景和意义、协同配送模式分析、协同配送成本效益分析及其分配原则、协同配送常见的决策建模以及协同配送总结展望等方面展开分析。

6.2.1 协同配送的背景和意义

在传统运输配送模式下，各主体独立完成自己的配送任务，很可能使得大量车辆空载行驶，导致运输成本增加。而多个企业整合优化资源，经过统一规划、统一调度，满足所有参与主体的配送需求，能够减少企业整体的运输空载和迂回运输，提高配送效率，降低配送成本，同时可以减少碳排放，达到低碳运输的目的。在"双碳"的背景下，协同配送这种先进的配送方式应运而生。

协同配送最早产生于日本，日本的众多学者对协同配送进行了一系列的定义。Alexander Schone 等阐述了协同配送在日本的产生背景，主要有以下三点：首先，由于企业发货较频繁，导致许多问题出现；其次，当时企业间的竞争激烈，导致资源无法合理分配和利用；最后，生产规模的扩大为协同配送的产生创造了有利条件。基于当时的社会情形，日本开始实践协同配送模式。此外，日道综合研究所编写的《物流手册》中表明，协同配送模式最早是由日本学者开始研究的。日本工业标准对协同配送的定义为：协同配送是指一起配送很多企业的物品，以达到物流效益的提升。还有日本学者提出，协同配送是一种先进的配送方式，该方式通过与其他企业合作，突破了单个企业物流合理化的局限，从而实现整体配送合理化。

对协同配送的研究开始于日本，而后其他国家纷纷开始研究。Lipsitz 等人提出协同配送是企业基于产权共享理念下的合作。我国很多学者也对协同配送的定义进行了深入研究。一些学者认为协同配送的主体是多个配送企业。何景华提出协同配送是指多个配送企业在互惠互利、资源共享的理念下，构建企业联盟，以达到物流配送资源整合、提高配送效率的最终目的。文晓巍认为，协同配送是多个配送企业通过构建配送联盟，在联盟统一调度、整合资源的情况下，合作配送以满足客户需求。部分研究将协同配送的主体定义为不同的配送中心，《商业经济专业知识与实务》中提出，协同配送是多个配送中心组建合作关系，统一规划、共用资源，并联合配送的组织形式。整体上来讲，我国学者对协同配送的定义更具体、范围更广。《中华人民共和国国家标准物流术语》中将协同配送定义为：多个企业达成合作、共同组织实施的配送活动。

综合国内外学者对协同配送的定义来看，协同配送是一种由多个配送主体整合彼此资源，相互合作，共同对一个或多个客户提供配送服务的配送方式。协同配送的本质是不同的物流主体通过整合资源、组建联盟的形式，最终达到联盟整体收益增加、联盟内部互惠互利、利益共享的目标。协同配送联盟合理地优化联盟内成员的人力、物力、信息等资源配置，配送环节由联盟统一调度、统一决策、统一管理，高度整合配送环节资源，从而降低配送成本、提高配送效率、提升配送服务水平，符合绿色物流发展需求，使企业经济效益和竞争力大幅提升。

6.2.2 协同配送模式分析

分析协同配送模式是探究协同配送在制造企业实施可行性的重要基础。协同配送模式的主体可以是货主企业，也可以是第三方物流企业。协同配送模式中，一般可以将配送物流资源划分成两类，一类是仓库、运输车辆等硬件资源，另一类是信息、客户、人力等软资源。企业间通过有效协同这两类资源，以满足企业所有的客户需求为目标，合理分配各种资源，实现资源共享。整体来讲，协同配送是一种高度集约化、追求合理化的配送模式。

1. 协同配送模式发展过程相关研究

很长时间以来，国内外关于协同配送模式的研究层出不穷。一些学者按照供应链上下游的角度对协同配送模式进行分类。Serrano-Hernandez Adrian 等以横向协同配送模式为研究基础，提出了一个基于 Agent 的横向协同配送联盟的仿真模型，研究结果表明该模型可以实现资源的有效节约；丁惠芳等人对比分析了生产和配送环节中，Supply-hub 运营商和供应商的整体协同决策模式和分散决策模式的优劣，最后得出整体协同决策更优的结论，这也是协同配送模式中的一种；王孝坤等认为协同配送的基本类型可分为横向协同配送和纵向协同配送两大类；Ki Ho Chung 等提出了一个共享终端合作的协同配送模式，该模式可以为中小快递服务企业降本增效。

还有学者从其他方向对协同配送的模式进行分类。周晓枫将城市物流协同配送模式分为运力合并型和物流节点型，产娟等人在此基础上根据物流资源的合并情况又提出了一种新的协同配送模式，即接力配送型。按照协同配送中所共享的设备设施的类型，王秀梅等将协同配送模式分为四类，分别为车辆利用型、系统优化型、接货场地共享型和设施共同利用型配送模式。

2. 协同配送主要模式分类

根据当前对协同配送模式的研究现状，本书将协同配送模式分为四类，分别为横向协同配送模式、纵向协同配送模式、共同集配模式和多方整合协同配送模式。

（1）横向协同配送模式　其中，同产业间横向协同配送模式是将各企业间的同类商品统一包装、统一规格，通过委托或受托的形式，混合装载、统一进行协同配送活动。这种模式适用于货物体量小、规格相似，并且需求地相对较远的情况。异产业间横向协同配送模式是集中各企业间的不同类商品，并进行统一的运输配送。这种模式适用于便利店等零售业多频度、小单位的配送活动。

（2）纵向协同配送模式　该模式是指从生产到销售的供应链各环节主体，采取一方主导或者整合资源建立配送中心的方式进行协同配送。例如，大型零售商主导时，零售商是为了追求物流效率同时满足本企业的各种要求。这种模式适用于供应链中一方实力较强，能够主导协同配送的情形。

（3）共同集配模式　共同集配是通过大型运输企业整合货物，将货物运送到指定的运输企业，再由运输企业进行逐一配送的配送模式。这种模式适用于需要较强专业性、较高服务水平的配送活动。

(4) 多方整合协同配送模式　这种配送模式是指由多家企业一起整合人力、物力、信息等资源成立配送中心，产品都经过配送中心向用户进行协同配送。这种模式适用于配送中心专用性强的连锁企业。

6.2.3　协同配送成本效益分析及其分配原则

收益分配是供应链协同中一个非常重要和关键的问题。协同配送模式可以将分散的资源有机地整合到一起，从而降低配送成本、提升配送效率，由此产生的经济效益可见一斑。联盟通过协同配送产生的收益主要来源于协同配送前后运输成本、固定成本、资源调度成本等成本的减少量，该收益应该由联盟内部成员共享。若是协同配送所得的经济效益没有被合理地分配给各个成员，那么联盟内的合作行为不会长久。协同配送成功运作的关键就是存在一个公平、合理的收益分配方案。

1. 收益分配的影响因素

(1) 协同的超额收益　协同配送这种模式可以将分散的资源有效地整合到一起，提高配送效率、减少配送路径，从而形成协同的超额收益。而各个协同配送的参与者在配送过程中做出的决策，与超额收益的分配息息相关。

(2) 投入成本　联盟协同配送的过程中，会不可避免地出现各个参与方投入的人力、物力、信息等资源投入量不相同，包括货物中转区的建设、配送车辆的提供等资源投入。所以，各协同配送参与方投入成本的大小是决定收益分配比例的重要影响因素。

(3) 风险成本　在协同配送联盟形成之后，各个参与方都面临着一定的风险因素。各个参与企业的运行规模、经济实力、经营状况不尽相同，这就导致各企业给配送联盟带来的风险存在差异。所以，有必要在联盟最终的收益分配中体现出风险因素。

2. 收益分配的原则

(1) 平等原则　在制定联盟的收益分配机制时，要充分遵循平等原则，即联盟内各个参与企业的地位都是平等的。企业在联盟中的地位和权利，不应受到企业规模、实力、市场等因素的影响。对于联盟中的所有企业来讲，都应该以联盟整体的收益最大化为目标，而不是企业自身的利益。

(2) 风险共担原则　联盟内部的各个企业在协同配送过程中都会给联盟带

来不同方面、不同大小的风险，最终风险都由联盟整体承担。因此，需要在收益分配时考虑到各企业的风险系数，从而使得分配机制更加公平、有效。一般来讲，自身风险越大的企业，在分配收益时分得的越少。

（3）联盟理性原则　机制的制定应保证联盟的各个参与企业协同配送后的收益不少于企业传统的单独配送方式下的收益，成本则反之，这样才能激励企业参与协同配送。

3. 收益分配的方法

多个企业参与协同配送形成配送联盟。相较于传统的独立配送模式，由于配送联盟内部共享了各个主体的各类资源，内部成员共同规划配送路径、协调配送资源，最终实现总体配送成本的降低、配送服务水平的提升。因此，协同配送会在一定程度上给联盟整体带来收益的增加。为了保证协同配送联盟的稳定性，协同配送产生的利益应在参与配送的多个主体间被公平、有效地分配。在这种情况下，联盟内的各个主体才会更积极地参与协同配送活动，从而助推我国协同配送模式的长期稳定发展。

（1）收益分配方法的研究现状　众多学者对协同配送利益分配方法进行了深入研究。Yoshio Kamijo 等利用修正后的平均边际贡献值和加权 Shapley 值改进了利益分配模型；Holmberg、Jia 等按照收益分配的合理性，对 Shapley 值法、MCR 法及 Nash 谈判等多种协同配送利益分配方法做了对比分析；Mi Gan 结合了物流配送的满意度和贡献度，构建了改进 Shapley 值法的收益分配模型。除了国外学者，许多国内学者也进行了利益分配方法的研究。琚春华等对比了最小核心法、最小核心多目标规划法、Shapley 值法、GQP 法和纳什谈判模型等多种协同配送利润分配模型，并代入算例求解分析；赵艳萍等利用 Nash 谈判模型和 Shapley 值法两种方法研究中小制造企业协同配送联盟内部成员的利益分配问题，并得出用 Shapley 值法计算更优的结论。

综上所述，学者们在解决不同背景下的协同配送收益分配问题时，利用不同的收益分配方法，引入相关的影响因素修正收益分配方法，使得收益分配结果更加公平、合理。传统的收益分配方法中，被学者们研究得最多的是 Shapley 值法和 Nash 协商法。

（2）收益分配常见的方法介绍　本书将具体介绍收益分配研究中常用的 Shapley 值法和 Nash 谈判法。

Shapley 值法是一种合作博弈方法，旨在解决多人协作下的利益分配问题。

在该方法中，协同配送中总成本的减少量就是总收益的增加量。该方法根据联盟内成员对协同配送的贡献程度，对各成员的收益进行分配，以达到联盟内部公平、合理的状态，实现个体和整体利益的最大化。

Nash 谈判法也可以称作讨价还价，它属于合作博弈范畴。该方法旨在通过谈判协商如何达成协议及在何处达成协议，解决合作各方收益分配的问题。该方法更注重满足个体理性，这就导致有时会忽略联盟整体的利益，进而又会影响合作各方的个体利益。

6.2.4 协同配送常见的决策建模

1. 协同配送问题概述

国内外各个领域中成功实施协同配送的案例有很多，为企业、社会带来了较高的经济效益和社会效益。但由于参与协同配送企业的基础规模和自身条件不一，使得合作后各个企业的所得利润不尽相同，这就会打消部分企业参与的积极性，为实行协同配送模式带来消极影响。从个体理性角度来讲，企业实施协同配送策略的首要前提就是参与协同配送后的利润要大于或等于传统的独立配送模式下的利润。下面将基于该原则进行协同配送决策建模分析。

多数的协同配送问题都可以看作多个配送中心之间的协同问题。常见的协同配送问题可以描述为：在某一区域内的协同配送联盟由 M 家配送中心构成，且每个配送中心都有各自的配送车辆。在确保配送任务圆满完成的前提条件下，联盟内的各个配送中心共享配送车辆、统一规划路线，从而最大限度地降低配送成本。协同配送的总体目标为配送活动的总成本最小，其中总成本包括车辆运输成本、资源调度成本及车辆固定成本。如何将联盟的收益有效、合理地分配，以保证联盟的稳定运行，详见下文。

2. 协同配送决策基本假设和符号说明

（1）基本假设　由于协同配送涉及的因素较多，为了简化协同配送模型，本书做出以下假设：

1）已知联盟内各个配送中心的位置，且各配送中心有足够的运力；车辆在完成配送任务后返回原配送中心，形成闭环。

2）已知各个客户的位置和需求，且每个客户仅由一个配送中心服务。提供配送服务的配送中心可以是联盟内的任意一个配送中心，但是配送车辆需要先到客户原本的配送中心取货。

3）配送车辆上的配送货物可以混合装载。

4）配送过程中的车辆运输成本与所行驶的距离成线性函数。

（2）符号说明 协同配送联盟由 M 个配送中心 $m(m=1,2,\cdots,M)$ 组成，共同为客户 $S_i(i=1,2,\cdots,N)$ 配送货物。假设 P^+ 为装载货物的配送中心的集合，P^- 为卸载货物的客户地的集合，P 是 P^+ 和 P^- 的集合。每个客户 $S_i(i=1,2,\cdots,N)$ 的需求量为 d_i。所有配送车辆的集合为 $V=\{1,2,\cdots,K\}$，配送车辆 k 的最大装载量为 w_k，p_i^k 是配送车辆 k 从配送中心装载货物的量。

$c_{i,j}$：点 i 和点 j 之间的平均运输距离成本。

δ_k：配送车辆 k 的运输成本系数。

C_k：配送车辆 k 的固定成本，包括折旧费、人工费等（一旦车辆 k 有配送任务，则产生该成本）。

g：协同配送活动中的车辆、资源调度成本。

$D_{i,j}^k$：配送车辆 k 从 i 到 j 卸载的货物量，其中 $j \in P^-$。

$P_{i,j}^k$：配送车辆 k 从 i 到 j 装载的货物量，其中 $j \in P^+$。

当客户 i 的配送任务由配送中心 u 转给了配送中心 w，决策变量如下：

$$x_{i,j}^k = \begin{cases} 1, & \text{配送车辆 } k \text{ 从 } i \text{ 行驶到 } j \\ 0, & \text{其他} \end{cases}$$

$$y_{i,u,w} = \begin{cases} 1, & \text{客户 } i \text{ 的配送任务由配送中心转给了 } w \\ 0, & \text{其他} \end{cases}$$

3. 协同配送模型构建

目标函数：模型的协同配送后联盟整体的成本 TC 最小化（依次包括车辆固定成本、运输成本、资源调度成本），即：

$$\min TC = \sum_{i \in P} \sum_{j \in P} \sum_{k=1}^{n} C_k x_{i,j}^k + \sum_{i \in P} \sum_{j \in P} \sum_{k=1}^{n} x_{i,j}^k c_{i,j} \delta_k + \sum_{i \in P^-} \sum_{u \in P^+} \sum_{w \in P^+} g y_{i,u,w} \quad (6\text{-}1)$$

约束条件：

$$\sum_{j \in P} x_{i,j}^k - \sum_{j \in P} x_{j,i}^k \leq 1, \forall i \in P \quad (6\text{-}2)$$

$$\sum_{j \in P^-} x_{i,j}^k = \sum_{j \in P^-} x_{j,i}^k, \forall i \in P \quad (6\text{-}3)$$

$$\sum_{j\in P} x_{i,j}^k = \sum_{j\in P} x_{j,i}^k, \forall i \in P^+ \tag{6-4}$$

$$\sum_{j\in P}\sum_{k=1}^{K} x_{j,i}^k D_{j,i}^k - \sum_{j\in P}\sum_{k=1}^{K} x_{i,j}^k D_{i,j}^k = d_i, \forall i \in P^- \tag{6-5}$$

$$\sum_{j\in P}\sum_{k=1}^{K} x_{i,j}^k P_{i,j}^k - \sum_{j\in P}\sum_{k=1}^{K} x_{j,i}^k P_{j,i}^k = p_i^k, \forall i \in P^+ \tag{6-6}$$

$$\sum_{j\in P} x_{i,j}^k (D_{i,j}^k + P_{i,j}^k) \leqslant w_k, \forall i \in P \tag{6-7}$$

$$x_{i,j}^k = \{0,1\} \tag{6-8}$$

$$D_{i,j}^k \geqslant 0, P_{i,j}^k \geqslant 0, c_{i,j} \geqslant 0, C_k \geqslant 0 \tag{6-9}$$

其中，式（6-2）表示单条线路中每个客户只能被服务一次；式（6-3）表示车流量平衡约束，即进入和离开客户需求点的配送车辆数量必须相等；式（6-4）表示每个配送车辆必须从固定的一个配送中心出发，完成任务后返回原地，形成完整的闭环；式（6-5）表示配送车辆的货运量保持平衡；式（6-6）表示配送车辆在配送中心装载货物的货物量保持相等；式（6-7）表示单一线路中配送车辆货物装载量的最大载重约束；式（6-8）表示 $x_{i,j}^k$ 的取值范围为 0 或 1；式（6-9）表示卸载的货物量、装载的货物量、平均运输距离成本及车辆的固定成本均不为负。

4. 协同配送收益分配模型构建

联盟内成员进行协同配送后，如何将所得收益（包括协同配送前后成本的减少量）合理分配，以激励联盟内成员参与合作，维持联盟的稳定性是亟须解决的问题。通常来讲，收益分配问题多用 Shapley 值法来解决。由于 Shapley 值法具有合理、简便的优点，所以该方法被广泛应用于制造业、协同配送等研究领域。该方法计算出来的 Shapley 值可以体现出协同配送联盟内各个成员对合作的贡献，因此该方法可以比较公平、合理地分配收益，分配结果也易于被各个成员接受。下面，本书将着重采用 Shapley 值研究企业协同配送后的收益分配问题。

假设参与协同配送的企业集合 $I=\{i_1,i_2,\cdots,i_n\}$，合作联盟为 T，其中 $T\subseteq I$，$v(T)$ 是联盟的特征函数，特征函数为联盟的配送收益，也就是参与协作的所有企业共同合作时产生的最大效用。配送产生的收益应满足可加性，即 $v(T_1\cup T_2)\geqslant v(T_1)+v(T_2)$。

为了激励联盟内成员积极合作，保证联盟的稳定性，需要同时满足个体理性和集体理性，即 $x_i \geq v(i)$，$i=1,2,\cdots,n$，并且 $\sum_{i=1}^{n} x_i = v(I)$。其中 $v(I)$ 为联盟所有参与成员合作的最大收益，x_i 是联盟成员 i 从 $v(I)$ 中分到的收益，$v(i)$ 是联盟成员 i 不参与协同配送的收益。

当企业 i 加入联盟 T 时，可以把边际贡献 $v(T)-V(T-\{i\})$ 分配给该企业 i。Shapley 值的模型应满足对称性、有效性、可加性、虚拟性。该模型可以看作完全随机的过程中联盟所有成员平均预期收益值：

$$\phi_i(I,v) = \sum_{T \subset I, i \in T} \frac{(|T|-1)!\,(|I|-|T|)!}{|I|!} [v(T)-v(T-\{i\})], \forall i \in I \quad (6\text{-}10)$$

式中 $|T|$ 是协同配送联盟中子集合的个数；$v(T)$ 是子集合 T 的收益；$v(T-\{i\})$ 是子集合 T 中排除掉合作成员 i 后可以取得的收益；$v(T)-v(T-\{i\})$ 是参与配送成员 i 对协同配送总体收益的贡献，即成员 i 参与协同带来的收益。

6.2.5 协同配送总结展望

制造业供应链绿色化发展是助力我国经济高质量发展的重要助推器。与其他行业情况相似，制造业供应链中的物流配送业是碳排放的主要来源之一，运输过程中产生尾气排放是造成环境污染的重要原因。此外，物流配送企业存在运输过程中的燃油消耗量居高不下，配送成本难以降低的问题。在此背景下，物流配送企业可以建立合作关系、多方协同配送，从而有效地降低运输成本，提高配送效率。因此，如何鼓励配送企业参与协同配送活动，维持配送联盟的长期稳定，对我国制造业供应链高质量发展具有重要的现实意义。

本节从制造业供应链中的配送活动入手，分析了协同配送这一配送方式在该行业应用的可行性；探究了协同配送的模式及成本效益分析和收益分配的原则。在此基础上，结合制造业物流配送的取送货路线、车辆装载量、客户需求等特点，构建了协同配送模型。此外，针对协同配送联盟的合作特点，构建了基于 Shapley 值法的协同配送收益分配方法，以便公平、合理地进行联盟内各成员的利益分配。

由于篇幅的限制，针对协同运输的配送模型，本节仅考虑了一般的情形，忽略了实际配送中路况、限行、货物装卸等因素。此外，针对协同配送联盟的收益分配模型，本节未结合企业风险、服务水平等影响因素调整收益分配的权重。这些都是后续要研究的重点方向。

6.3 动态供应链竞争下制造业核心企业演化博弈报价

6.3.1 制造业报价现状方法及存在的问题

成本估算是产品报价的基础，对产品的报价影响很大，是决定产品报价快慢和准确的关键。目前，对于很多制造企业来说，在投标期间，经销部门很难准确、快速地对招标设备进行报价，企业也不能准确地知道该设备需要多少成本，它的利润是多少，采购、制造部门也不能够根据报价去控制成本。企业的决策者无法知道每个投标项目的成本和利润情况，对企业的经营十分不利。实际上，对产品的成本控制，是产品获取合理利润的重要因素，所以在编制投标文件时合理估算产品成本是非常重要的。

产品报价一般是企业在自身实际生产条件下的报价，它应该是一个企业实际生产技术水平、实际生产管理水平、实际市场环境等的综合体现。根据目前国内外在产品报价系统研究方面的应用现状分析，现行的报价工作和系统存在以下问题：

1. 信息缺乏有效管理

报价需要企业内外的很多信息，报价过程涉及企业的设计、工艺、采购、销售、财务等部门的信息，报价人员需要的资料信息分散在不同的部门和个人手上，投标时报价人员不能及时获取所需信息就会影响报价的效率，而且若报价人员得不到新的市场信息，如标准件、原材料的价格等，则会影响到报价的准确性。因此，需要报价系统来管理这些信息和数据，并利用信息集成技术使信息和数据快速、准确地被传递和查询。

2. 报价不准确

基于经验的报价方式尽管结合历史经验和现在的市场因素，在报价中起到一定的作用，但是由于缺乏科学依据，它已经不能满足企业激烈的竞争要求，成本估算方法的选择、工时估算的准确度等因素都会对报价结果产生很大影响。如何提高报价的准确性和效率就是报价系统所要解决的重要问题。

3. 系统架构优化很少考虑行业差异

通常，报价系统只会对开发平台的架构进行改进，而在特定行业背景下，对系统流程的结构优化却很少被考虑。

4. 历史数据利用率低

制造企业通常拥有大量的历史报价数据，但很少有人会将它们进行系统的整理和有效的利用，从而导致新产品的报价缺乏参考，降低了报价的准确性。

6.3.2 制造商和供应商由生产关系转为协同研制关系

随着技术的进步，"主制造商-供应商"生产模式已经被广泛采用，它将原本的单一的生产方式改变为一种更加紧密的合作伙伴关系，以满足市场对高质量、高效率的需求。"主制造商-供应商"生产模式则更加注重于将原材料、元器件、工艺流程等组合在一起，以满足客户的需求，实现更高效的生产。随着这种新型的贸易模式的到来，主要的生产者与消费者之间的关系发生了巨大的改变，生产者成为整体市场的领导者，消费者则被视为次要的参与者，他们拥有更多的资源，拥有更多的决策权，可以更好地掌握市场的发展趋势。作为"主导"的核心，主制造商必须采取有效措施，以提升供应商的工作热情，实现双方的合作，从而提升整条供应商的效率。为了达成这个目标，必须建立有效的沟通与激励机制，以及有针对性的政策，以实现双方的合作。"主制造商-供应商"模式如图6-2所示。

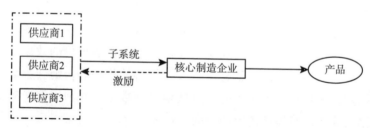

图6-2　"主制造商-供应商"模式

从广泛的制造业领域来看，汽车业、航空及电子通信业早已开始采取"主制造商-供应商"模式。采取这种模式有多种优势，例如分摊风险、降低成本及提高供应链的整体利润。通过"主制造商-供应商"模式，可以使供应链上各节点实现更好的对接，进而提升合作的整体绩效。"主制造商-供应商"的出台，使得主制造商和供应商之间的合作更加有效，从而避免了因为追求个人利益而牺牲其他成员的利益，从而促进了供应链的协调与发展，并有助于实现整体的利益。为了更好地理解供应链利益冲突的影响，Maria 提出了一个分析模型，该模型将个人计算机行业作为研究对象，并从效率的角度探讨回收对所有参与者的影响。此外，还提出了一种新的供应链激励机制，以更有效地解决这一问题。周业付提出改进 Shapley 值的供应链可以有效地促进供应链各节点间利益分配。利用许民利的研究，可以更深刻地认识到在不同的利益相互作用的情况下，供应商的收益是如何变化的。通过使用 F-S 模型，可以更加准确地预测在不同的信息情况下，制造商的利润是如何变化的。麻秀范建议采用一种新的方法来评估 Shapley 值，以便更好地控制供应链的运营。杨怀珍则建议将 Shapley 值法的参数调整至更适当的范围，以确保每个参与者都能够获得更好的收益。Chopra 提出，通过建立合适的激励机制，可以避免供应链中的阻力，从而提高企业的收入，提升企业的竞争力；要确保激励措施与企业的发展战略相符，以便让每位参与者都可以获得更多的收入，从而达到企业的最佳经济状态。Ghosh 通过应用博弈模型，深入地探索了在对称信息环境中如何最大限度地发挥最优的努力与收益，而曹柬则更加深入地研究了在不对称信息环境中，如何通过次优的转移支付与纳什均衡的协议来达到最优的收益。陈洪强调，通过 Nash 和 Stackelberg 的博弈模型，可以有效地调节供应商的努力程度，从而实现对复杂产品的有效控制，从而达到更好的生产质量和更快的运营速度。谢家平探讨了双渠道闭环供应链系统，以期在供应链各方面达到双赢，即在供应链内部形成一种利润互惠的关系，在供应链外部形成一种利弊平衡的关系，以达到更好的生意效果。岳柳青运用微分博弈方法对比分析了双渠道供应链中的批发价契约和收益共享契约。

综上所述在当前的市场环境中，有许多研究聚焦于解决完善信息条件下的生产过程中激励机制的协同效果。其中，Shapley 值的运用可以帮助我们更好地理解供应链的收入来源，而 Nash 均衡与 Stackelberg 博弈则可以帮助我们更好地了解主要的制造商与其他参与者之间的关系。然而，目前尚缺乏有效的方法来帮助企业有效地运营，即通过提高企业的竞争力，提升企业的效率，达到企业的目标。过去的研究多数关注于复杂的工业产品的制作，而关于电气机械的研究却相当少。因此，本书重点关注电气机械的生产过程，通过成本分摊的方法，来探讨没有任何激励措施的情形，以及如何通过这种方式来实现电气机械的最佳效益，希望能够给相关领域提供借鉴和参考。

6.3.3 主制造商-供应商成本分担激励研究

1. 模型建立问题描述

电力是经济社会发展的不可或缺的重要支柱，"主制造商-供应商"模式已成为电力设备制造的主流,它将各种优势资源有效整合,以满足电力系统的稳定可靠运行需求,并且使得电力设备制造商能够以更高效的方式实现系统集成,从而为国家经济发展做出更大的贡献。由于主制造商拥有丰富的资源、信息和地位优势,它们能够有效地控制供应商,从而激励它们不断努力,以达到最佳的合作效果,实现供应链的高效协调,并最大限度地提升生产系统的效率。

根据夏皮罗和斯蒂格利茨的理论,在信息不对称的情况下,公司无法完全控制员工的努力程度。因此,他们建议通过调整薪酬来激励员工,从而增加他们的努力程度,从而提高劳动效率。这一理论被斯蒂格利茨的怠工模型所证实,即当薪酬超过市场的供给水准时,员工的努力程度会受到影响,从而导致员工的努力程度受到限制。通过激励和鼓励,让员工更加热爱自己的职业,并且投入更多的精力和时间,以达到更高的效率。这种协调配合,既能够为客户提高效率,又能够大大降低经营成本费用,有助于提高公司的整体经济效益,这种效率和结果将威胁到发展,并且将决定公司和客户之间的长远战略合作。

2. 模型假设

根据电力设备生产的特点和协调变量易控制等因素的考虑,本书做出以下假设。

假设一:在电力设备生产系统中,一个主制造商拥有完全控制的权力,它所拥有的信息、地位等资源将会对其他 n 个供应商的利益产生重大影响,而这些供应商则会根据主制造商的指示,按照其要求,提供有效的服务,从而实现双方的共赢。在主制造商-供应商协同合作中,假设 n 个供应商彼此独立,但仍然能够共同参与产品的研发和生产过程,因此,主制造商可以将其激励机制简化为 1 个主制造商对 1 个供应商的激励,以促进双方的共同发展。

假设二:为了鼓励供应商积极参与竞争,主制造商可以采取多种有效的激励措施,如通过提供额外的支持来促进供应商的努力。具体的激励措施为,在主制造商承诺承担部分供应商努力成本的情况下,某供应商开始努力且产生努力成本,当某供应商的努力程度大于阈值 φ,$0 \leqslant \varphi \leqslant 1$($\varphi$ 为主制造商根据在与供应商博弈中确定的最低激励努力程度,即基准阈值)时,主制造商将会承担该供应商 $(1-\rho)$,$(0 \leqslant \rho \leqslant 1)$ 比例的努力投入。

假设三:在"主制造商-供应商"合作模式下,供应商的努力水平及主制造商的努力水平的变化都会导致供应商自身利益和主制造商利益的变化,本书将这种影响在函数中的反映表现为当进行成本分担时,主制造商和供应商的收益受到供应商的努力水平的影响。

3. 参数设置

表6-1提供了模型的主要参数与变量说明。

表6-1 主要参数与变量说明

参数与变量	含义	解释
s_s	供应商的努力水平	供应商受到主制造商的激励所做出的努力程度，供应商的收益、成本和利润都是s_s的函数
I_m	主制造商的固定收益	无论是否进行激励，主制造商都有其固定的原始收益
I_s	供应商的固定收益	无论是否进行激励，供应商都有其固定的原始收益
v_s	供应商的努力成本系数	供应商单位努力水平下产生的成本
ν_s	供应商的努力收益系数	供应商单位努力水平下获得的收益
λ_s	供应商努力程度的收益影响系数	λ_s越大，供应商的努力程度对收益的影响也越大
$E(s)$	供应商收益函数	供应商在努力程度s下的收益函数
$C(s)$	供应商成本函数	供应商在努力程度s下的成本函数
$Y(s)$、Y_m	激励条件下供应商和主制造商的期望利益函数	主制造商进行成本分担激励时，供应商和主制造商的期望利益函数
$Z(s)$、Z_m	未激励条件下供应商和主制造商的期望利益函数	主制造商未进行激励时，供应商和主制造商的期望利益函数

4. 基于成本分担的Stackelberg合作激励模型

经过分析，我们发现供应商的努力水平会对双方的收益产生重要影响。如果供应商的努力水平较高，那么他们的收益就会更多，但是边际收益会逐渐下降。此外，供应商的努力也会带来一定的成本，如果他们的努力水平较低，那么他们的努力成本就会更大，而且边际成本会逐渐增加。因此，通过计算供应商在努力程度s下的收益和成本，可以得出描述这两个函数的关系的公式：

$$E'(s)>0, \ E''(s)>0 \quad C'(s)>0, \ C''(s)>0$$
$$E(s)=\nu_s \ln s_s \quad (s_s \geq 1) \tag{6-11}$$

$$C(s)=\frac{v_s}{2}(s_s)^2 \tag{6-12}$$

式中 v_s 和 ν_s 分别代表供应商单位努力水平下产生的成本和获得的收益。

在成本分担激励情形下，当 $s_s \leq \varphi$ 时，根据假设二，供应商的努力程度没有超过阈值 φ，主制造商无须承担供应商的努力成本。因此，在这种情况下，供应商的收益努力函数与未激励情况相同：

$$\max(Z(s)) = I_s + E(s) - C(s) = I_s^i + \nu_s \ln s_s - \frac{v_s}{2}(s_s)^2 \tag{6-13}$$

$$\text{s.t.} \quad 1 \leq s_s \leq \varphi$$

当 $s_s > \varphi$ 时，根据假设二，供应商的努力程度超过预设的阈值 φ，主制造商承担供应商努力成本的 $(1-\rho)$，供应商的收益函数为：

$$\max(Y(s)) = I_s + E(s) - \rho C(s) = I_s + \nu_s \ln s_s - \rho \frac{v_s}{2}(s_s)^2 \tag{6-14}$$

$$\text{s.t.} \quad 0 < \rho < 1, \quad \varphi \leq s_s$$

主制造商的收益函数为

$$\max(Y_m) = I_m + (\lambda_s \nu_s \ln s_s) - (1-\rho)\frac{v_s}{2}(s_s)^2 \tag{6-15}$$

$$\text{s.t.} \quad 0 < \rho < 1, \quad s_s \geq 1$$

λ_s 通过计算值，可以看出供应商的努力水平对收益的影响程度。如果 λ_s 值较大，那么供应商的努力水平就会更加显著。

需要注意的是，为了保障激励有效，当主制造商采取激励措施后，各主体的利益均不低于未采取激励措施时各自的最大利益：

$$\max(Y(s)) \geq Z(s)_{\max} \tag{6-16}$$

$$\max(Y_m) \geq Z_{m\max} \tag{6-17}$$

式中 $\max(Y(s))$、$\max(Y_m)$ 分别表示在主制造商采取激励措施后，供应商和主制造商各自的最大期望收益；$Z(s)_{\max}$、$Z_{m\max}$ 分别表示在主制造商未采取激励措施后，供应商和主制造商各自的最大期望收益。

主制造商在激励契约设计的协调过程中，除了参数的不确定性外，假定相互间的决策是基于完全信息的。主制造商为先行决策者，首先确定成本分担阈值 φ；供应商为跟随决策者，在知道成本分担阈值情况下，根据自己的能力选择努力程度。根据上述假设，可以把主要生产商与供应商之间的关系看作一种完全相互独立的 Stackelberg 博弈。

5. 模型求解

（1）未进行激励的 Nash 博弈均衡　在电力设备生产系统中，各利益主体都具有有限的理性，它们之间的关系十分复杂，当主制造商没有采取激励措施时，它们之间的关系就变得非常非合作，但是随着时间的推移，合作水平也会变得越来越稳定，供应商也会尽可能地满足主制造商的需求，从而形成一种纳什均衡，从而使得双方的利益得到最大化。

当主制造商没有采取任何激励措施时，供应商在获得最大利益的情况下，它的最佳努力水平可以通过以下方式来衡量：

$$s_s^* = \left(\frac{\nu_s}{v_s}\right)^{\frac{1}{2}} \tag{6-18}$$

证明：当主制造商未进行激励时，主制造商和供应商的收益函数分别为

$$Z_m = I_m + (\lambda_s \nu_s \ln s_s) \tag{6-19}$$

$$Z(s) = I_s + \nu_s \ln s_s - \frac{v_s}{2}(s_s)^2 \tag{6-20}$$

根据纳什均衡条件可知，当满足 $Z_i(s_s^{i*}, s_s^{-i*}) \geqslant Z_i(s_s^i, s_s^{-i*})$，$\forall s_s^i \neq s_s^{i*}$ 时，努力程度 s_s^{i*} 是供应商 i 在纳什均衡下的最优努力程度。当主制造商未采取激励措施时，n 个供应商之间是相对独立的，各自的最优策略均不受其他供应商的影响。因此，上述纳什均衡条件简化如下：

$$Z(s_s^*) \geqslant Z(s_s), \forall s_s \neq s_s^* \tag{6-21}$$

针对每个供应商，对 $Z(s)$ 求关于 s_s 的一阶导数：

$$\frac{\partial Z(s)}{\partial s_s} = \frac{\nu_s}{s_s} - v_s s_s \tag{6-22}$$

令 $\frac{\partial Z(s)}{\partial s_s} = 0$，可以得到供应商在主制造商未进行激励时的纳什均衡解，即

$$s_s^* = \left(\frac{\nu_s}{v_s}\right)^{\frac{1}{2}} \tag{6-23}$$

证明完毕。

此时主制造商利润和供应商的收益分别为

$$Z_m = I_m + \left(\lambda_s \nu_s \ln\left(\frac{\nu_s}{v_s}\right)^{\frac{1}{2}}\right) \tag{6-24}$$

$$Z(s) = I_s + \nu_s \ln\left(\frac{\nu_s}{v_s}\right)^{\frac{1}{2}} - \frac{v_s}{2}\left[\left(\frac{\nu_s}{v_s}\right)^{\frac{1}{2}}\right]^2 = I_s + \nu_s \ln\left(\frac{\nu_s}{v_s}\right)^{\frac{1}{2}} - \frac{\nu_s}{2} \tag{6-25}$$

(2) 基于成本分担的 Stackelberg 博弈均衡　在电力设备研发的主要制造商和供应商之间的合作模式中，主要制造商拥有一定的控制权，为了鼓励供应商共同努力，以达到最大化的利润，通常会采取一些措施（例如分担部分努力成本），以确保供应商的利益得到保护，同时促使供应商从竞争转向合作。作为领导者，主制造商首先要明确分担比例（$1-\rho$），而供应商则要作为追随者，仔细观察主制造商的策略选择，并根据双方的信息进行综合考量，以确定最佳的努力策略 s_s^*，这种最佳策略组合就是 Stackelberg 均衡。

当主制造商采取成本分担激励措施时，主制造商和供应商应该采取最佳的平衡努力策略，以实现最大的效益，从而提高电力设备的生产效率。

$$s_s^{**} = \left(\frac{\nu_s}{\rho v_s}\right)^{\frac{1}{2}} \tag{6-26}$$

$$\rho^* = \frac{1}{\lambda_s} \tag{6-27}$$

采用逆向归纳法，可以证明：通过计算一阶导数，可以获得 Stackelberg 均衡，从而解决这个博弈问题。

$$\frac{\partial Y(s)}{\partial s_s} = \frac{\nu_s}{s_s} - \rho v_s s_s \tag{6-28}$$

令 $\frac{\partial Y(s)}{\partial s_s} = 0$，可以得到供应商在主制造商进行成本分担激励时的均衡解，即

$$s_s^{**} = \left(\frac{\nu_s}{\rho v_s}\right)^{\frac{1}{2}} \tag{6-29}$$

将式（6-26）代入式（6-13）和式（6-14），可得主制造商和供应商的收益为

$$Y_\mathrm{m}=I_\mathrm{m}+\left(\lambda_\mathrm{s}\nu_\mathrm{s}\ln\left(\frac{\nu_\mathrm{s}}{\rho\nu_\mathrm{s}}\right)^{\frac{1}{2}}\right)-(1-\rho)\frac{\nu_\mathrm{s}}{2\rho} \tag{6-30}$$

$$Y(s)=I_\mathrm{s}+\nu_\mathrm{s}\ln\left(\frac{\nu_\mathrm{s}}{\rho\nu_\mathrm{s}}\right)^{\frac{1}{2}}-\frac{\nu_\mathrm{s}}{2} \tag{6-31}$$

对 Y_m 求 ρ 的一阶导数，可得：

$$\frac{\partial Y_\mathrm{m}}{\partial \rho}=\frac{\lambda_\mathrm{s}\nu_\mathrm{s}}{2\rho}-\frac{\nu_\mathrm{s}}{2\rho^2} \tag{6-32}$$

令 $\dfrac{\partial Y_\mathrm{m}}{\partial \rho}=0$，可得：

$$\rho^*=\frac{1}{\lambda_\mathrm{s}} \tag{6-33}$$

Stackelberg 博弈是由两个参加者彼此间的作用和彼此依赖性的过程构成的。当供应商的贡献率较高，两方可以轻松达到共同利益，因此制造商会尽可能地协助，并且为了鼓舞供应商的积极性，会给予它们一定的支持。

6.4 制造业核心企业的动态供应联盟设计与利益分配

6.4.1 制造业核心企业的动态供应联盟设计

1. 供应链的发展及动态供应联盟的产生

我国是世界第一制造大国，已拥有全球产业门类最齐全、产业体系最完整的制造业。由于国际市场竞争激烈，我国的制造业急需通过产业升级和加强供应链管理建设来提高核心竞争力。

未来制造企业之间的竞争是供应链管理能力的竞争。通过提高供应链管理水平，企业可以有效利用规模优势和配套优势，降低运营成本，充分适应市场的灵活性。精益供应链、敏捷供应链和绿色供应链日益受到企业的关注。

精益供应链的概念由精益生产发展而成。20 世纪 50 年代，日本丰田公司

为了满足现代汽车制造的需求，发展出 JIT 生产方式，即利用物料与信息的协调，使物料与信息在生产过程中同步流通，以达到降低库存的目的。这样的生产方式可以使生产过程更加有序和协调，降低生产过程中的无附加值的行为，提高生产效率。"精益供应链"是在日本汽车制造商丰田公司"精益"理念的基础上，为提高企业的供应链管理水平而提出的一种新的供应链理念。精益供应链对供应链上下游企业产品流、服务流、信息流和资金流进行了整合，它也是通过协同物质和信息的方式，打通信息流在供应链上所有企业流通的通道，实现了信息在供应链成员中的高度共享。通过信息流，供应链成员可以对需求做出迅速的反应，从而使供需环节更加有序和协调。

绿色供应链的概念产生于 1996 年。美国密歇根州立大学制造研究协会首次提出"绿色供应链"，它是一种综合考虑环境影响和资源效率的供应链管理模式，在供应链全过程中以对环境影响最小和资源效率最高为目标，进行供应链管理。绿色供应链基于绿色制造理论，关注产品全生命周期中的绿色管理，包括对产品设计、产品工艺、产品包装等方面的绿色管理。绿色供应链被提出后便受到学者的广泛关注，国内外学者对绿色供应链的体系结构、评价方法、运作控制等方面均提出了许多观点。国家也高度重视绿色供应链工作，推出了一系列政策，开展了试点工作。

敏捷供应链的概念是基于敏捷制造的概念发展的。1991 年，里海大学的艾柯卡研究所发布了《21 世纪制造企业战略》报告，报告中提出了敏捷制造的概念。随着市场的发展，市场环境不断变化且不定性强，需要一种能够对这种环境灵活快速响应的制造模式来应对变化。敏捷制造通过改进制造技术、提高劳动力的技能水平及企业灵活管理三种方法，实现对市场的敏捷反应。敏捷供应链是基于敏捷制造的供应链，供应链能够在敏捷制造的基础上，快速适应市场的变化。

随着供应链不断发展，动态供应联盟的概念在多种动因的促进下被提出。动态供应联盟又叫动态联盟，是指由供应链上、下游企业共同构成的，为达到一定的供需目标，并在目标达成后终止或重组的"虚拟组织"。

敏捷供应链概念的提出促进了动态供应联盟的产生。基于敏捷制造提出敏捷供应链，通过对供应链企业的联合，提高供应链敏捷性，从而实现对市场变化的快速响应。这种供应链需要一种相配套的供应链组织形式。这种组织形式需要对市场足够敏感，由核心企业快速识别市场需求，并根据需求快速制定战略，通过供应链动态传导到每一个节点企业。动态供应联盟能够很好地适应敏捷供应链的要求，利用信息技术进行联盟内数据共享，将供应链末端需求从下游向上游同步传导，有效消除"牛鞭效应"，并实现对市场的快速反应。

动态供应联盟的产生同时受到了价值链理论发展的推动。价值链理论认为企业通过组建联盟能够形成一条完整的价值链，通过减少无法创造价值的活动，形成超越联盟外企业的竞争力。动态供应联盟能够体现价值链理论的思想，联盟由核心企业牵头，联盟内各成员能够发挥各自的核心竞争力，串联出一条完整的价值最大化的价值链。

动态供应联盟的概念自提出后受到许多学者关注。1991 年，由美国里海大学的 Roger 和 Dove 领导的团队向国会提交了《21 世纪制造企业战略》的报告，第一次将"敏捷制造"的概念带给大众。它的核心理念是在新产品或新业务机会的基础上，以企业为中心，通过建立动态联盟来进行产品的经营、开发、生产和销售。随后许多学者专家对动态供应联盟展开了研究。1992 年，Davidow 和 Malone 发表《动态联盟：21 世纪企业的构建和新生》，从产品视角解释动态供应联盟的概念。1993 年，美国《商业周刊》刊登了 John A. Byrne 的文章，第一次明确将动态供应联盟定义为多个企业为获取快速改变的机会，而迅速组成的具有巨大适应力的临时联盟。文章总结出了动态联盟的具体特征。Goldman、Nagel 和 Preiss 于 1994 年出版的《敏捷竞争者与虚拟组织》的专著中，阐述了信息技术与通信技术的有机结合，能够帮助企业将不同地域、不同组织的能力整合为一个动态的联盟，从而获取强大的竞争优势。

综上来看，动态供应联盟的基本理念是，供应链上下游通过使用最新的信息技术，对资源进行有效的利用，将企业之间的竞争优势进行融合，从而形成一个动态的供应联盟，对产品进行经营、开发、生产和销售。

从整体市场的情况来看，企业竞争已转变成动态联盟供应链之间的竞争。在动态供应联盟内，核心企业能够根据联盟成员的核心竞争力对资源进行整合，快速形成联盟的生产计划及资源调度方案，把握住市场机遇；联盟成员之间从"交易对象"转变为"战略伙伴"，按照相互信任的程度进行信息共享，从而使供应链系统的核心能力得到最大限度的发挥，为成功或失败承担相应的责任。

2. 动态供应联盟的组建程序

（1）识别商业机会　建立动态供应联盟前，需要核心企业对商业机会进行识别。动态供应联盟本身是为了最大化实现商业目标而组建的组织。商业机会一般是指市场的多变性对企业提供的产品或服务提出的新的需求。由于市场需求本身是灵活多变的，新的需求可能会挤占原有需求的市场，同时，新的需求产生后，不同企业识别商业机会的能力不同，率先协调生产以满足消费者新需求的企业通常能够占据市场优势，因此正确识别商业机会是核心企业的重要能力之一。在识别市场机会后，核心企业需要根据机会识别的结果进行核心竞争力分析，识别核心企业自身的核心能力能否最大化实现市场需求，同时确定是否能够组建动态供应联盟，以使效益最大化。

（2）选择联盟伙伴　在确定能够通过组建动态供应联盟使效益最大化后，核心企业需要对动态供应联盟的合作伙伴进行评价与选择。动态供应联盟的成员选择一般分为两步：先需要分析候选成员的核心竞争力，对候选成员进行初步筛选，确保各企业之间的核心竞争力能够互补或集成。在根据核心竞争力对成员进行初步筛选后，需要建立联盟伙伴评价模型，对联盟伙伴的综合能力进行评价，以期使联盟最终利益最大化，使风险最小化。

（3）制定利益分配制度　动态供应联盟设计的目标为总体利益最大化及实现共赢。利益驱动联盟伙伴为了一个统一的目标而共同努力，使动态供应联盟高效运作。核心企业需要在动态供应联盟运作前，与联盟成员协定出公平有效的利益分配制度。利益分配制度应当包括利益分配和责任划分两个方面，既要明确在动态供应联盟运作中止后，联盟成员对总体利益的分配方法，又要确定在动态供应联盟运作过程中，各联盟成员需要承担的责任。利益分配情况应当与责任划分相匹配，在利益分配时应当考虑联盟成员的责任承担情况，包括风险承担、固定投入和整体贡献等。

（4）综合绩效评价　项目中止后，核心企业需要对动态供应联盟进行综合绩效评价。通过综合绩效评价，核心企业能够了解动态供应联盟的运作状况，也可以以此作为依据来辅助决策，通过量化指标衡量动态供应联盟的各个成员的贡献，并根据评价结果对联盟成员进行淘汰，实时更新联盟成员核心竞争力信息。结合多价值链大数据，建立有效的评价体系和激励制度，核心企业能够对联盟进行有效的动态管理，进行联盟重组。

6.4.2　制造业核心企业的供应联盟利益分配

动态供应联盟是为了实现参与企业的经济利益最大化而形成的一种契约合作关系。在这种联盟中，良好的合作关系是组建联盟和保障联盟运作的前提和重要因素，而公平、合理的利润分配机制是维持合作伙伴关系的动力。但是，利益分配带来的双重效应，不仅可以促进合作，还可能因为不公平的利益分配或偏向而影响联盟的稳定运行。

动态物流联盟中的成员企业都是独立的法人，它们之间的利益分配关系是基于契约的协作关系。在这种非股权式的联盟中，成员企业面临着不同的资源、能力、文化和目标等因素。因此，如何设计合理的利益分配方案以确保联盟的顺畅运行和目标的实现，是动态物流联盟成功组建和运营的关键问题。

制造企业实施动态供应联盟的过程中，面临着缺少对供应联盟的动态优选与评价方法、缺少合适的利益分配方式的问题，而多价值链大数据能够提供很好的解决手段。价值链数据包括供应、营销、服务等多个价值增值活动的内容，其中供应角度涉及多级库存、分层需求、备品库存和供应商联盟数据等，营销数据涉及离散生产、随机订单、配送需求和供应链报价数据等，服务数据涉及外界数据、故障历史、故障因素、设备基因数据等。企业通过快速索引、全链搜索等方式，联合外部数据，利用多价值链数据为价值链智能优化决策提供数据支持。核心企业在动态供应联盟运作前，能够利用多价值链数据对供应商进行分类。通过价值链上的信息共享，核心企业能够对供应商及供应联盟进行评价，与优秀的战略供应商进行绑定，形成协同效应。在动态供应联盟运作时，核心企业能够基于多价值链数据，对产品上游供应商进行信息追溯。根据链上的故障历史、故障因素和设备基因等数据，实现责任追究和去向查证，降低产品的故障成本。在动态供应联盟运作中止后，基于价值链数据建立的利益分配模型能够高效地解决联盟的利益分配问题，利用模型的决策反馈，科学、平等地进行联盟内利益分配，推动动态供应联盟长久运作。

1. 利益分配的含义

利益分配是指联盟内企业将联盟运作期间内共同创造的利益按照一定的利益分配制度进行分配的过程，其中主要内容是联盟在提供产品和服务后获得的利润，除此之外还包括一些技术成果、商誉、营销渠道等间接收益。

2. 利益分配的原则

供应联盟获得的利益能够激励联盟成员向同一个目标努力，但不公平的利益分配也会影响动态供应联盟长期、稳定的运作。因此，动态供应联盟在利益分配时应当遵守公平原则、科学原则、平等原则、透明原则。

（1）公平原则　公平原则要求根据联盟伙伴在实现商业目标中做出的贡献对利益进行分配。公平原则能够让动态供应联盟的利益分配更加合理，让动态供应联盟能够继续持久地运行。

(2) 科学原则　科学原则要求动态供应联盟在进行利益分配时，需要利用科学的利益分配计算方法，对每个成员的分得的利益进行计算，确保利益分配过程客观合理，让利益分配结果有理有据。

(3) 平等原则　平等原则要求动态供应联盟在进行利益分配时，按照实际贡献和风险承担程度来进行分配，所有企业拥有平等的权利，不应当根据企业的体量大小来判断企业的价值。

(4) 透明原则　透明原则要求动态供应联盟在进行利益分配时，要严格按照制定的利益分配制度进行，并应当对利益分配的全过程信息透明化，利益分配的依据、过程、结果受所有成员的监督。

3. 利益分配的方法

为了应对不断提高的服务质量要求，降低供应链运作成本和提高竞争力，实施动态供应联盟成为一种有效的组织模式，而维持联盟存续和稳定的关键是利益分配，利益分配的均衡问题会直接影响到供应链联盟的健康运行。目前利益分配的常用方法有 Shapley 值法和群体重心法等。

Shapley 值法源于合作博弈，Shapley 值法是指在各种可能的联盟次序下，参与者对联盟的边际贡献之和除以各种可能的联盟组合数量。使用 Shapley 值法进行利益分配，是将动态供应联盟的利益分配问题作为一个多人合作问题。在这种多人合作问题中，Shapley 值法根据动态供应联盟中各个企业伙伴在联盟中做出的增值贡献进行利益分配，增值贡献较大则分得利益大。

群体重心法是将整个动态供应联盟中各个成员所能接受的各个分配方法整合为方法集，并设置理想方法，在方法集中寻找与理想方法最为接近的方法，将这种方法作为动态供应联盟利益分配的具体方案。

上述利润分配的方法把企业视为单个直接参与者，未考虑供应链成员地区分布、社会关系及前期合作基础等现实原因的影响，可能导致分配不合理。在动态供应联盟中，除供应商与分销商外，所有供应链成员都可能形成联盟，但由于供应联盟的动态性和柔性，会存在一些优先联盟的组合。当在所有的联盟中形成优先联盟时，上述方法并不能完全解决动态供应联盟的利益分配问题。

为适应这种基于多价值链大数据下的动态供应联盟的利益分配，考虑供应链中存在优先联盟的情景，本节提出将 Owen 值法应用于动态供应联盟利润分配计算，具体步骤如下：

(1) 参数与假设　以制造企业为核心的三级供应链模型由上游供应商 (s)、

中游制造商（m）和下游分销商（d）构成。模型涉及的变量及参数意义如下。

c_1：企业固定成本，包括厂房、设备折旧，以及仓储、场地租用等费用。

c_2：企业单位产品变动成本，单位产品原材料采购及粗加工成本，产品加工环节对应的人工费、能源动力费、设备维修费，以及运输、销售成本等。

p_s：产品对应的供应商销售价格。

p_1：制造商在产品加工过程中的消耗及预期收益。

p_m：产品对应的制造商销售价格。

p_d：产品对应的分销商销售价格。

a：产品在市场上的价格上限值。

b：产品需求的价格影响系数。

u：分销商对产品的预期收益比，分销商收到产成品进行销售，无须对产品进行进一步加工，故其以预期收益比进行计算。

q：终端客户产品需求量。

w：产品预期收益额。

供应链中各企业往往存在较为复杂的关系，为方便讨论，明确研究对象及其相互之间的联系，梳理各环节资金流动情况，构建供应链中企业联盟收益计算模型，本节提出假设包括：供应链中存在 2 个供应商、1 个核心制造企业，以及 1 个分销商；2 个供应商之间存在完全竞争关系；产品的需求量 q 受价格变动影响，存在价格影响系数 b，且 $b>0$，可得产品需求量为 $q=a-b(p_s+p_1)$；产品对应的原材料由供应商 $s \in \{1,2\}$ 以 p_s 为价格售出，制造商购买后进行加工，单位产成品以价格 p_m 出售，$p_m=p_s+p_1$；分销商以价格 p_d 销售产品 $p_d=u(p_s+p_1)$，$u>1$ 为预期收益比例。

（2）联盟整体收益模型构建　在三级供应链中，单个供应商收入由销售收入 $p_s q$ 表示。单个供应商支出部分包括厂房及设备折旧等固定成本 c_{1s}、采购与加工环节成本，以及转运过程的司机、车辆损耗、燃料费等，将其汇总后对应转换为单位产品变动成本，得到产品总的变动成本为 $c_{2s} q$。根据以上分析，可以得到供应商利润：

$$w_s = p_s q - c_{1s} - c_{2s} q \tag{6-34}$$

制造商通过向供应商购买获取原材料，然后经过生产加工制造将原材料转换为产成品，销售收入为 $p_m q$。支出部分包括折旧等固定成本 c_{1m}。此外，在生产单位产品的过程中，会产生人工费用、能源动力费用及检修运维等各种费用，加之采购价格存在变化，在这里将此类费用统一转化为单位产品变动成本 c_{2m}，故而制造商整体变动成本可表示为 $c_{2m}q$。据此，制造商利润为

$$w_m = p_m q - c_{1m} - c_{2m} q \tag{6-35}$$

分销商销售收入可表示为 $p_d q$。各分销商支出部分也分为固定成本和变动成本。其中，固定成本 c_{1d} 包括厂房折旧、场地租赁，以及运输环节所需的运输工具等设备折旧。此外，在销售产品的过程中，会产生人工、能源消耗、运营等相关成本费用，将其记为产品变动成本并转化为固定值，可以得到分销商对应的单位产品变动成本 c_{2d}，并据此得出经销商产品总变动成本，可以表示为 $c_{2d}q$，故分销商利润为

$$w_d = p_d q - c_{1d} - c_{2d} q \tag{6-36}$$

因此，可以得到整个供应链的利润：

$$w = w_s + w_m + w_d \tag{6-37}$$

当企业之间形成联盟时，价格和成本随之产生变化。企业不进行联盟时，各企业收益分别对应前文所述利益函数。当多家企业联盟时，将联盟内企业进行联合，得到联盟利润，联盟利润分别为

$$w_{s\&m} = (p_s + p_m)q - c_{1s} - (c_{2s} + c_{2m})q \tag{6-38}$$

$$w_{s=1\&s=2} = (p_{s=1} + p_{s=2} - c_{21} - c_{22})q - (c_{11} + c_{12}) \tag{6-39}$$

$$w_{m\&d} = (p_m + p_d - c_{2m} - c_{2d})q - (c_{1m} + c_{1d}) \tag{6-40}$$

$$w_{s\&m\&d} = (p_s + p_m + p_d - c_{2s} - c_{2m} - c_{2d})q - (c_{1s} + c_{1m} + c_{1d}) \tag{6-41}$$

根据以上式子，以供应商价格为决策变量，将各阶段价格和需求量转换为用供应商价格表示的函数，可以得到联盟利润是供应商价格的严格凹函数，并据此求得各联盟最优价格及其对应的最优利润。

(3) 联盟内企业利益分配方法 设 $x = \{1, 2, \cdots, n\}$ 为供应链中参与联盟的成员集合，x 中的任意子集 t 为供应链中可能的联盟，单个成员组成的联盟 $\{i\}$ 为单人联盟，$\varnothing$ 称为空联盟，则供应链中所有机会联盟组成的集合为 $g(x)$。对于任意的 $t \in g(x)$，$w(t)$ 表示机会联盟 t 通过合作获得的利润，满足 $w(\varnothing) = 0$。考虑在机会联盟中存在优先联盟的情形，根据具有联盟内部限制的合作对策 Owen 值，给出供应链中考虑优先联盟的成员利润分配结果。Owen 值法的公式如式 (6-42) 所示。此外，优先联盟内部进行利益分配时，可以威胁脱离优先

联盟，故需要考虑这种威胁，设置修正函数如式（6-43）所示。

$$Ow_i(\psi,\xi R)=\sum_{\substack{K\subseteq M\\ \tau\notin K}}\sum_{\substack{t\subseteq R_l\\ i\in t}}\frac{|K|!(|M|-|K|-1)!}{|M|!}\frac{(|t|-1)!(|R_l|-|t|)!}{|R_l|!}$$

$$\left(\psi(\bigcup_{k\in K}R_k\cup\eta_l)t\right)-\psi\left(\bigcup_{k\in K}R_k\cup\eta_l(t\setminus\{i\})\right) \quad (6\text{-}42)$$

$$u_{\tau,t}(K)=\begin{cases}\psi\left(\bigcup_{l\in K}R_l\right),\tau\notin K\\ \psi\left(\bigcup_{l\in K\setminus\{\tau\}}R_l\cup\eta_\tau(T)\right),\tau\notin K\end{cases} \quad (6\text{-}43)$$

式中 $t\setminus\{i\}$ 为联盟 t 中除去成员 $\{i\}$ 所剩余的联盟，$k\setminus\tau$ 同理；$|x|$，$|t|$ 分别表示供应链中所有成员的个数和机会联盟中成员的个数；ξR 为供应链所有成员 x 中优先联盟的结构，令 $\xi R=\{R_1,R_2,\cdots,R_m\}\in R^N$；$M=\{1,2,\cdots,m\}$ 代表优先联盟的下标集合；$l\in M$ 表示第 l 个优先联盟 R_l；τ 代表目前所指联盟的下标；K 表示优先联盟的集合；$\psi(\eta(t))$ 表示在优先联盟的基础上联盟 t 的利润。

由于供应链中部分成员的地理优势、长期合作关系，下游企业需取得核心企业在专利等关键资源上的授权等因素，供应链中成员间会结成一些优先联盟来参与合作，此类联盟具有较大的竞争优势。基于此，应充分考虑到核心企业在供应链中所具有的优先地位，利用 Owen 值对联盟利润进行更加公平、合理的分配。

6.5 本章小结

首先，本章介绍了不确定环境下制造业生产离散调度优化，通过对不确定性环境的概述、生产调度问题的分析及调度问题的特点分析，罗列出生产离散调度对制造业的影响，并针对离散生产建模，指出其优化求解方法。其次，本章研究了不确定环境下的制造业随机模糊协同配送优化问题。在分析制造企业协同配送模式、成本效益的基础上，结合制造业物流配送的取送货路线、客户需求等特点，构建了协同配送模型，并针对协同配送联盟的合作特点，构建了基于 Shapley 值法的协同配送收益分配方法，以便公平、合理地分配联盟内各成员的收益。研究对于如何鼓励制造企业参与协同配送活动，维持协同配送联盟的长期稳定性，提供了决策支撑。随后，本章主要研究了制造业报价过程和发展现状，对于可能遇到报价问题可以使用的各种方法，针对整个定价过程做了全面灵活的思考过程。主制造商-供应商成本分担部分,将制造商与供应商进行利益捆绑,使得双方起到激励作用,产生比各自独立生产更大的经济效益。最后,本章对供应链发展的趋势和动态供应联盟产生的动因进行了介绍,指出组建动态供应联盟能够提升企业的竞争优势,对动态供应联盟的组建程序进行了介绍,包括识别商业机会、选择联盟伙伴、制定利益分配制度和综合绩效评价等,以及动态供应联盟利益分配的含义、原则和方法,提出了一种基于 Owen 值法的动态供应联盟利益分配模型,为企业实现智能优化决策提供借鉴。

第 7 章

制造业服务价值链协同数据空间智能管理与优化建模

7.1 多维度多层次关系驱动的自学习特征识别

随着自动化、信息化和智能化技术在现代工业领域的大量应用,制造企业在其生产运营过程中产生了海量数据信息。海量数据往往潜藏着很多有价值的信息。但是,这些数据大多分散在企业各个系统和部门之间,且数据格式也不统一,形成多源异构数据的现象。有效利用和充分挖掘多源异构数据信息可以给制造企业物资供应、生产调度、市场营销和服务优化等活动提供支撑。

本节就制造业服务价值链活动中多源异构数据信息的特征处理、信息辨识等相关技术展开系统化的阐述。首先,介绍了制造业服务价值链活动中多源异构数据的定义、来源和分类。接着,介绍制造业多源异构数据的处理过程及方法。最后,介绍基于制造业服务价值链协同数据空间中多源异构数据自学习特征识别的处理流程及理论方法。

7.1.1 多源异构数据

多源异构数据是指数据来自多个数据源且数据种类及结构复杂多样,包括不同数据库系统内存储的数据以及不同设备在生产过程中采集到的数据。它主要有两个方面的特点：一是数据的来源广泛、分布广泛，即多源特点；二是不同类型的数据在产生过程中没有统一的数据标准，数据的类型和数据的形态复杂多样，即异构特点。多源异构数据可分为结构化、半结构化和非结构化三种数据类型。

结构化数据是关系型数据，即能够用关系型数据库来管理和存储的数据结构类型。结构化数据能直接利用关系型数据库进行存储和展示，通常呈现为二维数据结构的形式。结构化数据通常具有以下几个特点：首先，数据以行为单位，一行数据代表一个实体的信息，同时，每行数据具有相同的属性，且数据能够直接存储在数据库中。其次，能够用数值或者同一标准形式进行表达，如数字、符号、文字等。最后，能够用二维表的逻辑结构来表达，包含属性和元组。例如，身份证是数据属性，身份证编号是其对应的数据元组。典型的结构化数据包括身份证信息、产品名称、地址信息、设备编号等。结构化数据类型主要有数值型、字符串型和布尔值型等。

半结构化数据是指不满足关系型数据库的存储形式或者将其他多种数据表进行关联表达的数据结构形式。半结构化数据需要经过后续的分析处理变成结构化数据才能被使用。半结构化数据存在固定结构形式，但其与关系型数据库的数据模型不同，不便于使用关系型数据库进行模式化处理，例如，日志格式的文件、JSON 文件等。

非结构化数据是指数据结构具有不规则或不完整的特点，并且不能利用二维逻辑表的形式来存储展现的数据，包括文本文件、XML、HTML、图片、报表、音频和视频等数据。与结构化数据相比较，非结构化数据的来源更加复杂多样。相较于结构化数据的存储，非结构化数据的体量庞大，数据结构复杂，传统的关系型数据库难以满足对非结构化数据存储工作。随着分布式技术的发展与进步，以 HBase 数据库为代表的分布式、面向列的开源数据库被广泛用于非结构化数据存储工作，同时 HBase 数据库能够将非结构化数据以更低的成本存储下来。

7.1.2　多源异构数据的处理方法

制造业服务价值链包含的数据，除了当前业务产生的数据外，还包括与之联系的其他价值链业务产生的海量多源异构数据。制造业服务价值链协同数据空间包含制造业及其协作企业在设计、销售、生产、出厂和售后等环节的多维度、多层次数据。这些数据如图片、视频、音频等都是高维、冗余且复杂的，需要借助科学高效的数据处理方法提取数据特征，以期提高数据利用效率与价值。多维度多层次关系驱动的自学习特征识别研究过程中，对数据的处理与利用过程主要包括七个阶段：数据采集、数据存储、数据索引、数据关联、全链搜索、集成演化和数据分析。

1. 数据采集

数据采集阶段是在多源异构数据处理过程中的首要阶段。首先，准确、实时采集制造企业产品生产过程中产生的原始数据，并将采集到的原始数据传输到数据存储平台。然后，实时监控与分析制造企业生产运营过程中数据，为企业的生产调度和营销服务等方面提供决策支持。

针对制造业服务价值链多源数据采集工作过程中面临的数据来源多样、结构复杂等问题，本节提出采用 Flume、Kafka、HDFS 等大数据工具组合设计研发的分布式数据采集系统完成多源异构数据的采集工作。

Flume 是一种分布式、高可靠海量数据采集、聚合和传输工具，通过利用 source、channel 和 sink 等组件完成多源数据的采集过程。Kafka 是高吞吐量的分布式发布订阅消息系统，该组件工具与 Flume、Spark 等组件工具配合使用，可以用于实时获取、分析和处理流数据。HDFS 是 Hadoop 生态中专门负责存储数据的组件，它们的备份功能可以提高数据存储的可靠性，提供高吞吐量的数据访问服务，也可以完成超大文件的存储工作。

2. 数据存储

数据存储阶段主要是完成前期采集到的制造业相关多源异构数据的储存工作。数据的抽取、转换和装载（Extract-Transform-Load，ETL）负责完成原始数据的清洗工作，以提高集成数据的质量。同时，ETL 技术也可将部分异构数据转化为同构数据，节省后续数据挖掘应用过程中的时间，提高后续数据挖掘效率。以 Hadoop 为代表的分布式存储与计算框架是目前比较常用的大数据技术架构。在制造业服务价值链协同数据空间中的海量数据采集、整合和存储工作基本采用 Hadoop+hudi 技术来实现。Hadoop 具备高拓展性、高可靠性和低成本等优点，是海量数据的存储和计算的关键基础技术。

3. 数据索引

制造业服务价值链包含的数据，除了当前业务产生并存储的数据外，还包括与之联系的其他价值链业务产生的外部数据。因此，制造业服务价值链业务中数据的索引需要涉及产品的原料供应、生产和销售过程中产生的跨源数据表的连接。数据库技术是企业在存储数据过程中常使用的技术手段。数据索引技术可以在数据库中快速检索出所需要的文件，该项技术可以将文件记录在某个或某些域（或称为属性）上的数值与该文件对应的物理地址建立关联关系，是一种可以为用户提供快速访问文件的技术手段。

为了将不同平台的多源数据进行有效融合，我们采用图结构进行数据表示和存储，基于非关系型数据库建立和存储多源数据图，利用多通道融合技术对不同平台的数据建立起统一的表示空间。我们将不同平台数据分为三种类型：结构化数据、半结构化数据及非结构化数据。根据这三种类型进行图的构建，每一类构建一张图，将每个平台视为一个通道。

构建好不同属性的不同图之后，通过融合来学习每个通道不同节点的特征，并采用图注意机制来学习节点的特征。同一标签下的不同通道通常具有相似的表达，建立不同通道之间的语义空间映射，利用多通道数据的相似性来进行多源数据融合，最终实现后续索引的快速构建与数据的分析挖掘。

4. 数据关联

制造业服务价值链活动过程中产生海量多源异构数据，数据之间也存在相互关联关系。数据关联表示的目的就是根据数据特征发现数据之间潜在的关联关系，获取数据之间隐藏的数据信息。对融合的数据进行关联表达分析，就可以探索不同分类数据之间的联系。同时，可以在不同维度和不同层面来分析数据结果，有效实现多价值链数据之间关联性分析应用。常见的数据关联方法主要有知识图谱分析法和关联规则算法（Apriori 算法）等。

知识图谱是利用可视化图谱的形式描绘数据间的关联信息。知识图谱构建技术可以在结构化、半结构化和非结构化的数据源中挖掘潜在数据信息，并将所挖掘到的信息进行集成，最后以知识图谱的形式进行展现。

关联规则分析是数据挖掘过程中常见的分析方法。关联规则能够反映出一个事物的出现对其他事物出现的影响，从数据库中提取频繁出现或受关注的事物，是一种无监督学习的数据挖掘方法。Apriori 算法中的相对支持度和置信度可以反映事物之间关联关系的强弱，同时，关联规则挖掘也可以转化成对高频项数据集的挖掘。关联规则挖掘过程大致可以分成两个步骤：首先，找出所有高频项数据集。然后，通过计算支持度和置信度，挖掘出所关注事件之间的关联强度。

5. 全链搜索

全链搜索是从制造业及其协作企业的设计、销售、生产、出厂和售后等主题出发，用户只需输入检索关键词就可以实现对制造业多价值链跨系统、跨平台的信息查找与检索。要想准确、全面地检索出制造业服务价值链业务中涉及的数据信息，尤其是多源异构数据，需要充分考虑跨源、跨模态的数据检索问题。目前常见的跨源、跨模态的数据检索方法是基于公共子空间的表示学习方法。该方法在优化过程中试图寻找一个函数，完成不同模态空间中的数据映射到公共子空间中的任务，并通过余弦距离、欧氏距离等度量方式计算特征之间的相似度，最后根据特征之间的相似度依次输出检索结果。

6. 集成演化

集成演化是集成孤立分布在供应价值链、生产价值链、营销价值链和服务价值链等异质链条上的结构化与非结构化数据，使用数据挖掘方法提取数据中隐藏的、有价值的信息，进而分析集成数据的时空演化规律并预测其未来演化趋势，并使用可视化方法对数据集成信息及演化趋势信息进行展示，以期通过直观、有效的可视化平台为管理人员提供业务决策支持。

7. 数据分析

数据分析是指采用统计分析和机器学习等技术手段完成多源异构数据的处理、分析和挖掘的过程。通过数据分析可以从复杂的数据之间提取出潜在的数据价值。数据分析的主要方法包括关联分析、分类分析和聚类分析。

（1）关联分析　数据的关联分析就是通过对无规律性数据的研究，发现其中潜在的数据关联关系。Apriori 算法是一种常见的数据关联算法。Apriori 算法的实现过程是先通过逐层搜索迭代的方式确定频繁项数据集。接着，通过组合的方式在频繁项数据集之间建立关联规则，再使用最小置信度进行筛选，确定强关联规则。

（2）分类分析　目前，常见的分类算法主要有决策树算法、人工神经网络算法和深度学习算法等。

决策树（Decision Tree）算法是数据分析挖掘领域中的一种重要的分类与回归方法。该算法以树状结构（包括二叉树和多叉树）的形式来构建预测分析模型，具有计算量小、准确度高等优点。目前，常见的决策树分类算法主要有 C4.5、CART 和随机森林等。

人工神经网络（Artificial Neural Network，ANN）算法具有自学习功能、鲁棒性强和寻优速度快等特点，尤其在处理非线性关系数据时，可以实现充分逼近非线性复杂问题。其中，反向传播（Back Propagation，BP）神经网络算法理论上可以拟合出任意非线性函数，通过梯度下降法找到模型中未知参数的最优估计值。该模型具有较强的非线性映射能力，比较适合求解内部机制复杂的问题。

深度学习算法最早起源于对人工神经网络的研究，是通过设置多层隐藏层实现对输入层数据的非线性变换或者表征学习的神经网络模型。深度学习将低层特征通过组合的方式表达成高层抽象的特征，实现数据属性及特征的转换。深度学习属于机器学习的范畴，尤其在语音识别、图像识别、自然语言处理等方面具有较强优势。深度学习算法在制造业服务价值链协同数据空间的数据分析方面具有较好应用前景。深度学习算法主要包括卷积神经网络（Convolutional Neural Network，CNN）、循环神经网络（Recurrent Neural Network，RNN）、长短时记忆网络（Long Short-Term Memory，LSTM）和生成对抗网络（Generative Adversarial Network，GAN）等。

（3）聚类分析　聚类分析是通过无监督的学习方法发现数据之间的关联关系，去除或合并有密切关联关系的数据项，将数据进行分组。组内的数据之间具有较高的相关性，不同组之间的数据相关性较低。组内之间相关性越大，组间的方差就会越大，聚类效果就会越明显。常见的聚类算法主要有 K-Means 聚类算法、凝聚层次聚类算法及基于密度的 DBSCAN 聚类算法等。其中，最常用到的是 K-Means 算法，该算法首先从数据中选择 K 个数据对象作为初始聚类中心值。接着，计算每个聚类对象到聚类中心值的距离，重新确定聚类中心值，循环迭代至最大迭代次数，将数据集划分成 K 簇，最终实现数据聚类的效果。

7.1.3　自学习特征识别方法

本小节主要介绍基于制造业服务价值链协同数据空间的多源异构数据自学习特征识别流程及相关理论方法。多源异构数据自学习特征识别建模过程按照"数据采集—数据清洗—数据表征—结构化数据特征筛选—非结构化文本型数据特征表征与识别"的逻辑展开介绍（见图 7-1）。本节以电力变压器故障的卷积神经网络识别诊断为例进行介绍。

数据采集阶段：主要是从制造企业供应、营销和服务等活动全过程角度出发，采集制造及协作企业多价值链活动的各类数据，完成结构化、半结构和非结构数据的采集工作。

第 7 章 制造业服务价值链协同数据空间智能管理与优化建模 ‖ 205

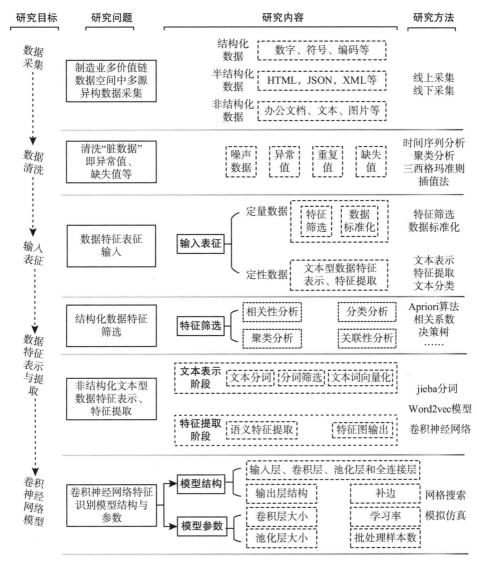

图 7-1 多源异构数据自学习特征识别建模过程

数据清洗阶段：制造企业在供应、营销和服务等过程中往往涉及多个系统和多个平台数据信息，它的数据来源复杂多样、数据结构形态各异。在前期完成多源数据采集工作之后，还需要对数据进行清洗。数据清洗过程通常包括数据一致性检查、缺失数据填补、重复数据剔除和内容文件异常处理等。

数据一致性检查是指根据制造业服务价值链活动中的实际业务及数值取值的合理范围等情况，检查数据是否符合实际业务情况，对于超出正常数据范围、不符合业务逻辑规则等情况的数据进行检查处理。

缺失值填补是按照数据业务规则选用相应模型算法填补缺失值，对于缺失值较多的字段可以考虑删除该项字段。常用的缺失值填充方法有均值填充、众数填充、K近邻法填充和回归/分类预测填充（线性回归、非线性回归、随机森林或神经网络等机器学习方法）等。

重复值剔除是通过核查数据信息表中字段是否存在重复现象，对于重复字段数据信息，可以考虑将其删除。

内容文件异常处理主要是针对非结构化数据的处理工作。例如，需要对音频文件中的噪声、杂音和静音等进行消除处理，对已损坏的视频、图片、文本等文件进行修复处理。

数据表征：以往常利用传统的特征识别方法识别结构化数据特征，但是制造业服务价值链活动中的多源异构数据存在变量类型多、变量维度高、变量价值密度低等问题，给传统模型带来严重挑战。数据表征阶段主要针对结构化定量数据和非结构化文本型定性数据的特征识别来展开介绍。定量数据是指以数量形式存在着的属性，可以以数值的形式对其量化处理。首先，通过相关性分析、关联规则分析等方法完成结构化形式定量数据的特征筛选。接着，考虑到不同数据指标的量纲有所差异，对筛选后的数据进行标准化处理。以文本型非结构化定性数据为例，需要按照分词处理、文本表示、特征提取和文本分类等流程完成非结构化文本型数据特征表示和特征提取。

结构化数据特征筛选：本节针对结构化定量数据的特征筛选工作，首先考虑采用相关性分析方法分析数据的相关关系，包括利用皮尔逊相关系数法衡量不同来源数据之间的相关性。接着，考虑到不同数据指标的量纲具有较大差异，对数据进行标准化处理。最后，采用 Lasso 回归方法完成多维变量数据变量筛选工作。

非结构化文本型数据特征表征与识别：本节考虑采用自然语言处理技术完成非结构化文本型数据特征表征与识别。采用深度卷积神经网络的特征提取与识别方法完成文本型数据的语义识别，将文本型数据向量化处理转换成数值型数据。非结构化文本型数据特征表征与识别流程主要包括文本表征和特征提取两个阶段。

文本表征阶段主要包括采用分词技术完成文本数据分词处理和词语向量化

处理两个过程。本节基于 Python 编程语言的 jieba 分词技术完成非结构文本型数据分词。接着，采用一种简单神经网络的自然语言处理方法 Word2vec 技术实现中文本词向量化表达。

特征提取阶段是基于深度卷积神经网络算法实现向量化文本数据特征提取及文本分类工作。输入层是将经过 Word2vec 模型向量化表达后的原始特征词进行重叠处理形成文本词向量矩阵，并将其作为卷积神经网络的输入。在输入层完成词向量矩阵构建后，再对词向量矩阵进行卷积处理。卷积的核是一个 ($m×k$) 阶的矩阵，m 是卷积核的行数，k 是卷积核的列数，且 k 与词向量维度相同。池化层可以有效降低特征图的维度，通过池化核对输入特征向量并进行降采样处理，减少神经元的数目，从而降低网络结构的计算难度。全连接层是将卷积层和池化层中具有特征分类的相关信息进行整合，然后将带有相关信息的特征图转化为一维向量，进而完成数据特征提取与识别。

7.2 基于 SMOTE-XGBoost 的变压器故障预测预警

7.2.1 研究背景

随着社会经济的迅速发展，我国居民消费水平逐渐提高，消费者对产品需求偏好的差异性日益增大。这种差异导致制造企业的成本不断增加，企业不得不寻找更多的利润来源，并开始重视产品价值链中的其他环节。在日趋激烈的竞争市场中，服务价值链创造的价值在企业利润中占比越来越高，引起众多制造企业关注。

服务价值链整体关注度的提升，促使价值链中的重要环节——售后服务，逐渐向智能化靠拢。传统的售后服务工作内容具体涵盖和产品销售配套相关的产品包装、产品送货、产品包换等方面的服务。经历革新后的售后服务出现了产品或设备技术支持、设备故障预测预警等高附加值服务。这些新增服务提高了客户体验价值，进一步拉近了制造企业和客户的关系。

对设备故障进行预测预警是指制造企业基于故障数据特征和潜在故障信号，在设备故障前对其进行计划检修或更换。这不仅可以延长设备的使用寿命，还能减少因设备故障带来的生产运维中断，进而减少经济损失。这在一定程度上提升了企业的核心竞争力及客户的忠诚度，促进了制造企业的长远发展。因此，对制造企业中的关键设备进行故障预测、预警具有重要的现实意义。

变压器是电力系统中的一个重要组成部分，对电网的电压转换和电能分配起着举足轻重的作用。变压器故障会严重影响电网安全稳定运行，轻者造成供电中断等问题，情况严重时可能会导致灾难性后果。在实际工作过程中，变压器通常安装在户外，变压器外壳等保护装置易受到外力影响而丧失保护的功能，外界环境因素容易引起线路老化等问题。基于以上现实情况，以变压器为研究对象对其进行故障预测预警将成为变压器售后服务的一项重要工作。因此，本节以变压器为研究对象，采取科学方法对故障进行预测、预警，以期电力系统持续稳定为制造业提供优质电源，促进制造业长远发展。

7.2.2 研究现状

随着社会的发展以及信息化时代的到来，电网公司对在线监控装置、计算机数据储存系统等进行了持续地升级，为电力设备的故障诊断提供了有力的支撑。目前关于变压器缺陷预测的方法颇多，主要包括基于统计学的方法与机器学习方法。

基于统计学方法的研究中，刘慧鑫将非时序有监督学习与时序建模相结合，并将其用于变压器油液中可溶性气体含量的预测，进而收集并公布大量的数据，以获得更完备的验证集合，并采用正向数据划分的方式对其进行强化，以提高模型的可信度。XING Z 提出了一种新的多模态信息分析方法，以利用时间序列和多模态数据快速、有效地评估电力变压器故障。LIU J 提出了一种基于季节自回归综合移动平均（SARIMA）模型的时间序列预测模型来预测变压器油中的溶解气体浓度。基于统计学的方法的研究主要集中于多元线性回归和时间序列，但这两种方法都存在一定的局限性。多元线性回归方法仅适用于线性可分的情况，对缺陷发生与否的二分类预测问题有很大的偏差；时间序列的方法虽然降低了模型的建模难度，但缺陷影响因素多，导致预测精度较低。

目前适用于数据集大且预测精度要求较高的变压器缺陷诊断模型是机器学习模型，如支持向量机、神经网络、逻辑回归等。陈义刚等基于支持向量机理论，采用数据挖掘技术，利用支持向量机建立设备缺陷平均发生率与设备运行环境的回归函数，对给定运行环境下设备缺陷平均发生率进行预测，预测误差小于 10%。FANQ 提出了一种改进鲸鱼算法优化支持向量机（SVM），用于实现油浸式变压器故障诊断。ELSISIM 提出了一种用于电力变压器故障诊断和网络攻击的一维卷积神经网络（1D-CNN），该网络具有抗不确定性的鲁棒性。吴广财等以某省级电网公司35kV及以上电压等级油浸式主变压器的历史缺陷数据及相关的设备台账数据为基础，利用Logistic模型，实现了基于主变压器个体的缺陷概率预测模型的构建。

然而，在实际生产中，变压器状态数据集是不平衡数据集。虽然现有关于变压器缺陷诊断的研究颇多，但是变压器缺陷数据集类别不平衡仍是准确预测变压器缺陷的难点。谢桦等学者利用SMOTE和决策树模型对变压器状态进行评估，取得较好的效果。刘云鹏等学者利用SMOTE和SVM模型对变压器故障进行预测，结果表明该模型可以有效提升缺陷预测精度。这些结合SMOTE采样和机器学习算法的研究都取得了不错的预测效果。因此，本节在此研究基础上提出一种基于SMOTE-XGBoost的变压器缺陷预测模型，以期进一步提高变压器缺陷预测精度。

7.2.3 相关研究方法

变压器缺陷数据集类别不平衡的分布很大程度上影响了监督分类方法的准确性，导致模型无法准确地预测变压器的健康状态。普通分类器通常以最小化总体训练误差为目标，这使得模型在训练过程中对多数样本的类别会重点考虑而产生过拟合；而对于占比较少的样本，由于没有特殊考虑而产生欠拟合。这导致分类结果对无缺陷的变压器数据集更有利，分类器的泛化能力较差。因此，有效解决在类别不平衡的情况下的缺陷预测问题尤为重要。

本节在过去的研究基础上提出一种基于SMOTE-XGBoost的变压器缺陷预测模型。XGBoost模型是一种集成算法，是经过优化的分布式梯度提升库，可进行大规模并行运算，具有高效、灵活且可移植等优点，对于设备的实时诊断很有意义。在利用XGBoost算法实现之前，本节还用到随机上采样与随机下采样、代价敏感学习和SMOTE算法完成了数据处理工作。

1. 随机上采样与随机下采样

随机上采样（Up_sample）是上采样的一种最常见的方法，是从变压器缺陷样本中随机地抽取样本添加到样本空间中，以达到缺陷样本与无缺陷样本的数据平衡。随机下采样（Down_sample）是下采样方法的一种，它的思想是通过减少无缺陷样本数以达到数据类别平衡。

2. 代价敏感学习

代价敏感学习（Cost Sensitive Learning，CSL）解决类别不平衡问题是通过定义错误分类的正样本和负样本的不同成本来防止过度拟合。对于变压器缺陷预测来说，要尽量避免将缺陷样本误分为无缺陷样本，为缺陷样本赋予更高的学习权重，从而让算法更加专注于缺陷样本的分类情况。

3. SMOTE 算法

SMOTE 算法是一种通过创造少数类样本来解决数据集不平衡问题的算法。SMOTE 算法是计算距离最近 K 个样本，然后随机地从中选择数据从而生成新样本，是一种基于"插值"来合成新样本的方法。

$$x_{new}=x+\text{rand}(0,1)\times\|\hat{x}-x\| \tag{7-1}$$

式中　x 为一个少数类样本；$\hat{x}$ 为最邻近样本；$\|\bullet\|$ 表示距离公式。

4. XGBoost 算法原理

对于变压器的预测问题，一个有 n 个样本 m 个特征的数据集 $D=\{(x_i,y_i)\}$（$|D|=n, x_i\in R^m$），需要预测主变压器是否会发生缺陷，发生缺陷为 1，不发生缺陷为 0。也就是任务是一个二分类问题，使用 XGBoost 算法来实现梯度提升决策树（Gradient Boosting Decision Tree，GBDT），XGBoost 是一种基于梯度增强决策树的改进算法，集合了大量弱而互补的分类器，可以有效地构造提升树并实现并行运行。该模型引进直方图算法生成分割点，被广泛应用在二分类问题上且达到较高的精度。它的核心思想是优化目标函数的值。

7.2.4　研究流程

1. 数据获取

在大数据背景下，可基于用电信息采集系统和营配数据共享渠道获取电网大数据。就变压器设备而言，设备的属性、所处环境、负荷等数据可实时存储，可采集终端数据获取变压器特征信息。根据数据集的特点进行智能化处理，实现变压器设备的缺陷预测。

2. 数据处理

数据的类别不平衡问题是指数据的某一类别数量要远多于其他类。特别是对于二分类问题，一类数据是大样本数据，而另一类数据仅有少数样本。类别不平衡问题在生产和生活场景中很普遍。例如，故障诊断、异常检测、电子邮件归档等。在模型训练过程中如果直接使用不平衡数据集进行训练，很容易导致分类失效。因为模型在分类时会受样本量多的类别的影响，容易产生"少数服从多数"的分类结果。而很多时候,样本少的类别更具有研究价值。所以对于不平衡数据集而言,一个优秀的分类模型应该是在少数类别中有更高的识别率,同时,不会严重影响多数类的预测准确性。

目前,不平衡数据的处理方法主要分四类,分别是数据采样、算法改进、代价敏感学习和集成学习。数据采样是对数据进行预处理来解决数据不平衡问题,这种方法的主要优点是独立于底层分类器,可以很容易地嵌入集成学习中,是处理不平衡数据集的积极可行的解决方案;算法改进和代价敏感方法更依赖于问题;集成学习与数据采样一样都可以独立于基本分类器使用;因此,数据采样和集成方法在处理不平衡数据时更为通用。例如,在本节实证研究部分选取了较有代表性的4种数据平衡算法,随机上采样、随机下采样、SMOTE和代价敏感学习算法来解决变压器数据集的不平衡问题。

3. 模型构建与评价指标选取

本节构建了变压器缺陷预测模型。建模流程如图7-2所示。

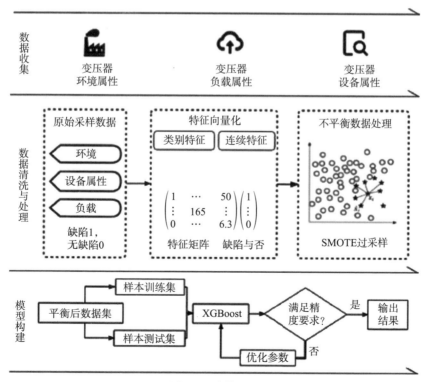

图7-2 建模流程

1）数据收集：通过物联网技术来采集变压器的环境、运行状况与设备信息等相关数据。

2）数据清洗与整理：将收集的原始数据进行数据的清洗整理，然后进行特征的向量化，最后使用 SMOTE 算法平衡数据集。

3）模型构建：将平衡后的数据集作为 XGBoost 模型的输入来进行模型训练，最后预测变压器缺陷。

评价指标在评估不平衡数据的算法时，常使用精度、召回率和 F_1 值来衡量，精度是针对预测结果而言的，它表示正确预测为正的占全部预测为正的比例；而召回率是针对原样本而言的，它表示正确预测为正的占全部实际为正的比例；F_1 值能够将一个类的精确度和召回率结合在同一个指标当中。精度 P_{rec}、召回率 R_{ec} 和 F_1 值见下式。

$$P_{\text{rec}} = \frac{\text{TP}}{\text{TP}+\text{FP}} \times 100\% \tag{7-2}$$

$$R_{\text{ec}} = \frac{\text{TP}}{\text{TP}+\text{FN}} \times 100\% \tag{7-3}$$

$$F_1 = 2\left(\frac{p_{\text{rec}} R_{\text{ec}}}{p_{\text{rec}} + R_{\text{ec}}}\right) \times 100\% \tag{7-4}$$

式中 TP、FP、FN 分别表示真阳性、假阳性和假阴性。即 TP 表示预测为有缺陷，实际也为有缺陷；FP 表示预测为有缺陷，实际为无缺陷；FN 表示预测为无缺陷，实际为有缺陷。

7.2.5 实证研究

1. 数据描述

本节收集某省电网 2000 年 4 月 7 日—2018 年 9 月 29 日主变压器缺陷采样数据，有效数据共计 31342 条，其中缺陷样本有 5660 条，无缺陷样本有 25682 条。模型输出为 1 或 0，1 代表缺陷发生，0 代表缺陷不发生。每一条数据包含变压器的 24 个属性特征，见表 7-1。

2. 建模过程及参数选择

为了解决变压器缺陷数据集的不平衡问题，本节分别采用 Up_sample、CSL、SMOTE 和 Down_Sample 四种不平衡数据集处理方法对原始数据集进行预处理，然后将原始数据集和处理后的数据集分别表示为 A_1，A_2，A_3，A_4

和 A_5，并且进行对比验证。不平衡数据集处理过程及参数见表 7-2，不平衡数据处理后样本量见表 7-3。

表 7-1 变压器属性

特征类别	特征
设备属性	役龄、所属地市、生产厂家、电压等级、绕组形式、短路阻抗高压中压、短路阻抗高压低压、短路阻抗中压低压、冷却方式、绝缘介质、额定电流、空载损耗、中压侧容量、低压侧容量、额定容量、额定频率、调压方式
环境	使用环境、安装位置、用途
负载	负载损耗满载、负载损耗高压低压、负载损耗高压中压、负载损耗中压低压

表 7-2 不平衡数据集处理过程及参数

算法	过程/参数
A_2	在缺陷样本中随机抽取 20022 次增加到缺陷样本中
A_3	缺陷类别权重 = 25682/5660，无缺陷权重 = 1
A_4	使用 SMOTE 算法，k 值设置为 5，增加缺陷样本 20022 个
A_5	从无缺陷样本中随机删除 20022 个

表 7-3 不平衡数据处理后样本量

算法	原始数据量		生成后数据量	
	1	0	1	0
A_2	5660	25682	25682	25682
A_3	5660	25682	5660	25682
A_4	5660	25682	25682	25682
A_5	5660	25682	5660	5660

对处理后的数据集采用五折交叉验证划分数据集，即第一步将数据集分为五份；第二步，选择其中四份为训练集，一份为验证集；第三步，重复第二步五次，每次选取的训练集不同。

最后，本节采用 XGBoost 算法预测变压器是否会发生缺陷，还采用了三种目前主流的变压器缺陷预测模型：决策树（Classification and Regression Trees，CART）、支持向量机（Support Vector Machine，SVM）和 Logistic 回归来进行对比验证。本节选取准确率、召回率和 F_1 值三种评价指标评价模型性能。XGBoost 算法使用 Python 的 XGBoost 包。其中，XGBoost 的超参数列表见表 7-4。图 7-3 为使用 XGBoost 模型预测 SMOTE 算法平衡后的迭代过程。

表 7-4 XGBoost 超参数列表

超参数	含义	值
Eta	学习率	0.4
max_depth	树的最大深度	6
Gamma	最小分裂损失	0.2
Subsample	每棵树的样本采样率	0.8
Colsample	特征采样率	0.55
Lambda	权重的 L_1 正则化项	1
reg_alpha	权重的 L_2 正则化项	0.02

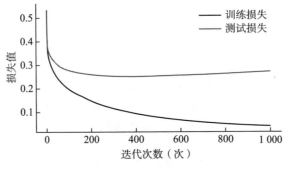

图 7-3 迭代过程图

3. 变压器缺陷预测模型解释性验证

本节在利用 XGBoost 对变压器缺陷预测的过程中得到各个属性的重要性得分,可衡量特征在模型中的价值。变压器缺陷预测模型的前 10 个重要特征得分如图 7-4 所示。

在所有特征中,役龄是最重要的影响因素,说明变压器的使用时间对变压器缺陷的发生有重要影响。其他的重要特征包括变压器的负载情况和属性特征,反映了变压器的性能对缺陷的影响。

4. 结果分析

本节将分类模型 Logistic,SVM,CART,XGBoost 分别表示为 M_1,M_2,M_3 和 M_4,然后各模型分别结合 A_1,A_2,A_3,A_4 和 A_5 数据处理方法进行缺陷预测。最后,分别采用召回率、精度和 F_1 值对各模型进行评价(见表 7-5~表 7-7),并利用箱线图对四种不平衡算法的预测效果进行可视化对比(见图 7-5~图 7-8)。

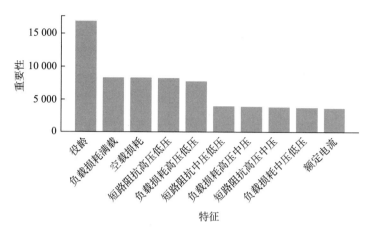

图 7-4 变压器缺陷预测模型的前 10 个重要特征得分

表 7-5 缺陷预测召回率值

算法	A_1	A_2	A_3	A_4	A_5
M_1	27.15	71.03	70.91	70.95	71.38
M_2	70.14	72	71.76	70.53	69.63
M_3	71.47	70.25	70.05	74.04	81.15
M_4	66.62	76.55	76.5	71.71	83

表 7-6 缺陷预测精度值

算法	A_1	A_2	A_3	A_4	A_5
M_1	67.77	36.66	36.67	36.67	36.21
M_2	40.83	41.71	41.76	41.76	38.84
M_3	73.54	75.01	74.67	74.67	43.88
M_4	82.34	71.56	71.04	71.04	50.67

表 7-7 缺陷预测 F_1 值

算法	A_1	A_2	A_3	A_4	A_5
M_1	38.74	48.36	48.34	48.44	48.05
M_2	51.77	52.81	52.78	52.8	49.86
M_3	72.47	72.54	72.27	73.44	56.96
M_4	73.62	73.95	73.65	74.68	62.91

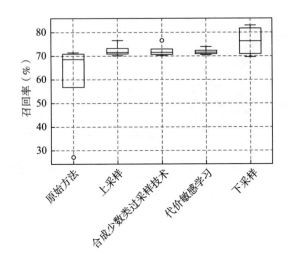

图 7-5 不平衡算法召回率对比

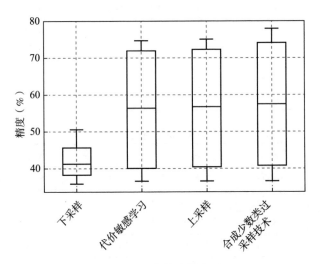

图 7-6 不平衡算法精度对比

本节采用 F_1 值作为最终的评价指标,如图 7-6 所示 SMOTE 算法在四种算法中效果最优。随机上采样和代价敏感学习的效果稍弱,而随机下采样算法的效果最差。通过上述分析可知 SMOTE 模型处理数据的最优选择,为了进一步确定最佳预测模型,本研究对各预测模型的 F_1 值进行可视化,如图 7-7 所示。从图 7-7 可知,决策树和 XGBoost 在各个方面都优于 SVM 和 Logistic 回归,这可能是因为试验数据的特征大都没有数值关系，所以树模型更适用于本试验。而 XGBoost 又优于决策树，因为 XGBoost 为集成算法，在单模型的基础上可以有效提高预测精度。

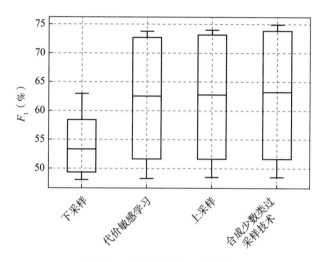

图 7-7　不平衡算法 F_1 值对比

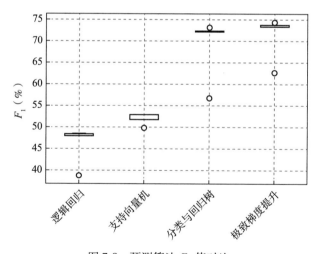

图 7-8　预测算法 F_1 值对比

综上，四种不平衡处理方法都在一定程度上增加了正例类的召回率。但结合精度和 F_1 值指标，可以看出四种预测算法中 SMOTE 表现最优。当使用决策树和 XGBoost 时,SMOTE 均表现最好。其中,SMOTE-XGBoost 略胜一筹,因而以 SMOTE-XGBoost 作为最终预测方案,这一方案优于之前的变压器缺陷预测模型,可以有效地预测变压器缺陷问题。

7.2.6 结论

消费者对产品需求的差异化增大导致制造企业利润空间日益缩小,制造企业开始寻找新的利润来源,服务价值链兴起。作为服务价值链中的关键环节,售后服务逐渐个性、智能化,设备故障预测预警应运而生。变压器为电力设备中的重要组成部分,对它进行状态监测对电网的正常运行至关重要。因此,本节以变压器为研究对象,科学构建模型,实现其故障预测预警。

然而,变压器状态数据集存在严重的类别不平衡问题,这降低了诊断的正确率。因此,提高变压器不平衡样本的缺陷预测精度非常关键,而现有对变压器缺陷预测的研究很少考虑样本不平衡问题。为了丰富这方面的研究,本节利用 SMOTE-XGBoost 模型进行预测以提高变压器缺陷诊断的准确率。在本节中,首先采用四种不平衡数据集处理方法对变压器缺陷样本进行处理,然后分别采用四种预测模型进行对比分析。实证结果表明,基于 SMOTE-XGBoost 模型的预测在变压器缺陷预测中表现最优。该模型不仅解决了变压器的数据集的不平衡问题,且提高了缺陷预测精度。SMOTE 方法简单、有效地减轻了数据不平衡对预测精度的影响。在预测变压器的缺陷时,XGBoost 支持并行处理,可以加快算法的计算速度,该算法比其他算法快 10 倍以上。参数调整后,SMOTE 和 XGBoost 算法可较为准确、快速地预测变压器的缺陷,有效帮助电力企业开展变压器健康状态监测工作,实现电力设备管理维护智能化,进而在长远上促进制造业稳步、快速发展。

7.3 大数据背景下电力设备质量追溯模型

7.3.1 研究背景和意义

1. 电力设备质量管理的背景

在企业管理中,质量管理是至关重要的。采取高效的质量管理措施可以确保企业产品和服务的质量,以便更好地满足客户的需求和实现企业自身战略目标。

电力设备质量对于整个电力系统安全稳定运行十分重要。然而，传统的电力设备管理侧重于设备的运检维护及设备故障的预测预警，是一种事后监督的手段。通常，传统的电力设备质量管理包括两个主要阶段：投产前的管理和运行期间的管理。设备正式投产之前的一系列工作被称为投产前管理阶段，例如，在设备购置前，需要进行质量规划、充分调研和根据需求选型等工作。运行管理阶段可分为初期、中期和后期管理。初期管理通常是指设备在进入工厂并通过验收后，对设备的调试、使用、维护、检测、故障判断等质量控制工作；中期管理旨在通过对设备的长期监控和定期检查，有效地保证其使用寿命和可靠性；后期管理一般是指电力设备更新换代、改造或报废期间的管理工作。电力设备质量管理过程包括制定质量方针和目标、制定质量规划、实施质量控制、开展质量保证、进行质量追溯、进行质量改进等方面。其中，质量追溯是通过信息标记、信息记录、信息查询落实责任管理并构建产品信用。如何运用质量追溯技术进行质量控制和质量改进是制造企业面临的难题，电力设备质量管理基本流程如图 7-9 所示。

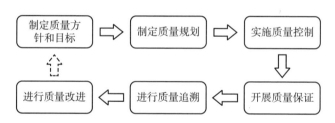

图 7-9　电力设备质量管理基本流程

电力设备全生命周期管理、生产工艺安装调试、原材料监造已成为电力设备制造企业设备质量管理的重点任务。依据设备全生命周期测算结果有助于制定科学的电力设备的招标采购决策和完善招标采购标准。在电力设备投产运行前进行生产设备安装调试并及时排除问题，是确保电力设备质量和保障未来设备安全稳定运行的基础。规范设备材料加工制造过程质量监督管理是提高制造质量的重要手段。随着信息技术的发展，设备制造和设备运维中产生了体量大、类型多的数据信息，充分挖掘这些数据价值，能有效提高设备生产制造质量，降低设备运维成本，提高企业经济效益。但是传统的数据处理方法处理能力弱、时效性差，很难挖掘这些数据的价值，而且传统的信息管理手段不能处理图片、视频等非结构化数据，需要寻求更加高效、智能的手段以应对大数据时代带来的挑战。

2. 制造业服务化的意义

随着信息化发展和社会进步，制造业的竞争越来越激烈。为了在激烈的竞争中脱颖而出，制造企业将更多的精力放在产品和服务的售后上，实现传统制造向服务化制造转型。《中国制造2025》中提出制造业要充分利用生产经营中的大数据信息提高服务水平和盈利能力，实现从"传统制造"到"服务化制造"的成功转型。

在制造业升级的过程中，我国制造业服务化依然面临着诸多困境，一是制造性服务业发展相对落后，二是发展的范围不够广、程度不够深、水平不够高，三是企业间、产业间的协同性还不够。充分利用大数据时代的多元信息来实现制造服务的一体化发展，提升制造业的服务水平，是解决制造业服务化升级的有效手段。相对而言，我国以电力设备为代表的高端制造业在制造业服务化的进程中取得了较大的进步，但还面临着新的机会和挑战。

大数据背景下充分应用质量追溯技术来提升制造业的服务水平，是推动制造业转型和发展的重要手段。电力设备制造业朝着"产品+经营"的模式转变，既提高了制造业客户的满意水平，又进一步提升了电力设备制造企业的经济效益。

3. 大数据背景下质量追溯的意义

随着大数据技术的发展，电力设备的生产、运行和维护中产生了大量数据信息。通过分析历史数据、生产信息、顾客反馈的信息，利用"多码合一"等技术对原材料或工艺流程进行质量追溯，找到故障风险源头，把相关联的产品与客户联系起来，提供故障预警和服务支撑。若通过质量追溯发现是原材料的问题，那么制造企业需要对所有使用该原材料的产品加强检测；若通过质量追溯发现某个供应商生产的产品总是出现问题，那么很有可能是该供应商的生产工艺流程出现了问题。

质量追溯技术可以协助企业更加准确、快捷、科学地进行制造流程的品质管控。大数据管理技术在电网中的运用通过集群的方式对信息进行分类和管理，同时挖掘结构化数据和非结构化数据的价值，打破原有信息技术的瓶颈。

质量追溯的作用体现在以下几个方面：第一，条码自动识别技术、序列号等管理技术对管理对象在全生命周期中流通全过程进行追踪，使企业实现对采购、生产、销售中电力设备的跟踪监控。第二，质量追溯系统可以使企业具有更完善的生产制造过程、更全面的产品质量管理能力，以此提高服务水平，实现数据信息协同。第三，制造企业通过实施制造执行系统（Manufacturing Execution System，MES），可以更好地进行生产现场管理，提高企业核心竞争力。

产品质量是企业生存和发展的基础。控制是保证产品质量的基础，而可追溯性信息是实施控制的基础。当发生质量问题时，企业能第一时间追踪到发生问题的源头，从零部件原材料生产企业、生产工艺、生产线设备及人员，到检测设备和生产环境全方位找出质量问题的根源，及时调整，减小质量问题带来的不良影响。大型制造企业对上游供应商的技术、质量制定明确的管理要求，生产可追溯可以作为对上游供应商的考察或选择供应商的依据。质量追溯可以提高消费者的体验、保障消费者利益、减少消费者损失。当出现产品质量问题时，制造企业通过质量追溯系统能够快速识别产品批次和质量问题，并及时实施产品召回等相应措施。对于企业自身来说，根据产品批次信息，能够准确找到机器故障、操作人员和设计工艺等问题，对产品进行排查，加强备品备件的管理，提前安排检修、更换等工作，提高企业应对风险的能力。

7.3.2 质量追溯发展现状

1. 质量追溯相关技术

质量追溯不仅在食品、药品等领域中受到广泛关注，在质量要求更高的制造业中也同样受到关注。国际上建立了地理信息系统、条形码、电子纽扣式标签等技术标准，用于提高各类产品的可追溯性。

质量追溯逐渐从建立质量追溯体系过渡到建立质量追溯管理系统。制造企业利用电子技术和计算机网络开发质量追溯管理信息系统，质量追溯得到迅速发展。但随着大数据时代的到来，传统的质量追溯系统不能很好地挖掘海量的数据资源，质量追溯如何更进一步发展成为急需解决的问题。

随着数字时代的到来，互联网+、5G场景等新兴技术的应用为世界发展带来革命性变化。《中国制造2025》的提出，我国制造业以前所未有的速度向前发展，同时推动大数据、工业互联、数据云、人工智能等新兴技术在各行业的深度应用。面对第四次工业革命，制造业面临巨大挑战，基于互联网+技术的新型智能制造体系对企业的生产经营提出了更高的要求。企业需要以互联网思维应对新形势，加快企业智能制造技术的转化，以更快的速度为市场提供更具性价比的产品。

国内电力设备制造行业发展迅速，在自主研发上也有重大的技术突破，反映出目前我国在电力设备制造行业的研制实力和整体技术水平有所提升。电力设备制造中的各个流程中有原材料、生产调度、设备、工艺、人员等数据信息，这些数据信息散落于不同的生产环节、生产部门和信息系统中，形成了数据信息孤岛，使数据之间无法相互联系，当发生问题时，很难通过单点分析形成对产品质量的有效管理，这对产品质量管理和可追溯性提出了更大的挑战。

传统电力设备的溯源管理通常将打印的条码粘贴在印制电路板（Printed Circuit Board，PCB）上，这种方式需要手工粘贴，耗时费力。直接应用二维码信息，代替粘贴纸质条码进行追溯，逐步向自动化、智能化的管理方式迈进，满足质量控制和流程改进的需要，这已成为电力设备制造业质量追溯的发展趋势。下面以常见的三种质量追溯技术（射频识别技术、二维码技术和区块链技术）为例展开讨论。

(1) 射频识别技术　射频识别技术（Radio Frequency Identification，RFID）是一种无线通信技术，利用无线电波或微波能量进行非接触双向通信。RFID 标签是 RFID 技术中最重要的组成部分，是实现 RFID 技术的重要载体和方式。相较于其他识别技术，RFID 技术具有更加准确的识别功能和更加强大的使用功能，应用于生产、物流仓储、供应链管理等活动中。

质量追溯中常常遇到生产流程缺乏柔性、管理机制受限、质量问题无法精准溯源等问题，RFID 有助于为质量追溯提供数据支撑。RFID 存在以下优势：提升物流配送管理、根据电子标签实时跟踪、为生产过程中的质量追溯管理提供帮助。

(2) 二维码技术　二维码（2-dimensional Code）是按一定规律分布在平面上的黑白相间的特定图形，以此记录数据信息。二维码编码规则根据一定的格式对产品数据进行标识，例如，厂商识别代码+商品项目代码+校验码+标签编码。二维码是日本 Denso 公司于 1994 年研制的一种矩阵式快速响应码，该码安全性高、可靠性强、储存信息量大。在质量追溯系统中，实行"一物一码"，系统会将每一种产品量化具体到每一批的每一个产品，达到对每一件产品追踪和溯源的目的。制造企业将条码技术与质量管理过程中的各种单据、操作流程及基础数据相关联，实现"三码合一"，实现对产品全过程的标准化管理。

(3) 区块链技术　区块链是由一个个区块组成的数据链条，每一个区块中都储存着特定的信息。相较于传统信息技术，区块链具有去中心化、可靠性高、数据防篡改、可追溯性的优势。区块链技术在质量追溯领域的应用，主要体现在使用质量追溯平台把控产品质量，以便问题发生后的责任落实。应用区块链技术进行产品质量追溯的过程又称为区块链溯源。

2. 质量追溯研究方法

学者们对追溯管理的理论和方法的研究主要集中在批次管理、日期管理和连续序号管理上。质量管理的理论与方法在缺陷零部件处理、生产过程信息跟踪、质量风险控制等方面贡献很大。

21世纪以来，学者们把质量追溯模型与质量追溯信息系统相结合。随着科技水平的提高和网络技术的发展，贝叶斯算法取得了巨大的进步，尤其在故障诊断领域获得了良好的效果。"批次清单"概念的提出，为制造业实现批量产品可追溯提供可能。此后，还有学者提出完全信息和不完全信息的两种追溯算法。从本质上来说，质量追溯模型就是通过零部件批次信息进行质量追溯的方法，该方法在制造企业中得到了广泛的应用。然而，该质量追溯方法以零部件的批次信息为基础，实际中常常会发生产品混合生产、前后信息不一致等问题，为产品质量追溯的成功进行带来了不小的挑战。下面以常见的两种质量追溯方法（Petri网和贝叶斯网）为例展开讨论。

（1）Petri网　Petri网是一种有向图（见图7-10），由位置（P）、变迁（T）、有向弧线、令牌（token）构成，其中P表示状态元素，T为变化元素，有向弧线既可以由P到T，又可以由T到P，token表示一种属性。Petri网理论的应用十分

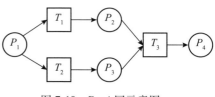

图7-10　Petri网示意图

广泛，包括计算机系统领域、工业过程控制、离散事件系统，以及产品制造系统等。

（2）贝叶斯网络　贝叶斯网络是基于概率论的决策方法，其中所有可能的试验结果是有限的，这称为决策类，用符号r_i表示。条件概率密度是事件A在另一事件B已经发生条件下的发生概率，记为$P(A|B)$。先验概率是指根据以往经验和分析得到的概率，用$P(r_i)$表示。

利用贝叶斯公式将样本空间向量x转换成后验概率，其中后验概率r_i就是当样本x出现时的概率。

$$P(r_i \mid \boldsymbol{x}) = \frac{P(\boldsymbol{x} \mid r_i) P(r_i)}{P(\boldsymbol{x})} \propto P(\boldsymbol{x} \mid r_i) P(r_i) \tag{7-5}$$

朴素贝叶斯是根据后验概率大小进行决策分类，使后验概率最大化就是最小化错误概率。即当样本 $\boldsymbol{x}$ 出现时，选择 r_i，使 $P(r_i \mid \boldsymbol{x})$ 最大。

质量追溯体系建设会向着更加专业化发展，整合各部门、上下游企业的资源和力量，力争打破部门、行业间的技术壁垒；将条码技术与质量管理过程中的各种单据、操作流程及基础数据相关联，实现"三码合一"，达到质量管理可追溯的目的；突破物联网、大数据等新一代信息技术在质量追溯中的应用瓶颈，应用追溯系统和理论模型达到全过程的深度追溯；建立开放、共享的产品质量追溯信息大数据平台，形成可持续发展的质量追溯生态圈。

7.3.3 大数据背景下电力设备质量追溯模型构建

电力设备制造过程由原材料、半成品，再到产成品，每个环节做到管理可追溯是电力设备质量管理的核心。电力设备制造企业的上游生产商主要负责原材料的生产，关键材料包括结构钢、非晶态合金、输电线材、绝缘材料、高温超导材料等。上游供应商主要负责零部件的生产制造，如：叶片、转子、铁塔、电力电子器件。电力设备制造企业使用从上游生产商和供应商采购材料和零部件，生产制造发电机、变压器、控制设备、水电机组、核电机组、燃气轮机等电力装备，进行发电、输电、变电和用电。同时，电力设备制造企业为下游客户提供发电和输电设备等，从而为社会提供安全、稳定、可靠的电力服务。

电力设备制造企业在产品方面做到生产、出厂和使用质量可追溯，在服务方面做到售后检修过程的质量可追溯。电力设备质量追溯的总体目标是实现设备制造、使用、检验检测、监督管理等过程的质量可追溯。运用数字化技术构建电力设备全生命周期各个环节均可追溯的设备质量追溯系统，提高电力设备生产、出厂和使用质量。基于客户评论和维修等服务记录数据，对其进行深度挖掘，可以发现客户的需求及影响服务质量的因素可为服务质量的提高提供决策支持。将质量控制和质量反馈整合，建立基于产品售后服务的质量控制系统。该系统在保证产品质量和服务质量的同时，也能在发生产品质量问题时及时追溯问题发生的根本原因，有效改进产品质量和售后服务质量。

1. 电力设备质量影响因素分析

由于电力设备种类多，涉及的制造和安装流程复杂，因此对于某批中某类设备质量进行追溯时，首先要明确该设备的制造和安装流程。从设备的制造和安装流程中，寻找最有可能出现问题的地方。一方面，对于流程方面的质量问题，需要进行制造安装流程上的优化；另一方面，对于中间产品、零部件的质量问题，需要对中间产品、零部件进行检验，并根据质量追溯平台系统追溯问题的根源，再正向追溯到哪些设备使用了问题中间产品或零部件。因此，电力设备质量影响因素包括流程质量和中间产品、零部件质量两个方面。

质量追溯系统加强了电力设备使用方与电力设备制造商的联系，实现了信息共享。对电力设备的使用方来说，当设备出现问题时，通过产品质量追溯系统能够快速识别产品批次和质量问题，并及时实施产品召回等相应措施，减少消费者损失，保障消费者利益。对于电力设备制造商来说，根据产品批次信息，能够准确找到机器故障、人员操作、设计工艺等问题，对产品进行排查，加强备品备件的管理，提前安排检修、更换等工作，对企业未来经营活动进行预测、预警。

由于电力设备制造和安装流程复杂，需根据不同制造和安装流程得到不同电力设备的质量影响因素，以此作为贝叶斯网络的节点变量的判断依据，为贝叶斯网络模型建立提供理论基础。

2. 基于 BOL 的零部件和半成品质量追溯

（1）批次清单的概念　批次清单（Bill of Lots，BOL）在质量追溯的过程中能够同时反应静态信息和动态信息，是设备数量和类型的清单。BOL 不仅可以确定构成最终产品的原材料或零部件的数量和类型，还可以为产品质量追溯的实现提供一种信息化手段。BOL 也能够反应电力设备间组成关系和组件间的批次信息。

（2）基于 BOL 的零部件和半成品质量追溯模型　BOL 通过批次信息呈现各级产品形成过程中的流程批次关系。若生产流程中某一级半成品或零部件存在质量问题，按照产成品批次—半成品批次—零部件批次方向进行逆向追溯，即可确定问题零部件或半成品的批次信息，及时准确锁定问题源头。此外，同一批次零部件可能参与多个上级半成品的加工装配，因此要对问题零部件进行正向追踪，以此提高质量追溯的准确性。

3. 基于贝叶斯网络的生产流程追溯

电力设备的生产流程是指劳动者利用生产工具将供应商提供的原材料按照一定的顺序进行加工制造，使之成为成品的过程。由于不同制造企业的生产能力、工人熟练程度等因素都不尽相同，对于同一种产品而言，不同的制造企业制定的生产流程是不同的，甚至同一个制造企业在不同时期的生产流程也是不同的。因此，对生产流程进行质量追溯，帮助企业发现生产流程中的问题并改进生产流程十分必要。

（1）贝叶斯网络节点变量定义　贝叶斯网络节点包含多种构成要素，主要是指电力设备制造和安装过程中购买的原材料和制造的半成品。工艺流程对象是指通过一定的生产设备或管道进行顺序加工的全过程；节点是对象和结构对象的抽象统称，贝叶斯网络的核心要素是节点；故障概率是指一个节点发生失效事件的概率，可以由专家给出或者通过大量的数据统计学习得到。

物料清单（Bill of Materials，BOM）是产品结构或用料结构表，包括对象的原材料、半成品、产成品，以及装置组成方式等。BOM 跟踪强调的是配料的实际使用情况，而不是预先指定的物料，以此来解决 BOM 在实际应用中的问题，使物料跟踪更加准确。

（2）贝叶斯网络参数学习　在定义贝叶斯网络节点变量后，再对贝叶斯网络参数进行学习。由于电力设备制造和安装流程复杂，过程中可能会出现统计数据丢失的情况。传统的监督学习算法不能处理缺失数据，而贝叶斯网络可以结合样本数据和先验知识，很好地解决传统监督学习算法中的不足。

在已知初始网络的前提下，接下来需要计算每个节点的故障概率。作为一种概率推理定向网络，贝叶斯网络在故障分析过程中起到至关重要的作用。为了评估每个部件的故障可能性并找出问题的根本原因，必须给每个可追溯对象赋予失效概率，即分配先验概率。要计算某个工艺流程的故障概率，首先需要知道该工艺流程的网络结构图，即所有影响因素。同时，还需要知道每个因素在特定条件下发生的概率，即条件概率。对于网络结构中的根节点，概率值即为先验概率。

如果复杂的物料清单包含多条生产流程，则需要将其拆分成多个基本物料清单，并根据零部件进行组合。此时，该 BOM 的故障概率由组成的基本 BOM 共同决定。

本部分使用期望最大化（Expectation Maximization，EM）算法来计算贝叶斯网络模型的节点故障概率。EM 算法是一种迭代算法，用于最大化带有隐变量的概率模型参数的极大似然估计。EM 算法由两部分组成——E 步和 M 步。E 步是计算期望，M 步是最大化计算，M 步找到的参数值会被用于下一个 E 步计算中，整个过程不断循环迭代进行，直到算法收敛或达到预设的停止条件为止。

E 步：确定 Q 函数。

$$Q(\theta,\theta^{(i)}) = E_Z[\log P(Y,Z|\theta) | Y,\theta^{(i)}]$$

$$= E\sum_{k=1}^{K}\left\{n_k\log\alpha_k + \sum_{j=1}^{N}\gamma_{jk}\left[\log\frac{1}{\sqrt{2\pi}} - \log\sigma_k - \frac{1}{2\sigma_k^2}(y_j-\mu_k)^2\right]\right\}$$

$$= \sum_{k=1}^{K}\left\{\sum_{j=1}^{N}E\gamma_{jk}\log\alpha_k + \sum_{j=1}^{N}E\gamma_{jk}\left[\log\frac{1}{\sqrt{2\pi}} - \log\sigma_k - \frac{1}{2\sigma_k^2}(y_j-\mu_k)^2\right]\right\} \quad (7\text{-}6)$$

式中：

$$E\gamma_{jk} = E(\gamma_{jk}|y,\theta) = \frac{\alpha_k\varphi(y_j|\theta_k)}{\sum_{k=1}^{K}\alpha_k\varphi(y_j|\theta_k)} \quad (7\text{-}7)$$

M 步：对 $Q(\theta,\theta^{(i)})$ 进行极大似然估计，即 $\theta^{(i+1)} = \arg\max Q(\theta,\theta^{(i)})$，可得到参数估计。

$$\widehat{\mu}_k = \frac{\sum_{j=1}^{N}\widehat{\gamma}_{jk}y_j}{\sum_{j=1}^{N}\widehat{\gamma}_{jk}}, \ k=1,2,\cdots,K \quad (7\text{-}8)$$

$$\widehat{\sigma}_k^2 = \frac{\sum_{j=1}^{N}\widehat{\gamma}_{jk}(y_j-\mu_k)^2}{\sum_{j=1}^{N}\widehat{\gamma}_{jk}}, \ k=1,2,\cdots,K \quad (7\text{-}9)$$

$$\widehat{\partial}_k = \frac{n_k}{N}\frac{\sum_{j=1}^{N}\widehat{\gamma}_{jk}}{N}, \ k=1,2,\cdots,K \quad (7\text{-}10)$$

重复以上运算直至收敛。

（3）基于贝叶斯网络的生产流程质量追溯模型　创建 BOL 零部件追溯模型，对影响质量追溯流程影响较大的节点重新定义，建立新的节点联系后，搭建基于贝叶斯网络的生产流程质量追溯模型。图 7-11 展示的是变压器的局部贝叶斯网络生产流程追溯模型，该模型对影响变压器质量的原因进行预判，判断出是某种原材料的生产环境和生产工艺流程出现了问题。

贝叶斯网络结构反映的定量和定性关系随着数据量的增加会发生一定变化，

贝叶斯网络可以根据数据量的增加不断进行调整，因此可以使用贝叶斯信息准则来评估贝叶斯网络的信息量。使用贝叶斯网络对生产质量缺陷原因进行预判，可在电力设备流转、生产过程等信息记录不完整的情况下，继续进行电力设备质量精确追溯，从而解决当前电力设备质量准确追溯的部分难题。

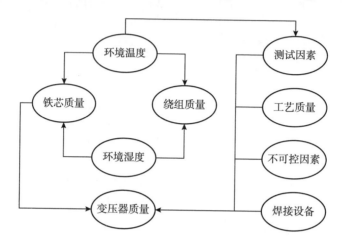

图 7-11　变压器的局部贝叶斯网络生产流程追溯模型

本章节针对电力设备质量追溯的问题，建立了基于 BOL 的零部件和半成品质量追溯模型，以及基于贝叶斯网络的生产流程质量追溯模型，进一步提高质量追溯的精确性，为制造业质量追溯系统的设计和实施提供参考。

7.4　本章小结

本章首先介绍了基于 SMOTE-XGBoost 模型的变压器故障预测预警，采用 4 种不平衡数据集处理方法对变压器缺陷样本进行处理，然后分别采用 4 种预测模型进行对比分析试验，其次就制造及协作企业多价值链生产运营过程中多源异构数据信息的特征处理、信息辨识等相关技术展开系统化的阐述，最后建立了基于 BOL 的零部件和半成品质量追溯模型和基于贝叶斯网络的生产流程追溯模型。本章研究可以较为准确、快速地预测变压器的缺陷，有效帮助电力企业开展变压器健康状态监测工作，实现电力设备管理维护智能化，并进一步提高质量追溯的精确性，为电力设备制造业质量追溯系统的建设提供参考。

参考文献

[1] 张磊,张雪. 物流与供应链管理[M]. 北京:北京理工大学出版社有限责任公司,2020.
[2] 马士华. 供应链管理[M]. 2版. 武汉:华中科技大学出版社,2014.
[3] 刘贵富. 产业链基本理论研究[D]. 长春:吉林大学,2006.
[4] 蒋国俊,蒋明新. 产业链理论及其稳定机制研究[J]. 重庆大学学报(社会科学版),2004(1):36-38.
[5] 吴金明,邵昶. 产业链形成机制研究:"4+4+4"模型[J]. 中国工业经济,2006(4):36-43.
[6] 龚勤林. 区域产业链研究[D]. 成都:四川大学,2004.
[7] 朱华友. 我国产业集群研究现状及理论述评[J]. 资源开发与市场,2004,20(2):93-96.
[8] 高宁宁,张敏. 我国产业链现代化水平提升路径:基于分工理论[J]. 改革与战略,2021,37(6):36-44.
[9] 王世军. 比较优势理论的学术渊源和评述[J]. 杭州电子科技大学学报(社会科学版),2006(3):99-106.
[10] 李颖婷,崔晓敏. 亚洲产业链:现状、演变与发展趋势[J]. 国际经济评论,2021(2):145-160.
[11] 韩文艳,熊永兰,张志强. 21世纪以来美国制造业演变特点及其启示[J]. 世界科技研究与发展,2022,44(1):108-127.
[12] 徐梅. 日本制造业强大的原因及镜鉴[J]. 人民论坛,2021(Z1):116-121.
[13] 赵红,王玲. 高端装备制造业产业链升级的路径选择[J]. 沈阳工业大学学报(社会

科学版），2013，6（2）：131-134.

[14] 张亚明，刘海鸥，朱秀秀. 电子信息制造业产业链演化与创新研究：基于耗散理论与协同学视角［J］. 中国科技论坛，2009（12）：38-42.

[15] 王少平. 价值链管理在 M 公司服务器产品中的分析及应用［D］. 北京：清华大学，2008.

[16] 侯璐瑶. 基于价值视角下零售企业商业模式对企业绩效的影响研究：以永辉超市为例［D］. 南京：南京信息工程大学，2021.

[17] 彭艳梅. 华中钢铁物流基地盈利模式分析［J］. 财会月刊，2011，597（29）：67-69.

[18] 程宏伟，张永海，李想. 基于模块化的价值链会计研究［J］. 会计研究，2007（3）：21-25.

[19] 段丽萍，裴宇. 濮耐股份价值链成本控制探讨［J］. 合作经济与科技，2023（5）：122-123.

[20] 李懿洋. 全面统筹思想下的成本管理［J］. 中国商贸，2011（17）：48-49.

[21] 王蕾. 金融危机环境下南方传媒报价值链成本管理及实证研究［D］. 天津：天津大学，2010.

[22] 邵绯叶. 浅谈加强"价值链"的构建对大型服装出口企业的作用［J］. 国际市场，2012（Z3）：58-63.

[23] 王颖. 基于价值链的企业业绩评价非财务指标选择研究［D］. 南京：河海大学，2005.

[24] 赵婧. 基于企业价值链的绩效考核体系研究［D］. 天津：天津理工大学，2009.

[25] 曹波. 虚拟电信运营理论与实务研究［D］. 哈尔滨：哈尔滨理工大学，2005.

[26] 斯莱沃斯基，莫里森，安德尔曼. 发现利润区［M］. 吴春雷，译. 北京：中信出版集团股份有限公司，2021.

[27] 吴建新，刘德学. 全球价值链治理研究综述［J］. 国际经贸探索，2007（8）：9-14.

[28] 杨春立，于明. 生产性服务与制造业价值链变化的分析［J］. 计算机集成制造系统，2008（1）：153-159.

[29] 何贵东. 基于价值链体系的全面预算管理［J］. 现代商业，2012（9）：249-250.

[30] 高海涛. 协同育人视角下高校创新型人才培养路径探析：以新工科人才培养为例［J］. 科学管理研究，2021，39（2）：124-128.

[31] 陈春花，朱丽，刘超，等. 协同共生论：数字时代的新管理范式［J］. 外国经济与管理，2022，44（1）：68-83.

[32] GOOLD, CAMPBELL. Comments on "taking stock of synergy: a framework for assessing linkages between businesses"［J］. Long Range Planning, 2000, 33 (1) 72-96.

[33] 张士华. 基于协同学理论的跨境电商协同网络和演化路径探究［J］. 商业经济研究，2018（3）：84-87.

[34] 郭烁，张光. 基于协同理论的市域社会治理协作模型［J］. 社会科学家，2021（4）：133-138.

[35] STRAWN G, STRAWN C. Norbert wiener: mastermind of cybernetics［J］. IT Professional, 2017, 19 (5): 58-60.

[36] WYNN D C, MAIER A M. Feedback systems in the design and development process［J］.

Research In Engineering Design, 2022, 33 (3): 273-306.

[37] YADAV N, YADAV A, BANSAL J C, et al. Decision-making proposition of fuzzy information measure with collective restrictions: harmony search and nature inspired optimization algorithms [J]. Soft Computing and Applications, 2019 (741): 319-324.

[38] 黄键, 范冬萍. 系统层级原理及其在组织管理中的方法论价值 [J]. 系统科学学报, 2021, 29 (2): 1-5.

[39] BARI B, KONDEPUDI D K, KAY B A, et al. Collective dissipative structures, force flow reciprocity, and the foundations of perception-action mutuality [J]. Ecological Psychology, 2020, 32 (4): 153-180.

[40] LIU Y, CHEN J, WANG L. Research on self-organizing evolution level of China's photovoltaic industry chain system [J/OL]. Sustainability, 2020, 12 (5) [2023-08-09]. https://doi.org/10.3390/su12051792.

[41] 王友春, 王益民, 李凤娟. 区位战略-CSR 战略协同实现企业绩效提升的构型研究 [J]. 贵州财经大学学报, 2021 (6): 77-86.

[42] 向吉祥, 莫启, 谢仲文, 等. 基于视图面向隐私保护的协同业务过程建模方法 [J]. 计算机集成制造系统, 2022, 28 (10): 3187-3201.

[43] 姚晨, 樊博, 赵玉攀. 多主体应急信息协同的制约因素与模式创新研究 [J]. 现代情报, 2022, 42 (7): 31-41.

[44] MEI T, QIN Y, LI P, et al. Influence mechanism of construction supply chain information collaboration based on structural equation model [J]. Sustainability, 2023, 15 (3): 2155.

[45] 胡漠, 刘曦朦, 郑彦宁. 政务信息协同优化路径识别及仿真研究: 以智慧医养顶层设计为例 [J]. 情报理论与实践, 2023, 46 (2): 165-174.

[46] 韩佳伟, 朱文颖, 张博, 等. 装备与信息协同促进现代智慧农业发展研究 [J]. 中国工程科学, 2022, 24 (1): 55-63.

[47] 徐琳, 袁光. 网络信息协同治理: 内涵、特征及实践路径 [J]. 当代经济管理, 2022, 44 (2): 21-27.

[48] 马捷, 张云开, 蒲泓宇. 信息协同: 内涵、概念与研究进展 [J]. 情报理论与实践, 2018, 41 (11): 12-19.

[49] HOLWEG M, DISNEY S, HOLMSTRÖM J, et al. Supply chain collaboration: making sense of the strategy continuum [J]. European Management Journal, 2005, 23 (2): 170-181.

[50] 舒彤. 供应链协同的供应商选择与销售预测 [D]. 长沙: 湖南大学, 2008.

[51] BUZZELL R D, GALE B T. The PIMS principles: linking strategy to performance [M]. New York: Simon and Schuster, 1987.

[52] 陶刚毅. 我国供应链协同管理体系建设研究 [J]. 经济研究导刊, 2020 (7): 14-15.

[53] 张伟, 吴文元. 产业链: 一个文献综述 [J]. 山东经济, 2011, 27 (5): 40-46.

[54] 韩洁平, 赵丹, 杨晓龙, 等. 基于语义的制造企业多价值链协同数据空间数字资源聚合识别方法研究 [J]. 中国管理科学, 2022: 1-12.

[55] 牛东晓, 斯琴卓娅, 王董禹, 等. 基于数据挖掘的电力装备企业多价值链协同数据预处理方法研究及应用 [J]. 中国管理科学, 2022: 1-12.

[56] 何源. 基于政策分解的新能源汽车产业政策协同研究 [D]. 杭州：中国计量大学，2021.

[57] 张蕾，秦全德，谢丽娇. 中国新能源汽车产业的政策协同研究：评估与演化 [J]. 北京理工大学学报（社会科学版），2020，22（3）：26-35.

[58] 王洛忠，张艺君. 我国新能源汽车产业政策协同问题研究：基于结构、过程与内容的三维框架 [J]. 中国行政管理，2017（3）：101-107.

[59] 张扬，陆宸欣. 政府、企业和消费者三方在新能源汽车后补贴时代的演化博弈分析 [J]. 重庆交通大学学报（自然科学版），2020，39（5）：11.

[60] 蔡乌赶，许凤茹. 中国制造业产业链现代化水平的测度 [J]. 统计与决策，2021，37（21）：108-112.

[61] YU J, LIU J, SUN J, et al. Evolutionary game of digital driven photovoltaic storage use value chain collaboration: a value intelligence creation perspective [J]. Sustainability, 2023, 15 (4): 3287.

[62] WANG S, ZHANG J, DING X, et al. An optimization method of production distribution in multi-value chain [J]. Sensors, 2023, 23 (4). [2023-08-23]. DOI: 10.3390/S23042242.

[63] 李明钰，牛东晓，纪正森，等. 面向数据空间体系构建的电力制造业多价值链经营风险识别与管控研究 [J/OL]. 中国管理科学. [2023-08-09]. DOI: 10.16381/j.cnki.issn1003-207x.2021.2138.

[64] 杨鹏，张润强，李春艳. 全球价值链理论与中国制造业转型升级：基于微笑曲线趋平的视角 [J]. 科技管理研究，2020，40（13）：189-195.

[65] 方伯芃. 基于云平台的配件多价值链协同技术研究 [D]. 成都：西南交通大学，2019.

[66] 李明钰，牛东晓，张潇丹，等. 考虑多价值链协同的电力设备制造企业经营风险预测研究 [J]. 工程管理科技前沿，2022，41（3）：53-60.

[67] 綦良群，张昊，汤利蒙. 制造企业价值链整合效果影响因素研究 [J]. 中国软科学，2017（8）：133-143.

[68] 张今，顾复，顾新建，等. 基于区块链的多价值链协同数据共享方法 [J/OL]. 计算机集成制造系统. [2023-08-09]. http://kns.cnki.net/kcms/detail/11.5946.TP.20220714.1913.004.html.

[69] 马士华，林勇. 供应链管理 [M]. 6版. 北京：机械工业出版社，2020.

[70] LING N, WEI X, REN M M, et al. The design and development of warehouse management information system on Hongxing logistics [C] //2015 International Conference on Computer Science and Applications (CSA). New York: IEEE, 2017.

[71] 洪虹. H公司冷链事业部仓储管理信息化研究 [D]. 海口：海南大学，2020.

[72] 李玉岩. 基于因子分析的K公司催收供应商评价相关研究 [D]. 成都：四川师范大学，2022.

[73] GOVINDAN K, KAUL A, DARBARI J D, et al. Analysis of supplier evaluation and selection strategies for sustainable collaboration: a combined approach of best-worst method and multi-criteria interactive decision-making [J]. Business Strategy And The Environment, 2023. [2023-09-01]. https://doi.org/10.1002/bse.3374.

[74] KRALJIC P. Purchasing must become supply management [J]. Harvard Business Review, 1983, 61 (5): 109-117.

[75] 于俊甫, 于珍. 基于物料分类的差异化采购管理策略 [J]. 制造技术与机床, 2022 (3): 162-165.

[76] 邵帆. 电网企业物资需求预测技术研究及应用 [D]. 北京: 华北电力大学, 2017.

[77] 龙军. 舍弗勒中国公司库存管理绩效评价研究 [D]. 兰州: 兰州理工大学, 2021.

[78] 李直儒. 智能制造背景下制造企业供应商评价与选择研究 [D]. 沈阳: 沈阳工业大学, 2022.

[79] LIU Y, ECKERT C M, EARL C. Assessing suppliers for complex products from the perspective of power [J]. IEEE Transactions on Engineering Management, 2022, 69 (4): 1605-1621.

[80] GUERRIERI P, MELICIANI V. Technology and international competitiveness: the interdependence between manufacturing and producer services [J]. Structural Change and Economic Dynamics, 2005, 16 (4): 489-502.

[81] ADRODEGARI F, SACCANI N. Business models for the service transformation of industrial firms [J]. The Service industries journal, 2017, 37 (1): 57-83.

[82] ARDOLINO M, RAPACCINI M, SACCANI N, et al. The role of digital technologies for the service transformation of industrial companies [J]. International journal of production research, 2018, 56 (6): 2116-2132.

[83] 刘吉超. 我国制造业服务化发展机理与转型模式研究 [J]. 价格理论与实践, 2022 (5): 57-60.

[84] 温娜. 基于价值链整合的大规模定制营销研究 [D]. 西安: 长安大学, 2017.

[85] 王康周, 彭波, 江志斌. 新信息技术驱动的制造服务化价值创造过程: 基于徐工的探索性案例研究 [J]. 管理评论, 2021, 33 (11): 275-285.

[86] 王小琴. 流通产业服务价值链嵌入位置与分工拓展: 基于生产分割解构视角的实证考察 [J]. 商业经济研究, 2022 (14): 23-26.

[87] 韦荷琳, 朱少英. 网络经济下售后服务的发展趋势研究 [J]. 企业管理, 2016 (5): 113-114.

[88] WEIGEL S, HADWICH K. Success factors of service networks in the context of servitization: development and verification of an impact model [J]. Industrial Marketing Management, 2018, 74: 254-275.

[89] 鲍静, 韩少辉, 崔赢午. 环境监测数据可靠性影响因素分析 [J]. 现代工业经济和信息化, 2018, 8 (17): 50-51.

[90] 綦良群, 吴佳莹, 李庆雪. 数字经济时代装备制造业服务化的动力与路径 [J]. 江海学刊, 2022 (4): 92-98.

[91] 张远, 李焕杰. 数字化转型与制造企业服务化: 基于嵌入式服务化和混入式服务化的双重视角 [J]. 中国流通经济, 2022, 36 (2): 90-106.

[92] 何耀宇, 吕永卫. 物流服务质量影响因素与顾客忠诚度 [J]. 中国流通经济, 2012, 26 (7): 79-82.

[93] 杨省贵, 高阳, 司瑞玲. 基于价值链理论的航空公司核心竞争力构建研究 [J]. 管理工程师, 2020, 25 (1): 3-10.

[94] 吴赟, 陈思. 基于价值链理论的网络文学 IP 版权价值开发困境与对策研究: 以阅文集团为例 [J]. 出版广角, 2018 (21): 36-40.

[95] 罗文标, 程功. 基于核心能力的供应链网络多价值链整合 [J]. 商业时代, 2008 (5): 17-19.

[96] 童艺, 唐小雯, 李灵杰. 基于价值链理论的企业财务管理模式分析 [J]. 中国商论, 2019 (15): 123-124.

[97] 周常英, 程功. 基于核心能力的供应链网络多价值链整合研究 [J]. 南方经济, 2005 (8): 56-58.

[98] 朝乐门. 数据空间及其信息资源管理视角研究 [J]. 情报理论与实践, 2013, 36 (11): 26-30.

[99] FRANKLIN M. From databases to dataspaces: A new abstraction for information management [J]. Sigmod Record, 2005, 34 (4): 27-33.

[100] FRANKLIN. Dataspaces: progress and prospects [J]. Lecture Notes in Computer Science, 2009: 1-3.

[101] DOCAN C, PARASHAR M, KLASKY S. Dataspaces: an interaction and coordination framework for coupled simulation workflows [J]. Cluster Computing - The Journal Of Networks Software Tools And Applications, 2012, 15 (2SI): 163-181.

[102] BORJIGIN C, ZHANG Y, XING C, et al. Dataspace and its application in digital libraries [J]. The Electronic Library, 2013, 31 (6): 688-702.

[103] PORRINI R, PALMONARI M, BATINI A C. Extracting Facets from Lost fine-grained categorizations in dataspaces [C] //New York: CAISE, 2014. DOI: 10.1007/978-3-319-07881-6_39.

[104] 李玉坤, 孟小峰, 张相於. 数据空间技术研究 [J]. 软件学报, 2008 (8): 2018-2031.

[105] KOU Y, SHEN D, NIE T Z, et al. Potential role based entity matching for dataspaces search [C] //11th International Conference on Web Information Systems Engineering, [S. l.: s. n.], 2010.

[106] SALLES. Intensional associations in dataspaces [C] //IEEE International Conference on Data Engineering. New York: IEEE, 2010.

[107] FREITAS A, ORIAIN S, CURRY E. A distributional semantic search infrastructure for linked dataspaces [C] //International conference on semantic web. [S. l.: s. n.], 2013.

[108] SHEOKAND V, SINGH V. Best effort query answering in dataspaces on unstructured data [D]. Kurukshetra, Haryana, India: National Institute of Technology, 2016.

[109] 孙伟, 陈振浩, 陈建译, 等. 安全数据空间构建方法研究及其应用 [J]. 信息安全研究, 2016, 2 (12): 1098-1104.

[110] SINGH. A Survey on dataspace [C] //Communications in Computer and Information Science. [S. l.: s. n.], 2011.

[111] ZHONG M, LIU M, CHEN Q. Modeling heterogeneous data in dataspace [C] // 2008 IEEE International Conference on Information Reuse and Integration. New York: IEEE, 2008.

[112] JIANG S, Yu S. Research on data integration in dataspace [J]. Applied Mechanics and Materials, 2013, 433-435: 1666-1669.

[113] DAN Y, LI L, SUN L. Layered graph data model for dataspaces management [C] // IEEE 3rd International Conference on Communication Software and Networks. New York: IEEE, 2011.

[114] JIANG P, LIU C, LI P, et al. Industrial dataspace: a broker to run cyber-physical-social production system in level of machining workshops [C] //IEEE 15th International Conference on Automation Science and Engineering. New York: IEEE, 2019.

[115] 许文鹏. 数据可视化系统架构的设计与实现 [D]. 北京: 北京交通大学, 2015.

[116] 李雨泰, 王洋, 陈紫儿, 等. 云计算背景下数据中心网络架构设计 [J]. 无线互联科技, 2020, 17 (20): 38-39.

[117] 韩洁平, 赵丹, 杨晓龙, 等. 基于语义的制造企业多价值链协同数据空间数字资源聚合识别方法研究 [J/OL]. 中国管理科学. [2023-08-09]. DOI: 10.16381/j.cnki.issn1003-207x.2022.0287.

[118] 李明钰, 牛东晓, 纪正森, 等. 面向数据空间体系构建的电力制造业多价值链经营风险识别与管控研究 [J/OL]. 中国管理科学. [2023-08-09]. DOI: 10.16381/j.cnki.issn1003-207x.2021.2138.

[119] 赵欣, 丁靖, 吴建峰. 数据预测模型在物资需求计划申报中的应用 [J]. 电子技术与软件工程, 2020 (15): 173-174.

[120] TAKAHIRO T. A spatial autoregressive stochastic frontier model for panel data incorporating a model of technical inefficiency [J/OL]. Japan & The World Economy, 2019, 50. [2023-08-23]. https://doi.org/10.1016/j.japwor.2018.11.003.

[121] FRANKLIN M, HALEVY A, MAIER D. From databases to dataspaces [J]. ACM SIGMOD Record, 2005, 34 (4): 27-33.

[122] QI J, ZHANG Z P, JEON S, et. al. Mining customer requirements from online reviews: A product improvement perspective [J]. Information & Management, 2016, 53 (8): 951-963.

[123] TIRUNILLAI S, TELLIS G J. Mining marketing meaning from online chatter: strategic brand analysis of big data using latent dirichlet allocation [J]. Journal of Marketing Research, 2014, 51 (4): 463-479.

[124] WU C, FANG C, WU X, et al. Health-risk assessment of arsenic and groundwater quality classification using random forest in the yanchi region of northwest china [J]. Exposure and Health, 2020, 12 (4): 761-774.

[125] SINHA A, LOBIYAL D K. Probabilistic data aggregation in information-based clustered sensor network [J]. Wireless Personal Communications, 2014, 77 (2): 1287-1310.

[126] WEI P, LIU Y, ZHENG N, et al. Semantic propagation network with robust spatial context

descriptors for multi-class object labeling [J]. Neural Computing and Applications, 2014, 24 (5): 1003-1018.

[127] RAMISFERRER B, MOHAMMED W M, AHMAD M, et al. Comparing ontologies and databases: a critical review of lifecycle engineering models in manufacturing [J]. Knowledge and Information Systems, 2021, 63 (6): 1271-1304.

[128] 赵一鹏, 丁云峰, 姚恺丰. BP 神经网络误差修正的电力物资时间序列预测 [J]. 计算机系统应用, 2017, 26 (10): 196-200.

[129] 何章玮, 皮云霞. 基于需求预测的电力应急物资调配优化方法 [J]. 电力设备管理, 2021 (9): 184-186.

[130] 赵明江, 朱楠, 刘黎洋, 等. 基于电网物资大数据的招标采购数据分析系统设计与实现 [J]. 电子技术与软件工程, 2022 (18): 258-262.

[131] 张清玉, 朱晓俊, 费翔, 等. 浅谈电力物资储检配一体化管理模式 [J]. 物流工程与管理, 2022, 44 (10): 145-150.

[132] 刘晓雷. 大型装备维修备件多级库存模型及其优化算法研究 [D]. 合肥: 合肥工业大学, 2016.

[133] 陈见标. 连锁超市多级库存系统的控制问题研究 [J]. 中国储运, 2018 (1): 112-115.

[134] 陶茜. 制造业企业库存管理现状、问题和对策研究 [J]. 中国乡镇企业会计, 2022 (3): 93-95.

[135] 马明轩, 毛文涛, 范黎林, 等. 一种面向多级库存协同的多目标安全库存优化模型 [C] //2020 中国自动化大会. 上海: 出版者不详, 2020.

[136] FOKOUOP R, JEMAI Z, SAHIN E, et al. Multi-echelon inventory optimization in closed-loop supply chain [J]. IFAC PapersOnLine, 2022, 55 (10): 2992-2997.

[137] WANG Z, CUI B, FENG Q, et al. An agent-based approach for resources' joint planning in a multi-echelon inventory system considering lateral transshipment [J]. Computers & industrial engineering, 2019, 138: 106098.

[138] 徐杰, 卞文良. 采购与供应管理 [M]. 北京: 机械工业出版社, 2019.

[139] 刘达, 刘雨萌, 许晓敏. 基于 Copula 函数特征筛选的电力物资供应商投标价格预测 [J]. 技术经济, 2021, 40 (10): 1-9.

[140] 刘达, 王晟嫣, 苏会超. 集中招标采购模式下中标价格差异性研究 [J]. 工程研究: 跨学科视野中的工程, 2021, 13 (4): 315-322.

[141] 刘伟, 李国清, 侯杰, 等. 基于大数据分析的矿山备件采购预测模型 [J]. 金属矿山, 2022 (11): 179-185.

[142] 雷斌, 赵蕊, 王卫红, 等. 库存需求预测方法研究综述 [J]. 统计与决策, 2021, 37 (3): 58-62.

[143] 荆浩, 刘垭, 唐金环. 基于多变量支持向量机的供应链需求预测分析 [J]. 系统工程, 2018, 36 (11): 121-126.

[144] 张晨, 李嘉, 王海宁, 等. 大数据在设备健康预测和备件补货中的应用 [J]. 中国机械工程, 2019, 30 (2): 183-187.

[145] 代杰杰, 宋辉, 盛戈皞, 等. 采用LSTM网络的电力变压器运行状态预测方法研究 [J]. 高电压技术, 2018, 44 (4): 1099-1106.

[146] 杨威, 蒲彩霞, 杨坤, 等. 基于CNN-GRU组合神经网络的变压器短期故障预测方法 [J]. 电力系统保护与控制, 2022, 50 (6): 107-116.

[147] CHEN Q, DENG L F, WANG H M. Optimization of multi-task job-shop scheduling based on uncertainty theory algorithm [J]. International Journal of Simulation Modeling, 2018, 17 (3): 543-552.

[148] 刘明周, 单晖, 蒋增强, 等. 不确定条件下车间动态重调度优化方法 [J]. 机械工程学报, 2009, 45 (10): 137-142.

[149] 徐璜. Z企业配电箱作业车间调度问题优化研究 [J]. 中国新技术新产品, 2022 (21): 128-132.

[150] 赵艳英. 离散制造业中的多目标柔性智能调度问题的研究与应用 [D]. 银川: 宁夏大学, 2017.

[151] 唐红涛, 杨源, 闻婧. 多品种小批量模式下离散制造车间调度问题研究 [J]. 数字制造科学, 2022, 20 (3): 215-220.

[152] 陈保安. 离散型制造车间生产调度优化研究 [D]. 成都: 电子科技大学, 2020.

[153] SCHÖNE A, SCHMID W. On the joint distribution of a quadratic and a linear form in normal variables [J]. Journal of Multivariate Analysis, 2000, 72 (2): 163-182.

[154] 日本日通综合研究所. 物流手册 [M]. 吴润涛, 等译. 北京: 中国物资出版社, 1986.

[155] 胡小文. 基于虚拟企业的共同配送成本分摊模型与方法研究 [D]. 长沙: 长沙理工大学, 2005.

[156] 布隆伯格. 综合物流管理入门 [M]. 雷震甲, 杨纳让, 译. 北京: 机械工业出版社, 2003.

[157] LIPSITZ S R, FITZMAURICE G M, SLEEPER L, et al. Estimating the joint distribution of repeated binary responses: some small sample results [J]. Computational Statistics & Data Analysis, 1996, 23 (2): 219-227.

[158] 何景华. 共同配送: 配送物流发展的新趋势 [J]. 世界海运, 2001 (5): 28-29.

[159] 文晓巍, 达庆利. 共同配送: 我国冷链物流配送模式的优化选择 [J]. 现代管理科学, 2008 (3): 13-14.

[160] 北京福来得实用管理培训学校编写组. 商业经济专业知识与实务 [M]. 上海: 华东理工大学出版社, 2004.

[161] 中华人民共和国国家标准物流术语 [J]. 中国储运, 2001 (3): 42-44.

[162] SERRANO-HERNANDEZ A, FAULIN J, HIRSCH P, et al. Agent-based simulation for horizontal cooperation in logistics and transportation: from the individual to the grand coalition [J]. Simulation Modelling Practice and Theory, 2018, 85: 47-59.

[163] 丁惠芳. 基于Supply-hub的装配供应链协同决策研究 [D]. 武汉: 武汉理工大学, 2013.

[164] 王孝坤, 杨飞, 杨东援. 面向社会效益的城市共同配送研究进展 [J]. 物流技术,

2007, 26 (3): 1-4.

[165] CHUNG K H, KO S Y, CHANG S K. A cooperative game-theoretic network design for collaborative operation of service centers and consolidation terminals in delivery services [J]. International Journal of Industrial Engineering, 2018, 25 (1): 18-28.

[166] 周晓枫. 城市物流共同配送模式与系统架构设计 [J]. 合作经济与科技, 2015 (11): 97-98.

[167] 产娟, 韩永生, 刘彦平. 城市物流共同配送模式与系统架构设计研究 [J]. 城市观察, 2013 (4): 109-116.

[168] 王秀梅. 城市物流的共同配送探讨 [J]. 物流工程与管理, 2009, 31 (4): 73-74.

[169] KAMIJO Y. A two-step shapley value for cooperative games with coalition structures [J]. International Game Theory Review, 2009, 11 (2): 207-214.

[170] HOLMBERG K. Exact solution methods for uncapacitated location problems with convex transportation costs [J]. European Journal of Operational Research, 1999, 114 (1): 127-140.

[171] JIA N X, YOKOYAMA R. Profit allocation of independent power producers based on cooperative Game theory [J]. International Journal of Electrical Power & Energy Systems, 2003, 25 (8): 633-641.

[172] MI G, YANG S, LI D, et al. A Novel Intensive Distribution Logistics Network Design and Profit Allocation Problem considering Sharing Economy [J]. Complexity, 2018, 2018: 1-15.

[173] 琚春华, 高春园, 鲍福光, 等. 基于多种方法的共同配送成本分配模型研究 [J]. 铁道运输与经济, 2011, 33 (2): 57-63.

[174] 赵艳萍, 闫黎, 罗建强, 等. 中小制造企业共同配送的利益分配研究 [J]. 工业工程与管理, 2020, 34 (1): 233-241.

[175] 曹颖赛, 刘思峰, 方志耕, 等. 供应链间寡头竞争背景的大型客机研制主制造商: 供应商超界博弈模型 [J]. 管理工程学报, 2020, 34 (1): 233-241.

[176] SONG J, MA X, CHEN R. A Profit distribution model of reverse logistics based on fuzzy DEA efficiency: modified shapley value [J]. Sustainability, 2021, 13 (13): 7354.

[177] ENCARNACIÓN A, VITO F, NATIVIDAD L, et al. Horizontal cooperation in a multimodal public transport system: the profit allocation problem [J]. European Journal of Operational Research, 2018, 275 (2): 659-665.

[178] 谢家平, 梁玲, 杨光, 等. 互补型闭环供应链的收益共享与成本共担契约协调优化 [J]. 中国管理科学, 2018, 26 (8): 94-105.

[179] 毛涛. 我国绿色供应链管理试点及其完善: 基于碳达峰与碳中和视角的分析 [J]. 环境保护, 2022, 50 (Z1): 31-34.

[180] 贾旭东, 解志文, 何光远, 等. 虚拟企业研究回顾与展望 [J]. 科技进步与对策, 2021, 38 (16): 151-160.

[181] NAGEL R. 21ST Century manufacturing enterprise strategy report [M]. Bethlehem: Lehigh University, 1991.

[182] NOHARA Y, MATSUMOTO K, SOEJIMA H, et al. Explanation of machine learning models using shapley additive explanation and application for real data in hospital [J]. Computer Methods and Programs in Biomedicine, 2022, 214: 106584.

[183] 王臻, 刘东, 徐重酉, 等. 新型电力系统多源异构数据融合技术研究现状及展望 [J]. 中国电力, 2023, 56 (4): 1-15.

[184] 田启东, 林志贤, 郑炜楠, 等. 基于多源异构数据与深度神经网络的电量预测系统 [J]. 电子器件, 2022, 45 (4): 970-975.

[185] 宋晓华, 汪鹏, 牛东晓. 基于多源异构数据融合的短期电力负荷预测 [J]. 计算机仿真, 2023, 40 (9): 59-65.

[186] 杨博涵, 燕雪峰, 郭丽琴. 面向信息物理融合系统的多源异构数据交互模型 [J]. 数据采集与处理, 2022, 37 (6): 1323-1332.

[187] 饶卫雄, 高宏业, 林程, 等. 基于半监督学习的多源异构数据治理 [J]. 同济大学学报 (自然科学版), 2022, 50 (10): 1392-1404.

[188] 郭浩然, 刘洋, 许立雄, 等. 基于多源异构数据关联规则分析的需求响应潜力居民用户辨识方法 [J]. 电网技术, 2023, 47 (5): 1950-1961.

[189] YUN Z, WEN M, HE Y, et al. Visual analysis of multisource heterogeneous data based on improved DPCA algorithm [J/OL]. Mathematical Problems in Engineering, 2022, 2022: 7895544 [2023-08-22]. https://doi.org/10.1155/2022/7895544.

[190] XIAOHAN L, JUN W, JINGHUA T, et al. A graph neural network-based stock forecasting method utilizing multi-source heterogeneous data fusion [J]. Multimedia Tools and Applications, 2022, 81 (30): 827-849.

[191] JIA H Y, XING G L, YUN L, et al. Multi criteria decision-making for distributed energy system based on multi-source heterogeneous data [J]. Energy, 2022 (PD), 239.

[192] ZHANG Y X, ZHANG C J, LI H B, et al. An online detection method for capacitor voltage transformer with excessive measurement error based on multi-source heterogeneous data fusion [J/OL]. Measurement, 2022, 187 [2023-08-22]. https://doi.org/10.1016/j.measurement.2021.110262.

[193] 汪兴. 面向智能电网建设的电力物联网架构研究 [J]. 电力大数据, 2018, 21 (10): 28-31.

[194] 刘慧鑫, 张江龙, 连鸿松, 等. 基于时间序列模型的变压器油中溶解气体预测 [J]. 高压电器, 2019, 55 (12): 193-199.

[195] XING Z, HE Y. Multi-modal information analysis for fault diagnosis with time-series data from power transformer [J]. International Journal of Electrical Power & Energy Systems, 2023, 144: 108567.1-108567.11.

[196] LIU J, ZHAO Z, ZHONG Y, et al. Prediction of the dissolved gas concentration in power transformer oil based on SARIMA model [J]. Energy Reports, 2022, 8: 1360-1367.

[197] 王文博, 曾小梅, 赵引川, 等. 基于SMOTE-XGBoost的变压器缺陷预测 [J]. 华北电力大学学报 (自然科学版), 2021, 48 (5): 54-60.

[198] 陈义刚, 徐厚东. 基于支持向量机的变电设备缺陷发生率的预测及应用 [J]. 四川电

力技术, 2013, 36 (6): 75-77.

[199] FAN Q, YU F, XUAN M. Transformer fault diagnosis method based on improved whale optimization algorithm to optimize support vector machine [J]. Energy Reports, 2021, 7: 856-866.

[200] ELSISI M, TRAN M Q, MAHMOUD K, et al. Effective IoT-based deep learning platform for online fault diagnosis of power transformers against cyberattacks and data uncertainties [J]. Measurement, 2022, 190: 110686.

[201] 吴广财, 严宇平, 周睿, 等. 基于 Logistic 模型的主变压器缺陷概率预测实证研究 [J]. 电气应用, 2015, 34 (13): 130-134.

[202] 谢桦, 陈俊星, 赵宇明, 等. 基于 SMOTE 和决策树算法的电力变压器状态评估知识获取方法 [J]. 电力自动化设备, 2020, 40 (2): 137-142.

[203] 刘云鹏, 和家慧, 许自强, 等. 基于 SVM SMOTE 的电力变压器故障样本均衡化方法 [J]. 高电压技术, 2020, 46 (7): 2522-2529.

[204] HUANG Y, HUANG S, ZHANG Y, et al. Product quality tracing in manufacturing supply chain based on big data technology [J]. Recent Patents on Mechanical Engineering, 2020, 13: 340-351.

[205] 张剑飞, 王真, 崔文升, 等. 一种基于 SVM 的不平衡数据分类方法研究 [J]. 东北师大学报 (自然科学版), 2020, 52 (3): 96-104.

[206] GALAR M, FERNANDEZ A, BARRENECHEA E, et al. A review on ensembles for the class imbalance problem: bagging-, boosting-, and hybrid-based approaches [J]. IEEE Transactions on Systems, Man, and Cybernetics, 2011, 42 (4): 463-484.

[207] SUN W, CHENG C, YU G. Research on classification of imbalanced data set based on TMDSMOTE algorithm [J]. The Frontiers of Society, Science and Technology, 2020, 2 (8): 5-12.

[208] CHAWLA N V, BOWYER K W, HALL L O, et al. SMOTE: synthetic minority over-sampling technique [J]. Journal of Artificial Intelligence Research, 2002, 16: 321-357.

[209] CHEN T, GUESTRIN C. Xgboost: A scalable tree boosting system [C] //Proceedings of the 22nd ACM SIGKDD International Conference on Knowledge Discovery and Data Mining. New York: ACM, 2016.

[210] FERNÁNDEZ A, GARCÍA S, DEL JESUS M J, et al. A study of the behaviour of linguistic fuzzy rule based classification systems in the framework of imbalanced data-sets [J]. Fuzzy Sets and Systems, 2008, 159 (18): 2378-2398.

[211] BATISTA G E, PRATI R C, MONARD M C. A study of the behavior of several methods for balancing machine learning training data [J]. ACM SIGKDD Explorations Newsletter, 2004, 6 (1): 20-29.

[212] HUANG Y, HUANG S, ZHANG Y, et al. Product quality tracing in manufacturing supply chain based on big data technology [J]. Recent Patents on Mechanical Engineering, 2020, 13: 340-351.

[213] 陈劲, 尹西明, 赵闯. 高附加制造: 超越追赶的中国制造创新战略 [J]. 技术经济,

2018, 37 (8): 1-10.

[214] 冯玉静, 翟亮亮. 产业政策、创新与制造企业服务化: 基于"中国制造2025"准自然实验的经验研究 [J]. 科技进步与对策, 2022, 39 (13): 114-123.

[215] CHUNG M, KIM J. The internet information and technology research directions based on the fourth industrial revolution [J]. KSII Transactions on Internet and Information Systems (TIIS), 2016, 10 (3): 1311-1320.

[216] ZHOU D, XU K, LIU Z M, et al. Intelligent manufacturing technology in the steel industry of China: a review [J]. Sensors, 2022, 22 (21): 8194.

[217] 马南峰, 姚锡凡, 王柯赛. 面向未来互联网的智慧制造研究现状与展望 [J]. 中国科学 (技术科学), 2022, 52 (1): 55-75.

[218] 高晖胜, 訾鹏, 黄林彬, 等. 能量约束下电力电子并网装备的最优频率控制 [J]. 电力系统自动化, 2020, 44 (17): 9-18.

[219] 肖祥武, 王丰, 王晓辉, 等. 面向工业互联网的智慧电厂仿生体系架构及信息物理系统 [J]. 电工技术学报, 2020, 35 (23): 4898-4911.

[220] 田世勇, 吴立辉, 孙磊, 等. 面向PCB装配过程跟踪的RFID中间件 [J]. 计算机工程, 2009, 35 (21): 238-241.

[221] BIBIANA B, JIRI T, EVA B, et al. Environmental burden case study of RFID technology in logistics centre [J]. Sensors, 2023, 23 (3): 1268.

[222] 刘凯达, 郑丽敏, 徐桂云, 等. 基于二维码、RFID技术的鸡蛋质量追溯系统设计与应用 [J]. 中国家禽, 2014, 36 (11): 48-50.

[223] RAZZAQ A, ALTAMIMI A B, ALRESHIDI A et al. IoT data sharing platform in web 3.0 using blockchain technology [J]. Electronics, 2023, 12 (5): 1233.

[224] 邓勇, 施文康, 陈良州. 基于模型诊断的贝叶斯解释及应用 [J]. 上海交通大学学报, 2003 (1): 5-8.

[225] 赵涛, 路琨. 面向产品可追溯性的批次清单构建研究 [J]. 工业工程, 2006 (3): 45-48.

[226] 何霆, 郭天明, 徐汉川. 支持物料追踪的物流管理模型 [J]. 计算机应用研究, 2009, 26 (11): 4197-4201.

[227] LI Q, LI Y, WANG L. Research on application of internet of things technology in quality traceability of fruit and vegetable agricultural products [J/OL]. Journal of Ambient Intelligence and Humanized Computing, 2021. doi: 10.1007/S12652-021-03006-1.

[228] 胡云锋, 孙九林, 张千力, 等. 中国农产品质量安全追溯体系建设现状和未来发展 [J]. 中国工程科学, 2018, 20 (2): 57-62.

后 记

成果及预期应用

本书以价值链理论和协同理论为基础，结合定性与定量研究方法，从制造企业多价值链概念入手，运用博弈论、机器学习、BP神经网络等方法共同构筑了制造企业多价值链协同数据空间，为制造企业智能决策管理提供了实际可行的成果与建议。

1）本书总结了价值链理论和协同理论的相关研究成果，归纳了价值链理论和协同理论的实际应用案例，并基于理论研究探讨了制造业供应、生产、营销、服务多价值链的定义、特征和影响因素。基于此，本书提出了制造业多价值链协同数据空间基本概念，研究了多价值链内部活动的协同机理，为制造业多价值链协同数据空间构建与智能管理决策提供了理论支撑。

2）本书基于生产仿真、博弈论、统计学等理论，探索在不同宏观经济、市场环节下的动态演化博弈模型，实现低碳环境下的企业采购、销售等最优报价，对智能电网运行、投入产出效率、市场博弈行为、利润分配、政策效果仿真等关键问题进行了研究。成果计划用于多价值链协同优化理论框架基础，提高核心企业及其协作企业战略联盟的竞争力。

3）本书以装备制造企业为例，构建了能源经济发展大环境下产业上下游和企业内部供应、生产、营销和服务的多价值链数据空间，探索了数据空间的关联关系和演化规律；考虑了宏观经济和企业内部数据空间的工程物资需求，构建了预测模型，解决了传统的物资供应预测考虑因素不全面、预测精度低等问题，并基于产品全生命周期理论，构建了多价值链数据空间下的电力设备故障预测预警模型，解决了从服务到供应、生产和营销数据空间下的企业协同优化决策问题。成果计划应用于制造企业的产品服务提升、生产调度优化、原材料采购、设备需求预测、设备运维和电力故障诊断等后期的研究工作，实现企业降本增效的目标，为企业管理决策提供参考。